近代法國思想文化史

吳圳義　著

三民書局

國家圖書館出版品預行編目資料

近代法國思想文化史:從文藝復興到啟蒙運動 / 吳
圳義著.－－初版一刷.－－臺北市: 三民，2006
面；　公分
含索引
ISBN 957－14－4485－5　(平裝)

1.文化史－法國　2.文藝復興

742.3　　　　　　　　　　　　　　　95011888

© 　近代法國思想文化史
—— 從文藝復興到啟蒙運動

著 作 人	吳圳義
責任編輯	吳尚玟
美術設計	陳佩瑜
校　　對	楊玉玲
發 行 人	劉振強
著作財產權人	三民書局股份有限公司
發 行 所	三民書局股份有限公司
	地址　臺北市復興北路386號
	電話　(02)25006600
	郵撥帳號　0009998－5
門 市 部	(復北店) 臺北市復興北路386號
	(重南店) 臺北市重慶南路一段61號
出 版 日 期	初版一刷　2006年10月
編　　號	S740500
基 本 定 價	伍元捌角

行政院新聞局登記證局版臺業字第○二○○號

有著作權·不准侵害

ISBN　957－14－4485－5　　(平裝)

http://www.sanmin.com.tw　三民網路書店

自　序

　　在文藝復興和巴洛克時期的歐洲，法國在文化方面的表現，不如義大利，而且受義大利的影響甚深。法國的藝術工作，往往要向義大利「借將」。然而，這個時期，法國也有一些著名的文學家和思想家，如蒙田、鮑丹、隆沙和馬羅。

　　到了古典主義時期，法國的君主專制主義達到高峰。法國在政治、外交，甚至文化等方面，支配著全歐洲。法國的哲學和政治思想，無論是路易十四本人，或者是利希留、波須葉等人，皆以君權神授和專制主義理論為中心。國王的意志，不但支配著法國的政治、軍事和外交，法國的經濟、社會和文化生活也無法例外。此一時期，法國的文學非常發達，著名的悲劇作家有柯奈爾和拉辛，喜劇作家有莫里哀。拉豐田則為寓言作家。

　　1715 年，「太陽王」去世，法國的政治和社會也隨之鬆綁。攝政大臣奧爾良公爵、縱慾的路易十五和軟弱的路易十六的法國，國力大不如前，對外或對內皆無法有效掌控。此一啟蒙運動時期是法國思想界「百花齊放，百鳥齊鳴」的時期。「民主」、「自由」和「平等」，成為法國思想家，包括唯物主義機械論者和烏托邦社會主義者的政治、經濟或社會主張。這些思想家的思想，不但影響著法國國內政治，引發大革命，其威力還波及全世界。在此一時期，法國的文化成就也很高，法國產生了許多著名文學家、科學家和藝術家。因此，啟蒙運動時期，是法國思想文化史上最輝煌，也最有成就的時期。

吳圳義

近代法國思想文化史

——從文藝復興到啟蒙運動

目　次

自　序

■ 第一章　文藝復興時期㈠　　　　　　　　　　　1

　　第一節　對外政策　　　　　　　　　　3
　　第二節　政治演變　　　　　　　　　　7
　　第三節　經濟發展　　　　　　　　　　11
　　第四節　社會變遷　　　　　　　　　　18

■ 第二章　文藝復興時期㈡　　　　　　　　　　　25

　　第一節　宗教改革　　　　　　　　　　25
　　第二節　文化演變　　　　　　　　　　33
　　第三節　主要思想家和文學家　　　　　40

■ 第三章　巴洛克時期　　　　　　　　　　　　　53

　　第一節　政治演變　　　　　　　　　　53
　　第二節　政治制度與經濟現象　　　　　60
　　第三節　宗教與文化　　　　　　　　　65

■ 第四章　古典時期㈠　　　　　　　　　　　　　83

第一節　政治演變　　　　　　　　　　　　83

第二節　軍事與外交　　　　　　　　　　　91

第三節　經濟與社會　　　　　　　　　　　97

■　第五章　古典時期㈡　　　　　　　　　109

第一節　政治與經濟思想　　　　　　　　109

第二節　宗教與哲學思想　　　　　　　　119

第三節　文學與藝術的成就　　　　　　　126

■　第六章　啟蒙運動時期㈠　　　　　　　139

第一節　政治演變　　　　　　　　　　　139

第二節　經濟發展　　　　　　　　　　　149

第三節　社會變遷　　　　　　　　　　　157

■　第七章　啟蒙運動時期㈡
　　　　　　──哲學思想和政治思想　　　161

第一節　哲學思想　　　　　　　　　　　162

第二節　政治思想　　　　　　　　　　　183

■　第八章　啟蒙運動時期㈢
　　　　　　──經濟思想和社會思想　　　203

第一節　經濟思想　　　　　　　　　　　203

第二節　社會思想　　　　　　　　　　　217

■　第九章　啟蒙運動時期㈣──文化成就　231

第一節　文化生活中心　　　　　　　　　231

第二節　文學成就　　　　　　237

第三節　科學成就　　　　　　251

第四節　藝術成就　　　　　　260

■　索　引　　　　　　268

第一章　文藝復興時期(一)

　　十五世紀末和十六世紀初之間，並無間斷。藝術或文學作品的內容或形式如此，法國語文的演變也不例外。

　　然而，1559 年似乎成為法國歷史的分界點。在這一年〈加多‧剛布雷希條約〉(Les traités de Cateau-Cambresis) 簽訂；亨利二世 (Henri II) 也在這一年悲劇性去世❶。之前，國內至少相當和平，國外的征服也有不錯的表現；之後，則內戰頻繁。此一時期，也意味著文學風格的改變，藝術活動的減緩。

　　1559 年之後，由於宗教戰爭愈演愈烈❷，法國人的日常生活愈來愈受到困擾，到 1587–1593 年間達到高峰❸。

　　自十六世紀後半葉起，下列幾項事實的確使法國產生明顯的轉變：

　　1.阿爾卑斯山那邊的戰爭讓法國貴族對於義大利燦爛精緻的生活，大開眼界。

　　2.較遠地區的探險，延伸已知世界的範圍。

　　3.印刷術的進步，使古今文件資料的擴散更快速、更廣泛，哲學和科學的知識一再更新。

　　這並非一種知識和道德的革命，而是一種不同秩序，一種活動、創

---

❶　1559 年 6 月 30 日，法王亨利二世被蒙哥馬利伯爵 (le comte de Montgomery) 刺成重傷，並在十日後去世。

❷　有關法國宗教戰爭之情形，請參閱吳圳義，《法國史》(臺北：三民書局，1995)，頁 151–158。

❸　Georges Duby, *Histoire de la France (II), dynasties et révolutions de 1348 a 1852* (Paris: Larousse, 1971), p. 77.

造、趨勢的綜合體的來臨，取代了一種衰微和僵化的文明。昔日的文學變成一種字與詞的遊戲，哲學變成拘泥於形式，宗教則為貧乏和僵硬的傳統所限。

此一時代最開放和最活躍的人們，體認到此一新精神，並引以為傲。他們設法在古籍中尋找再生和充實。十六世紀初開始，佩脫拉克 (Francesco Petrarca) 就已率先從事原件的尋求工作；而蒙田 (Michel de Montaigne, 1533–1592) 則確保此一人文主義的持久性，繼續對他人和自己的人性尊嚴之認識和尊重。

自十五世紀末起，法蘭西王國透過查理八世 (Charles VIII) 和不列塔尼的安妮 (Anne de Bretagne) 之婚姻，而使其版圖能夠統一。王室盡量使此一統一臻於完美。法蘭西斯一世 (Francois I) 以強制的手段使法語成為全國的官方語言。

1539 年 8 月的〈維葉・哥德雷 (Villers-Cotterets) 法令〉，針對司法改革，其第一百一十條和第一百一十一條之規定，一切司法方面的法律條文和訴訟程序，此後將使用法文。

從此以後，法國人過著一種政治相當穩定的生活；國王的勢力與人數眾多且富有的貴族階級之勢力，取得平衡；生活在自己鄉村土地上的大領主，擁有真正的獨立；城市的資產階級變得富有；農民的生活條件，也有些微改善❹。

在國際方面，1556–1563 年間，英女王伊利沙白一世 (Elizabeth I) 登基和特朗特 (Trent) 大公會議結束，這也是兩個時代的分界點。十六世紀後半期，出現宗教信仰反動之加劇，政治疆界的固定，美洲金銀的流入歐洲，物價上漲的加速，貧富差距的擴大，最後則為邁入較文藝復興美學更莊嚴更感人的巴洛克 (Baroque) 美學。

---

❹ Jean Thoraval, Colette Pellerin, Monique Lambert & Jean le Solleuz, *Les Grandes Etapes de la Civilisation Française* (Paris: Bordas, 1972), pp. 57–58.

第一節　對外政策

對義大利的野心

　　從 1492 年開始，法國在義大利進行一連串軍事行動 ❺。查理八世指揮的法軍曾穿越義大利半島，一直到那不勒斯，並在那兒加冕為王；但是教宗、威尼斯共和國和米蘭公爵之結盟，卻迫使他匆匆返回法國，而未能保留其短暫征服之果實。他的繼承者——路易十二 (Louis XII)，也進行一次對抗米蘭的遠征。雖然攻下米蘭，但最後還是被教宗朱利厄二世 (Julius II) 與威尼斯、西班牙和英國所組成的聯軍擊敗。

　　如非宗教戰爭已爆發，〈加多·剛布雷希條約〉是否能結束法國在義大利的野心，則是未定之天。顯然地，法國放棄科西嘉，以及其對米蘭公國之要求。法國原則上放棄皮德蒙 (Piedmont) 和薩伏衣 (Savoie)，但暫時保留五處皮德蒙的戰略據點，其中有杜林 (Turin) 和畢内羅 (Pignerol)，再加上薩呂斯 (Saluces) 侯國（保留至 1588 年）。

與哈布斯堡王室爭霸

　　1559 年的法國，以一種燦爛奪目的姿態，出現在歐洲舞臺，甚至在海外，如 1520 年 7 月法蘭西斯一世和亨利八世在金帳 (Le camp du drap d'or) 之會晤，以及 1538 年 7 月 14 日法王與神聖羅馬帝國皇帝在艾格·莫特 (Aigues-Mortes) 之會晤。雙方會晤的結果仍然華而不實，因為雙方皆未放棄各自埋在深處之野心。

　　1519 年，法蘭西斯一世曾為皇帝候選人，而西班牙國王查理為擊敗其可畏的競爭對手，必須動員福格家族 (Les Fugger) 所有貸款 ❻，且花費

---

❺　有關義大利戰爭之情形，請參考吳圳義，《法國史》頁 147–151。

❻　福格家族為日耳曼銀行家，其創始人 Hans Fugger 原是經營紡織業。

八十五萬二千佛羅林 (florins)，亦即一千二百公斤以上的黃金。瓦盧亞王室在帝位競爭中的失敗，並未意味著法國在日耳曼地區影響力的消失。1531 年起，杜貝雷 (Du Bellay) 兄弟❼以日耳曼人文主義學者為媒介，提供法國的支援給萊因河以北的史馬卡爾德聯盟 (Smalkalde) 之加盟者，以對抗皇帝的統一政策。

1552 年，法王亨利二世毫無畏懼地自稱「日耳曼自由地區的保護者」。雖然他與天主教是那麼密不可分，他還是與新教公侯締結軍事同盟，並以一支軍隊進入神聖羅馬帝國的領域。在此一「日耳曼之旅」，他占領了幾個城市。

當然，十六世紀最無所不在的君王，還是查理五世 (Charles V)，一位不停地遊歷的君王，其統治地區橫跨好幾個大陸和海洋。然而他卻發現，面對著他的是一個特具殺傷力和企圖心的法國。

1516 年，法國迫使瑞士各邦達成一項「永久和平」，使法國此後能盡情利用瑞士此一士兵的儲存庫。直到 1559 年，法國部隊不僅在義大利進行一種近似長期性的戰鬥，而且也於 1521 年在納瓦爾 (Navarre)，1522 年和 1542 至 1560 年在蘇格蘭進行戰鬥。

在東方，法王的外交十分活躍，幾乎令基督教的歐洲，不分新教或天主教，覺得困擾和惱怒。〈加比杜拉勾〉(Des Capitulations)，一項伊斯蘭教國家中規定基督徒或外僑權利的協定，賦予在鄂圖曼帝國境內所有的法國商人，具有他們在亞歷山卓 (Alexandria) 享有的特權。此一協定似乎於 1536 年在君士坦丁堡簽訂。

無論如何，七年之後，在尼斯之圍的過程中，法國和土耳其的軍事合作似乎很明顯，而且一支鄂圖曼艦隊在土倫 (Toulon) 過冬。法國和異教徒的這些友好關係造成如下之影響：馬賽與東方的貿易日增，使之成為歐洲最大的香料輸入中心。在十六世紀末，它將發展至巔峰。

---

❼ 老大威廉 (Guillaume)，Langey 之領主，為一外交家和軍事家；其弟約翰 (Jean) 曾任巴黎主教、大主教、樞機主教，並曾為教宗候選人。

　　在東印度和西印度群島，法國似乎有意挑戰伊比利霸權。在此一方面，最有意義的是法蘭西斯一世向查理五世宣稱：「太陽照耀他，如同照耀他人一般，而他極欲見到『亞當之證言』(The Testament of Adam)，以了解此人如何瓜分世界❽。」真的，在統治時期，法蘭西斯一世很明白地拒絕承認 1493–1494 年間，西班牙人和葡萄牙人瓜分世界的分界線。他鼓勵法國的海員和為法國業餘探險家服務的外國籍水手在「公海航行」。一連串衝突事件因而發生，例如在 1523 年搶劫柯得芝 (Hernan Cortez, 1485–1547) 自墨西哥運回西班牙之財富。

　　然而，法國航海界最迫切需要的就是發現一條能達到中國（亦即當時一般人相信為世界一切財富之來源），而不受西、葡兩國控制的北方路線。1524 年維拉詹諾 (Giovanni da Verrazano)❾ 從事美洲航行，以及 1534–1543 年卡提葉 (Jacques Cartier) 的三次探險，皆為此一目的。

　　維拉詹諾之美洲航行由安哥 (Jean Ango, 1480–1551) 策劃，里昂的佛羅倫斯商人給予財力支援。擔負「發現某些人們所謂藏有大量黃金和其他財富的島嶼與地區」之使命，卡提葉認為聖羅倫斯河 (Saint-Laurence R.) 為往中國之通道，而且自信沙魁內河 (Saquenay R.) 之土地延伸至韃靼海峽。卡提葉的失敗，讓西班牙人大大鬆了一口氣，但卻未令法國人氣餒。1550 年在盧昂 (Rouen) 舉行一次亨利二世御前的巴西式節慶。第二年，亨利二世就派遣勒德斯狄 (Guillaume Le Testu) 去了解南美洲。四年後，船隊司令維勒加農 (Villegagnon) 在巴西的里約熱內盧灣建立「亨利維爾」(Henryville)。他希望使之成為「南極法國」之首都。

　　直到 1560 年，因為如不干預義大利事務則無法成為一個歐洲大國，所以法王必須在義大利對抗採取全球政策的查理五世。事實上，自 1519 年西班牙王查理當選為神聖羅馬帝國皇帝之時起，在義大利半島上的戰爭，其意義已改變。從法國的觀點來考慮，戰爭變成防禦性，而非昔日

❽　Georges Duby, *Histoire de la France (II)*, p. 48.
❾　維拉詹諾是一位為法國服務的義大利探險家。

的攻擊性。甚至由法蘭西斯一世或亨利二世採取的主動，也是為阻止皇帝支配整個義大利。因此，在十六世紀，法國人改變其世仇：它不再是英國人，而是哈布斯堡王室。

很顯然地，英國仍有幾次對抗法國的戰爭，例如 1544 年英王亨利八世 (Henry VIII) 的士兵圍困布倫 (Boulogne)，還有 1555–1559 年間亦復如此。然而，英國經常成為法國的盟友，較少成為哈布斯堡王室的助手。這些有限度的衝突，使吉斯家族的法蘭西斯 (François de Guise) 能於 1558 年出其不意地奪回加萊 (Calais)，而〈加多·剛布雷希條約〉也確認英國人撤出法國國土，但他們在歐陸仍保有最後一個據點。

在義大利的戰鬥，對法王來說，是一種使戰爭遠離疆界和法國領土的方法。因為身為荷蘭、法蘭西·孔德 (Franche-Comté) 和西班牙主人的查理五世，設法包圍法國，或甚至要壓扁法國。奪取米蘭後，哈布斯堡王室 (Les Habsbourg) 給予法國的壓力更為增加。查理五世還要奪回曾為其祖先一部分財產的布艮第公國。

1526 年，皇帝以為已經達到其目的，因為在馬德里，法蘭西斯一世不僅同意放棄米蘭公國、放棄他對法蘭德斯 (Flanders) 和阿杜亞 (Artois) 的封主權，以及歸還波旁公爵 (duc de Bourbon) 的財產和尊嚴，而且還放棄布艮第。然而，返回法國後，在科格納聯盟 (League of Cognac) 和布艮第士紳之支持下，法蘭西斯一世拒絕履行其承諾。

在 1519–1559 年的四十年期間，法國至少有十八年與查理五世，隨之與腓力二世 (Philip II) 作戰。每一次，發生在法國的戰鬥，同時也在義大利發生。然而，雙方皆未能獲得較永久性的戰果。

第二節　政治演變

強勢的國王

威尼斯駐法大使加瓦里 (Marino Cavalli) 在 1546 年曾說：

> 有（比法國）較肥沃和較富庶的國家，也有如同日耳曼和西班牙
> 那樣較偉大和較強盛的國家，但是沒有一個國家能像法國那麼團
> 結，那麼容易操縱。依我看來，團結和服從就是其力量。……而
> 且法國人很少覺得自己須要自治，他們完全將其自由和意願交到
> 國王手中。國王只須說：「我要多少款項，我下令，我同意。」馬
> 上就可以執行，正猶如那是整個國家所作的決定❿。

除了上述加瓦里所描述的之外，人口和民族感情也是法國國王能夠
強勢的兩個重要因素。

人口和民族感情

法國為當時歐洲人口最眾多的國家。在當時的國度內，法國有一千
五百萬～一千八百萬居民，而義大利尚未超過一千兩百萬，日耳曼（在
1937 年的疆界）尚未達一千五百萬，而西班牙的人口約八百萬，英格蘭
和蘇格蘭的人口總共約五百萬⓫。

直到拿破崙 (Napolean Bonaparte) 時代末期，在人口方面，量的要素

---

❿　Georges Duby, *Histoire de la France (II)*, p. 88.

⓫　歐洲主要國家在十六世紀的人口詳情，請參閱 Marcel Reinhard, Andre Ar-
mengaud & Jacques Dupaquier, *Histoire générale de la population mondiale*
(Paris: Montchrestien, 1968), pp. 116–123.

對法國有利。然而，如果未能得到一種真正民族感情之支持，人口的力量將無法顯得如此重要。在十六世紀的歐洲，民族感情並非僅存在於法國，它同樣出現在英格蘭，在伊比利半島國家，在波希米亞 (Bohemia)，在古斯塔夫一世 (Gustavus I Vase, 1496–1560) 的瑞典，甚至在路德 (Martin Luther) 的日耳曼，以及教宗朱利厄二世和保羅四世 (Paul IV) 之義大利。但是，民族感情在法國似乎最為強烈。就是它喚起聖女貞德 (Jeanne d'Arc)，且使法國在英法百年戰爭中戰勝英國。因此，它涉及一個具有偉大影響力的事實，心理史學者對之應特別注意。在十六世紀，亦即隆沙 (Pierre de Ronsard, 1524–1585) 開始寫作的時刻，法國的禮讚已成為民族文學的主題。法國是快樂的，而且是地理上得天獨厚的國家。

法語的推廣

民族感情的提升，可用來解釋十六世紀歐洲各地方言的發展，例如在路德的日耳曼地區，在費雷拉 (Antonio Ferreira)，在雅士坎 (Roger Ascham)，隨之伊利沙白時代作家的英國，以及文藝復興時代七大詩人（亦稱七星詩社）之法國。法語在法國不受重視，但是，杜貝雷、隆沙以及當時其他最傑出的作家，設法將法國文字提升至拉丁文的水平。為達到此一目的，他們再度找到鄉村的古老字彙，採用工人和技工熟悉的專門用語，發明新的辭彙，尤其是在鄉土文學方面，特地模仿古代的大作家。

然而，如果他們竊取一些雅典和羅馬的東西，那是為了「充實法國的廟宇和祭壇」。事實上，法文並非僅限於文學圈內有限的推廣。1539 年的〈維葉・哥德雷法令〉規定，司法案件，此後將用法國的母語來宣示、登錄分送給當事人。當多斯坎尼語 (Toscan) 成為羅馬的官方語言，以及路德以一種大家皆能懂的日耳曼語文翻譯《聖經》時，法國也出現一種同樣的現象：巴黎和羅亞爾河 (La Loire) 流域的法國語文在法庭上取代拉丁文，成為國語。

專制君主政體的確立

在法蘭西斯一世統治時期，巴黎—里昂的郵政路線已有改善，並且還開發巴黎—布倫，里昂—馬賽，再到索勒 (Soleure) 和杜林等路線。1561年，法國信差定期抵達威尼斯和羅馬。二十三年之後，在王國中為亨利三世 (Henri III) 服務的郵政系統有二百五十二個驛站，此外尚有十三個渡河的監管通道。

因此，在各方面，國王的影響力逐日增加，其權威頗令外國人震驚。皇帝馬西米連 (Maximilian) 曾有如下之玩笑：皇帝只不過是一位萬王之王，天主教國王 (指教宗)，一位萬人之王，但是法國國王為一萬獸之王，「因為他下令要做某事，立刻獲得遵從，人就如同獸一般。」

那是法蘭西斯一世在法國逐漸確立專制君主政體。自登基第七日起，他採用充滿政治意味的公式：「因為那是我們的榮幸」(Car tel est notre plaisir) 和「因為如此做令我們高興」(Car ainsi nous plaît-il être fait)。義大利人此後稱法國國王為「陛下」，此一以往保留給皇帝的頭銜。在王國未曾出現過的此一字彙，乃源自當時一些贊成羅馬法之再興的法學家之理論。

國王經常到各地巡視。此時宮廷則變成一個流動的城市。在一個臨近首都的城堡休息時，宮廷人員最多可達一萬五千人。為安頓這一大批人，新的寬廣的宮殿在所必需。十六世紀，香波 (Chambord)、楓丹白露 (Fontainebleau) 和 1546 年重建的羅浮宮 (Le Louvre) 等新王宮的面積和裝飾，成為法國專制君主政體發展過程中的標誌。

疆域的重劃

愛國的傲性和對君王的忠誠，產生一種強大的力量，以對抗王國的分歧和不一致性。高盧境內仍然存在一些受外國人控制的領域。加萊被英國統治到 1558 年；鞏達·維內山 (le Comtat Venaissin) 在教宗的統治

之下；奧倫治王國 (la principauté d'Orange) 自 1544 年起隸屬於納索 (les Nassau) 家族；夏洛雷 (le Charolais) 本為布艮第之領域，卻轉給哈布斯堡家族。如果說在法國疆界之內，王室轄區占有大部分，但某些封地直到 1589 年仍屬於擁有國王頭銜的公侯。

事實上，1548 年納瓦爾的瑪格麗特之女貞妮 (Jeanne d'Albret) 和波旁家族的繼承人結婚，已重新組成一個強大的封建集團。它包括阿爾布雷公國 (le duché d'Albret)、貝安子國 (le vicomté de Bearn)、佛亞伯國 (le comté de Foix)、畢果爾伯國 (le comté de Bigorre)、阿馬雅克伯國 (le comté d'Armagnac)、魯葉格 (le Rouergue)、貝利果 (le Perigord) 和岡多姆亞 (le Vendomois)，再加上納瓦爾王國的法國部分。唯有在亨利四世 (Henri IV) 繼承聖路易 (St. Louis) 之王冠後，方使法國君王直接統治此一廣大領域。

最後，甚至在國王的轄區內，仍然未能完全統一。某些省區，尤其是邊界地區，如諾曼第、隆多克 (le Languedoc)、多芬內 (le Dauphiné)、布艮第、普羅旺斯和不列塔尼 (Bretagne)，保留其特權、風格和政治體制，甚至其省區議會、法院、財政和稅務機構。

在十六世紀，王國的統一有相當的進展。法蘭西斯一世在其母后薩伏衣的露易絲 (Louise de Savoie) ❷的催促下，利用波旁陸軍總監 (le con-nétable de Bourbon)，亦即波旁公爵查理 (Charles, duc de Bourbon) 之妻蘇珊 (Susane de Bourbon) ❸於 1521 年去世而未留下子女之時，找上他。露易絲為死者最親近的人。儘管封地屬於波旁家族男性繼承人，法蘭西斯一世還是要求財產繼承權。他授意巴黎大理院將他的要求做成決定。

然而，在尚未宣判之前，法蘭西斯一世取走一些土地給他的母親，再將其餘的土地留作抵押。陸軍總監此時決定「叛變」。對許多當代人來說，陸軍總監並非叛徒 ❹。他僅是根據封建法中附庸的權利，向封主的

---

❷　露易絲之母為 Marguerite de Bourbon。

❸　蘇珊之母 Anne，為法王 Louis XI 之女。

❹　有關波旁陸軍總監之「叛變」，請參閱 Charles Terrasse, *François I et le regne*

封主，亦即皇帝上訴。但是法蘭西斯一世有意利用蘇珊之死，以瓦解一個可畏的封建實體；因為它包括馬許 (la March)、波旁內 (le Bourbonnais)、歐維那 (l'Auvergne)、佛雷茲 (le Forez) 和波久雷 (le Beaujolais) 等地。此一瓦解的工作於 1527 年完成。

國王對次子的贈與，曾為十四世紀約翰二世 (Jean II le Bon, 1319–1346) 的重大錯誤之一，到十六世紀仍未中斷，因為亨利三世的弟弟得到安茹 (Anjou)、杜蘭 (la Touraine) 和貝利 (le Berry) 等封地。不過，年輕公爵的早逝，也成為法國統一的一個機會。至少，1498 年路易十二登基和1515 年法蘭西斯一世登基，使瓦盧亞和奧爾良兩公國、布魯亞 (Blois) 和安古 (Angoulême) 兩伯國，重返國王手中。最後，瓦盧亞王室在統一政策的另一項成就，就是安排查理八世和路易十二與安妮女公爵的婚姻，使不列塔尼併入國王領域。1532 年，不列塔尼的三級會議在萬勒(Vannes) 集會，同意該公國永遠成為國王領域的一部分。

第三節　經濟發展

氣候轉冷和物價上漲

在邁向君主專制之路，十六世紀的法國並非孤立獨行。相反地，法國處於一個政治和文化的轉捩點，也引導著伊比利半島、義大利、日耳曼和斯堪地那維亞等地區的國家，甚至亨利八世和伊利沙白一世的英格蘭，產生同樣的轉變。在經濟和社會方面，法國同樣直接影響著歐洲，甚至全世界的日常生活。

勒・魯亞・拉都里 (E. Le Roy Ladurie) 的研究指出，十六世紀歐洲的氣候已與文藝復興時代不同。對於季節、葡萄收穫期和冰河範圍一致的證據顯示，自 1540–1560 年間起，至 1600 年，冬季比 1350–1540 年間

(1) (Paris: Grasset, 1945), pp. 272–279.

冷而夏季也不熱。冬季平均溫度約攝氏一度。溫度計上的變動輕微，但其影響力則不容忽視。

阿爾卑斯山上的冰河，在 1600 年左右，達到其最大範圍。一連串潮濕的夏季和嚴寒的冬季，經常損及作物的收成和穀類的產量。在法國，1562–1563 年、1565–1566 年、1573–1577 年、1590–1592 年、1596–1597 年，一再出現糧食危機。在整個十六世紀，法國甚至還遭遇物價的快速上漲。

人口的再成長

鮑丹 (Jean Bodin, 1529–1596) 認為，美洲貴重金屬的湧入歐洲，為當時物價上漲的主要原因 ❶❺。他的看法或許沒錯，因為根據漢彌爾頓 (E. Hamilton) 的估計，在 1503 年和 1600 年之間，自新大陸運至塞維拉 (Seville) 的白銀有七千四百四十噸，黃金有一千五百四十噸，走私進口的金銀不計算在內。

然而，如果以貨幣的量來解釋，鮑丹的論證並未完全令人信服，因為美洲白銀在 1560 年以後才大量湧入歐洲，並逐漸取代中歐銀礦之白銀。中歐銀礦在十五世紀後二十年和十六世紀前半期，重新出現繁榮景象。

在 1526–1535 年之間，歐洲每年生產八十五噸白銀。十六世紀中葉，經濟轉折的「空隙」出現在波希米亞和日耳曼貴重金屬生產的解體，而美洲貴重金屬尚未來到的青黃不接時刻。

人口的成長經常出現在一般家庭能夠重建的穩定時期。法國人口的迅速增加就是出現在有「美好的十六世紀」的 1480–1560 年間。在 1560 年，法國鄉村的廢墟已重建、開墾之地已進行耕種，而且許多以往被廢棄的村落重新聚集。

移民使受百年戰爭蹂躪的魯葉格和吉岩 (Guyenne) 恢復生機。巴黎

---

❶❺　Georges Duby, *Histoire de la France (II)*, p. 101.

地區，儘管嚴重受創，復原也相當快速。除了移民外，葡萄種植的發展和鄰近地帶的繁榮，也是巴黎地區經濟快速復原的重要因素。王國之中森林面積到處縮減，小麥產量勝過羊毛和肉類。一位道德家說，農民「終日在田園歌唱，而夜晚則在小屋內打鼾」。許多證據證明，法國人口膨脹。根據巴拉蒂葉 (E. Baratier) 的說法，在普羅旺斯 (Provence)，1540 年左右的人口為 1470 年的三倍、根據勒・魯亞・拉都里的研究，葉羅河 (Le Herault) 流域的吉那克 (Gignac)，在十四世紀和十五世紀大戰爭和大瘟疫時期，有個村莊只有三百個要納稅的家庭；1519 年其繼承人超過三百五十人；在 1541 年，四百四十一人；1544 年，五百一十人；1559 年，六百五十人；1569 年，六百二十人。在 1462 年和 1569 年間的一個世紀中，此一社區的人口，年增率為百分之一。

　　無論如何，在十六世紀，城市的建設迅速，但毫無章法，仍然受到中古城市化的影響，巴黎的新市民擠在今日的葉田・馬榭路 (rue Etienne-Marcel)、亨利四世大道 (Bld. Henri IV)、博馬榭大道 (Bld. Beaumarchais)、聖馬梭大道 (Faubourg Saint-Marceau)、聖美達大道 (Faubourg Saint-Médard)、聖傑克大道 (Faubourg Saint-Jacques)、聖日耳曼大道 (Faubourg Saint-Germain) 等地區。聖日耳曼大道較靠近王宮，所以較貴族化。成為印刷業和銀行業樞紐的里昂，以及法國第一大港的盧昂，在 1560 年左右，約有居民十萬人。

　　法蘭西斯一世所建的勒亞佛 (Le Havre)，在宗教戰爭前很繁榮的馬賽，皆發展得很快。聖馬羅 (Saint-Malo)，在 1500 年，一年的受洗者約百人，一個世紀後，則增至四百三十人。

　　然而，至少在鄉村，人口的成長於十四世紀末已經減緩。內戰無疑地會有影響，但是其他因素之影響更為顯著。在一個農村較少受到技術發展波及的時代裡，生產的僵化無法應付人口的快速成長。人口的增加，必須如同十二世紀和十三世紀，重新分割土地，倍增土地的所有者。

農耕技術

　　農村耕種技術仍然很傳統。在很長的年代裡，經過農民雙手的銅幣並不多，因此盡可能少購買耕作器物。大部分器具為木製：釘齒耙、牛軛、打麥子的連枷、兩輪車和四輪畜力車。這些器具的功能很有限。犁只能翻十公分的土，無法拔除惡草。鐮刀割麥的速度很慢。要在一小時內收割一法畝的麥子，如果用當時一般農民所使用的鐮刀，需要五十五人；用長柄鐮刀，二十五人；用今日的割麥機，則只須十人。改善土壤的肥料，農民知道不可或缺，但其供應卻無法保證。到處都在實施的休耕，可以讓土地休息，但在時間方面卻很不經濟。在許多高山地區，土地休耕好幾年，等到長滿雜草，再加以割除，並放火燃燒，以肥沃土壤，其肥效可長達好幾季。這種燒山肥田法，到了十九世紀尚未完全消失。

　　農莊的肥料無法替代此一休息之法，因為牲畜為數太少，也太瘦。這些牲畜只能吃休耕地上的雜草或麥稈。除了潮濕地區，很少有可以割牧草的草原。畜牧只不過是穀類種植外的一種副業，甚至在高山地區也不例外。高山牧場的利用，使牲畜的數目略為增加，但還是無法供應土地充分的肥料。

近代初期的農村

　　近代初期法國的鄉村，為一「自然經濟」(natural economy)，或稱為自給自足的經濟。固定在一塊土地上，自己覺得為該土地所有人的小農，遵循其社區的習俗，背負著各色各樣的重擔。他們只有一個願望：生產自己所需要的，首先是小麥，其次為大麥和燕麥。甚至在最北部地區，農民也需要生產一些葡萄酒。唯有依賴自己或者幾個近鄰，彼此在修車或紡織等方面，立即提供所需要的服務。

　　此一生活方式，一直延續到十九世紀中葉。在中央山區 (le Massif Central)，阿奎丹 (Aquitaine) 的一部分，這些小型家庭式耕種的地區，甚

至到今日尚未全然消失。1940 和 1944 年間，這種生活方式還曾再度得
勢。此一重新得勢，並未令人覺得意外。此一擁有屬於自己所需糧食的
觀念，對當時的農民具有很大的吸引力，因為當時生活艱苦，每人皆不
知何日會缺乏民生必需品。出生於經常有饑荒，且物資昂貴的時代，人
們自行併入繼承往昔的經濟條件中。

鐵的廣泛使用

十六世紀，法國開始將鐵用於武器、機器的金屬部分、以及家庭用
品如針、釘子、剪刀、叉子……等，因此其消費量大增。此外，隨著人
口中富裕階層財富的增加，煙囪鐵板、鐵門、鎖和鑰匙之需求，比往昔
增加甚多。十六世紀，打鐵鋪在法國如雨後春筍般出現。巴利榭 (B.
Balisey) 和隆沙還為森林的大量砍伐而憂心。

法蘭西斯一世在 1543 年下令減少打鐵鋪的數目，因為法國當時已有
四百六十個打鐵鋪，而且每年還增加二十五至三十個。聶夫 (J. U. Nef) 估
計，在 1525 年左右，歐洲生產鐵十萬噸，法國占一萬噸。瓦盧亞王室的
王國擁有甚少的貴重金屬礦，並非歐陸的主要金屬生產國，但卻居於重
要的地位。善於利用鐵，使法國砲兵在義大利戰爭中表現傑出。

商業和金融業

十六世紀的法國，里昂為其商業和金融中心。里昂的市集，甚至在
全歐，也是首屈一指。在此一歐洲各地商人匯聚的市集，交易金額龐大，
因此必須以紙幣代替金屬貨幣。儘管有美洲金銀的流入，但貴重金屬仍
然十分稀少。

義大利除了教導文藝復興時期的法國如何經營銀行業，還提供給法
國，已在佛羅倫斯、威尼斯和熱那亞實施過的公債運作方法。公債的利
率至少年息百分之十六，相當高。透過此一方式，國家向儲蓄戶大眾取
得大筆款項，而非僅對幾個大金主。

　　利用巴黎市政府為媒介，法王法蘭西斯一世以鹽稅為保證，以百分之八的利率，借得二十萬鎊。在 1542 年至 1543 年對抗查理五世之戰爭期間，杜農樞機主教 (le cardinal de Tournon) 在里昂與當地銀行達成協議，借款六萬鎊。此種借款方式一直很順利，然而在法蘭西斯一世於 1547 年去世時，他欠里昂銀行 (Banque de Lyon) 之債務高達二百萬鎊。

西班牙的金銀

　　儘管日耳曼、匈牙利和斯堪地那維亞礦產的竭力開採，金銀之匱乏到十五世紀末還一直折磨中世紀商人，到了十六世紀錢幣已可算是十分充裕。毫無疑問地那只是相對的充裕，因為持續不斷的戰爭和交易的加速，一直要求更多的金銀。在此漫長的世紀裡，西班牙收到數以噸計的金銀。裝載全是貴重金屬的船隻，很費心地自安地列斯群島 (The Antiles) 運到塞維拉：自 1500 年至 1640 年，約有一百八十噸黃金和一萬七千噸白銀，湧入歐洲。

　　十六世紀初期，黃金湧入，隨之在 1550 年和 1610 年之間，白銀在歐洲氾濫。十七世紀，銀幣、銅幣等城市每日交易所用的輔幣，在歐洲大量流通。為何這些金銀，這些西班牙的「杜不隆」(doublons，西班牙舊幣名) 和「雷歐」(reaux) 會流到法國？因為征服中、南美洲之後，西班牙控制從墨西哥到巴拉圭之間的廣大領域，但無法獨自進行開發工作。西班牙缺乏木材、帆布和繩索，以供應龐大的大西洋艦隊；缺乏麵粉、肉類和水果，以供應其船員。當時，世界上任何其他國家，同樣無能為力。西班牙的農業和工業，並未具有足夠的彈性，以隨需求而自行增加產量。向鄰國，如法國、熱那亞、佛羅倫斯和威尼斯，要求供應小麥、帆布和家具，已是西班牙人非做不可的事。

　　隨之，來自馬賽、波爾多或聖馬羅，以及安特衛普和熱那亞等地的走私或合法貿易，使西班牙愈來愈減少自行供應的武器、布料和小麥，因為鄰國商人急於將這些物資帶到西班牙的塞維拉，以賣到好價錢。地

中海和大西洋的貿易非常繁榮。供應小麥和染料的波爾多和土魯斯 (Toulouse) 商人，皆能發大財。為了使來自南部和西部的西班牙錢幣的流入更為快速，仍須加上政治的運作。查理五世❶和腓力二世借道法國，或米蘭到法國的柏桑松 (Besancon) 之疆界，運送其貴重物品。因此，法國錢幣的充裕，來自西班牙的此一失血。金錢的創口，還影響著法國和西班牙兩國農業的此盛彼衰。在十七世紀初期，亞拉岡的鄉村很荒蕪，而法國的肯達爾省 (Cantel) 處處可見收割小麥的盛況。

物價上漲的影響

當然，此一致富並非使法國所有地區，或所有社會階層利益均沾。首先，它帶來物價突然上漲，其激烈程度，使法國手工業生產也如同西班牙一般無法應付。或許我們可以說，需求偶爾能鼓勵技術的研究，例如里昂和盧昂的紡織技術的提升。然而，事實上可以說是技術的停滯；能源設備，或行業本身的技術，皆無進展。達文西 (Leonard de Vinci) 在科技方面的研究，在此之前，皆為圖樣，並無工業上之應用價值。

對不容忽視的物價狂飆的唯一駕御，即是家庭或教會的收藏。它們透過錢莊或珠寶商，吸收金銀幣，轉變成聖物盒、珠寶和餐具。其餘則流入市場，助長商業投機。白銀的交易，其流通速度，隨著需求而增加。投資型態的多樣化，衝破了包括借貸取息的教會禁令之所有藩籬。如同公共財政，私人財富也遭遇不同機運：有令人激賞的成功，但也有嚴重的危機，包括偶爾發生的破產。

在此種城市的瘋狂中，財富的聚和散，速度之快，令人目眩；銀行家借與貸的頻率之高，也令當代人眼花。在一片物價上漲聲中，廣大的農民與城市的工人階級，成為真正的受害者；而收取穀物以取代租金的土地租賃人，則成為最大的受益者。

---

❶　神聖羅馬帝國皇帝 Charles V (1519–1556) 兼西班牙國王時稱 Charles I (1516–1556)。

第四節　社會變遷

貧富差距擴大

　　如同在當時的義大利、西班牙和荷蘭，十六世紀法國公債發行的擴大，證明儲蓄能力的普及。至少在某一社會階層，出現生活水準的提升，貨幣經濟範圍擴展，以及城市影響力的深入鄉村。對往昔純樸日子相當懷戀的鮑丹，認為奢侈的日增，時髦和浪費的盛行，成為物價上漲的原因之一。

　　隨著貧富差距的擴大，社會階級間的鴻溝日深。大城市的手工業者受到歧視。例如里昂的魯比 (Claude de Rubys) 稱肉販、鞋匠、裁縫師，甚至印刷商和鑲金工等為「卑鄙和不誠實」。在巴黎，1569 年的詔書，禁止麵包師穿戴「大衣、帽子和短褲，除非是禮拜日和節日」。在十六世紀的法國，幾乎到處皆在推廣一種運動，排除「機械和卑微條件人們」於城市的選舉團和市政官員之外 ❶。

　　在鄉村，十六世紀農民貧窮的原因，現在已經了解那是在 1450–1520 年間人口的「再成長」之後，人口又再變成為數過眾，而此時又正值生產已達極限，物價暴漲，農民入不敷出。

　　物價將薪水遠拋在後。在勒・魯亞・拉都里所研究的隆多克，田裡的農人，在 1480 年左右比較快樂。他們可以吃上等小麥做成的麵包，喝葡萄酒。一個世紀後，一切都已改變。因為自 1480 年至 1580 年，無視通貨膨脹，農業工資仍然僵化 ❶。勞工階級購買力減少三分之二。在其食物方面，裸麥取代上等小麥，酸酒取代葡萄酒。

---

❶　Georges Duby, *Histoire de la France* (*II*), p. 108.

❶　Emmanuel Le Roy Ladurie, *Les paysans de Languedoc* (Paris: Flammarion, 1969), p. 127.

在城市方面，從巴黎勞工薪資的曲線看來，其最高點在 1444 年和 1476 年間，因為在戰爭、災荒和瘟疫之後，勞力變得稀少。然而自 1525–1530 年起，薪資突然大幅滑落。根據傅拉斯西 (J. Fourastie) 等人對斯特拉斯堡居民之調查，其結論為：在十五世紀末，六十小時的工資，可購買一百公斤的小麥；在 1540–1550 年間，需一百小時的工資；1570 年左右，則需兩百小時的工資。人們重新陷入幾個世紀的困難時光。

王國中經濟最繁榮的城市——里昂所發生的暴動和罷工，充分顯示出一般大眾的貧窮化，以及重返低薪資的時代。1539 年，里昂和巴黎的印刷工人發動罷工，因為物價上漲，老闆有意降低書籍的成本。然而老闆降低生產成本的方式，卻是節省工人的伙食費用，以及增加工資較低廉的學徒名額。印刷工人停止工作，走上街頭，與治安人員發生流血衝突，並威脅未參與罷工的伙伴。危機一直延續到 1571 年，而且還要巴黎大理院出面干預。

在一個農業人口占全國總人口百分之九十以上的國家，儘管農奴制度繼續式微，農民司法地位漸有改善，但他們受貧窮的打擊仍然很大。耕地一再分割，使大部分農民的生活日趨困難。收成欠佳，影響著無產階級者的糧食，處處可見的內戰，也增加其痛苦。

然而，在十六世紀的法國，那些人因財富結構改變而致富？金錢湧向那些家財萬貫者，在鄉村有下列三種人：

1. 農民地主：擁有獸力和人力，以及足夠的資金去承租新的小農場。

2. 農民商人：在穀類、木材和飼料等市場呼風喚雨，且兼具商人和農業經營者的角色。

3. 領地的承包商：包攬什一稅，以及酒稅、鹽稅和通行稅。

此一鄉村資產階級以高利貸款給債務人，並利用能夠約束教會和貴族階級的土地讓渡，以獲取利益。

在城市，能發大財的是各行業的老闆和貿易商。對於土魯斯的色粉大王阿謝札 (Pierre Assézat) 等大富翁來說，「無太美之物：城裡的華麗住

宅、豪華家具、精選的油畫和雕塑、被延攬來的詩人和作家，以及鄉間
的城堡、運動、打獵、歡宴，甚至所用的化妝費也是一筆不小的財富。」

　　律師、法官、檢察官等司法人員，以及其他政府官員，為另一上升
的社會階級。威尼斯駐法大使加瓦里說，在 1546 年，巴黎的大理院和審
計院養活了數萬人。上訴法院的創立，只不過強化此一演變。許多富商
尋求官職，而另一方面，最富有的商人和官員，則尋求進入貴族階級，
購買封地和領地。社會地位的提升，就如此造成我們所謂的資產階級之
擴大。

　　總之，在十六世紀的法國，富者和貧者皆比往昔眾多，而且富者愈
富，貧者愈貧。

鄉村社會結構

　　如同歐洲所有舊制度的國家，法國的經濟和社會結構很固定。以往
彼此相互依賴的城市和鄉村，逐漸疏離：城市的演變相當快速，而鄉村
則長久以來依然故我。幾世紀來，法國糧食的基礎變化甚微。在十六世
紀初，所有村莊已經出現，幾乎仍是今日我們所見的面貌。在近代法國
的前兩個世紀，中古鄉村的傳統，自行維持著幾乎毫無變動。它在社會
組織中保留下來，譬如村莊的居民或多或少還是聚集在教堂的四周，受
領主、教士、還有皇家官員的治理。此一制度在經濟組織中持續下去。
無疑地，農民供應鄰近城市的糧食。從另一方面來看，透過土地承租人、
貴族和主教，還有自十三～十五世紀以來已獲得土地的資產階級者，農
民對於商業的繁榮有相當大的貢獻。

　　某些村莊將面臨外界的衝擊。它們顯然地要為其耕地和森林界線之
外的世界開放。每個星期天要宣讀國王命令的教堂神父，經常光顧的惡
名昭彰的兵士，以及流浪漢，使這些村莊不再那麼閉鎖。

　　除了大城市周圍地區，例如博斯、布里 (Brie)、畢加第 (Picardie) 等
巴黎的穀倉平原，以及那些在河川和道路必經之地的村莊，鄉村世界大

多過著另一種生活方式。它與充滿著冒險、財富、歡樂和考驗的城市生活相去甚遠。

鄉村的生活

此一時期法國的農民大多數為小自耕農。他們擁有大約十至十五法畝的土地，有時也抽籤分配十分廣大的社區財產，諸如草原、森林、沼澤……等。草原可用來飼養家畜，森林中的木材可用來建造房屋。

「資本主義式」的大地產，雖然在近代的幾個世紀裡逐漸發展，但它卻只存在於城市周圍。在城裡，耕作者、承租人或大領域的開墾者，彼此有來往。富農擁有五十至六十法畝的土地，以及數條牛和幾匹馬。牛和馬是他們務農時不可或缺的獸力。此外，他們通常直接售出一部分收成。

許多農民，甚至缺少做粗重工作所需的大牲畜。他們將勞力與鄰近較富有的農民交換套車的牲畜，有時交換鄰居的犁具。此時，法國仍然盛行小型耕作制。自中古時期以來，領主制度、戰爭和侵略的摧殘，皆有利於小型耕作制的發展。

然而，同樣十六和十七世紀，在鄰國英格蘭、易北河以北的日耳曼，則盛行大地產和大型耕作制。法國的鄉村，甚至在重農主義的世紀，也未曾遇到類似英國的圈地運動。在眾多的原因之中，最主要的是，法國貴族對於法國城市生活的燦爛和吸引力之感覺，比起英國貴族，這些「大圈地」的地主，更為靈敏。

小型耕作制，尤其是穀類的生產，具有相當的穩定性。在此時，一旦穀倉庫存豐富，每人每日最多可以吃到三磅的麵包。這種基本的食物供應，並無城市和鄉村之差別。事實上，它與集體生活有密切關聯。農民耕種土地，往往要跟村莊和教區的其他農民配合。農民的人力和物資之不足，互助遂應運而生。小麥的播種收成、葡萄的採收、以及森林的大量砍伐……等工作，皆由大家一起來動手。

今日相當流行的鄉村個人主義在那時仍為新興之物，往昔只有阿奎丹和布艮第的葡萄農是個人主義的農民。他們是已享盛名的葡萄酒生產者，不理會集體生活型態。他們在葡萄園和第戎 (Dijon) 或波爾多之間來來往往，出售葡萄酒，購買酒桶和麵包。雖然可以說他們附屬於土地，但事實上卻過著商人和城市人的生活。

教區生活共同體似乎成為法國鄉村新技術和新耕種方式推廣緩慢的原因。在十六世紀，從美洲引入的玉米和四季豆，經過一段很長的時間，才傳到法國南部；煙草和馬鈴薯的推廣也是很遲。工具和耕種技術的傳入，情況類似。耕種所使用的犁，自上古至十八世紀，幾乎未曾改變。

在鄉村，尚有許多身無寸土的零工。他們依照季節的不同，出租勞力，到處做不同的工作。他們到處漂泊，很容易變成盜匪，是一群危險的流浪漢。直到十八世紀的軍事改革為止，他們也是士兵的來源。他們得不到社會的幫助，成為社會的邊緣人。

農民的災難

稅負過重、饑荒、士兵和盜匪的騷擾等等，帶給農民無窮的災難。農民要養活自己相當不容易。一次酷寒或洪水，就可能造成整個農村同心協力也無法彌補的大災難。

遇到如此的荒年，農民的收成繳了租稅後，所剩無幾。在尚未影響到城市之前，饑荒已經肆虐著鄉村。饑荒發生時，人們不但要忍受寒冷和飢餓之折磨，甚至禍不單行，瘟疫經常伴隨著饑荒而來。人口眾多的村莊，很可能在半年後成為廢墟。

假如風調雨順，收成良好，農民仍有一些危險，那就是戰時過境的士兵和盜匪。士兵，大都為傭兵，經常蹂躪村莊，搶劫家禽家畜和家用物品，並且殺人姦淫，無所不為。一個毫無防衛能力的村莊，在一支軍隊如此闖入後，立刻變成廢墟。即將收成的作物、穀倉、牲畜、重武器裝備、婦女等，也受到盜匪的威脅。

農民的心態和信仰

　　驚懼支配一切，而且解釋鄉村生活的面貌。農民的恐懼比二十世紀的人們更強烈。人類和牲畜的生命，以及作物收成受到威脅的陰影，導致農民對於一顆掃過天空的流星、一匹在休耕田中狂奔的馬、或一個小人物或鄰居走出教堂時的喃喃自語，都感到恐懼。

　　農民大都為基督徒。他們自受洗至臨終塗油，神父或牧師皆在其側。每年復活節領聖體，也頗受重視，甚至直到十八世紀，國王派駐各地區的總督，以之來統計教區居民的人數。農村的信仰有時具有地方色彩，與基督教的正統有別。自十七世紀初起，聖徒祭祀與迷信的作法，混在一起。魔鬼與上帝同時出現在人間。

　　農村的政治信仰，依地區而有程度的不同。甚至到十八世紀末，國王仍然是小民、窮人非常遙遠的保護者，所以人們相信，法國國王具有奇異和魔術般的治病能力❶⑨。

---

❶⑨　當時的農村居民深信國王以手觸摸患者的額頭，可以治療瘰癧，亦即今日醫生所謂的淋巴結炎。此病大都由營養不良所造成。

第二章　文藝復興時期㈡

第一節　宗教改革

喀爾文的宗教改革

　　十六世紀的歐洲，天主教思想和教會體制成為研究的主題，而且受到質疑。支持和反對人士逐漸壁壘分明，鬥爭激烈。當馬丁路德在日耳曼發動改革運動之時，一些受他影響的虔誠信徒也抗議天主教會的濫權，如給貴族兼任太多有俸聖職、授主教區或修院予弄臣，甚至婦女。有識之士希望回歸《聖經》之閱讀。勒費富 (Lefèvre d'Étaples, 1450–1537) 翻譯《福音書》和《聖經》。此一福音主義受到巴黎大學神學教授的譴責，但卻得到法王的姐姐納瓦爾的瑪格麗特 (Marguerite de Navarre) 之支持。法蘭西斯一世本來同情改革和教會內部革新的理念，然而 1534 年新教徒將直接攻擊彌撒的布告貼在國王在安布瓦 (Amboise) 城堡寢宮大門上的「布告事件」(L'affaire des placards) 發生後，法王開始採納民意，採取較保守的態度。他的立場逐漸趨於強硬，准許對新教徒進行愈來愈激烈的迫害。

　　喀爾文 (Jean Calvin)，一位人文主義者和法學家，拋棄天主教，逃至瑞士的巴塞爾 (Bâle)。1536 年，他在巴塞爾出版《基督教原理》(*L'Institution chrétienne*) 一書，還領導一項比路德更激進的改革運動。喀爾文將該書的原理原則於 1541 年起在日內瓦付諸實施。

內 戰

自亨利二世登基後，喀爾文教徒即遭受迫害，但在上層的資產階級和貴族階級有成群的信徒，其中有勢力強大的柯立尼家族 (Les Coligny) 和波旁家族 (Les Bourbons)。法國新教教會於 1559 年在巴黎召開第一次教區會議，採用喀爾文的宗教信仰之理論。

在與新教重新修好的希望破滅後，教宗克萊孟七世 (Clement VII) 和保羅三世 (Paul III) 進行一連串天主教的更新和再生。他們的努力獲得法國天主教徒之積極回應。陸軍總監孟莫雷尼 (Le connétable de Montmoreny)、吉斯家族的法蘭西斯公爵和洛林樞機主教 (Le cardinal de Lorraine)❶等人所領導的天主教徒，與波旁家族、康地親王 (Prince Condé) 和海軍上將柯立尼等所領導的喀爾文教徒，互相攻擊。

亨利二世去世後，攝政母后凱薩琳 (Catherine de Médicis) 試圖調解這些敵對者，還在布瓦希 (Poissy) 召集一次神學家討論會。不幸的是，信仰過於狂熱，而派系領袖又過於驕傲。討論會失敗，內戰也就無法避免。

除了派系領袖勢不兩立外，在〈加多・剛布雷希條約〉簽訂後，失業騎士也準備隨時參與內戰。他們依照自己的個性、信念，尤其是所屬的貴族派系，在康地和吉斯家族二者之間，做一抉擇。此時，吉斯家族已是強硬天主教派系之領袖。

1562 年 3 月 1 日的瓦希 (Vassy) 大屠殺，揭開了宗教戰爭的序幕。此次大屠殺，造成一千二百位參加佈道的新教徒中，七十四人被殺死，一百多人受傷。屠殺事件並非預謀。吉斯家族的法蘭西斯和其人馬，自洛林返回，發現新教儀式就在瓦希舉行，並且未如 1562 年 1 月詔書❷所

---

❶ 吉斯公爵法蘭西斯和洛林樞機主教查理為兄弟。

❷ 該詔書為首相洛比達 (Michel de l'Hôpital) 所擬，其精神在於使宗教衝突情況緩和。改革過的禮拜儀式首次獲准在法國公開出現。牧師團和牧師會議皆

要求的要在屋外。在號角聲中，吉斯兄弟的手下，衝進新教徒聚會的穀倉進行屠殺。

另外，發生於 1572 年 8 月下旬在巴黎及其他省區的「聖巴跌勒米 (Saint-Barthélemy) 大屠殺」，新教徒犧牲三千餘人，其中包括柯立尼海軍上將 (Amiral de Coligny)。康地親王則占領奧爾良，新教徒還出其不意地奪取另外數個大城市，以暴易暴。法國陷入嚴重內戰，無視於理性呼籲。

在內戰中，各派系主要領袖皆慘死。一部分在戰鬥中傷重身亡，如波旁家族的安端 (Antoine de Bourbon)、聖盎德雷元帥 (Le maréchal de Saint-André) 和孟莫雷尼；另一部分則被暗殺，如康地親王、吉斯家族的法蘭西斯、法蘭西斯的弟弟洛林樞機主教和兒子亨利。甚至國王亨利三世也在 1589 年遇刺。

外國的干預

國內混亂，使外國人得以介入法國事務。1562 年，法國新教徒與英女王伊利沙白一世結盟，且將勒亞佛交給她，但後來被暫時妥協的新教徒和天主教徒再度奪回。1568 年和 1572 年，巴拉丁選侯 (Electeur palatin) 之子約翰卡希米 (Jean Casimir) 先後率領日耳曼軍隊進入法國，支持新教徒。

亨利四世在統治初期也向英國、荷蘭和日耳曼新教公侯求援。西班牙人的干預迫使他採取此一令他覺得恥辱的措施。1584 年，吉斯家族曾與西班牙簽訂〈朱安維爾 (Joinville) 條約〉。雙方同意亨利三世的繼承人將是波旁樞機主教 (Le cardinal de Bourbon)，而且西班牙國王腓力二世將支付鉅額款項以維持法國天主教聯盟的軍隊。亨利三世死後，西班牙軍隊駐紮在不列塔尼，解除巴黎和盧昂的被困，並權充法國首都的守衛者。

1589 年，亨利三世被一位瘋狂的修士重創後，指定波旁家族的亨利，亦即納瓦爾王國國王，為其繼承人，但請他改信天主教。亨利四世的改

獲得許可。牧師地位獲得承認。

宗，逐漸贏得法國人民的支持，不但恢復國內的和平，也將西班牙人的
勢力驅逐出境。

法國宗教改革之背景

在法國掀起宗教改革運動，並導致一場慘烈戰爭的喀爾文，他深深
了解那個時代對宗教問題的重視。一部分法國菁英加入新教。選擇宗教
改革者有哲學家拉姆（Petrus Ramus，法文名 Pierre de La Ramée）、音樂
家古地美 (Claude Goudimel)、雕塑家黎西葉 (Ligier Richier) 和古勇 (Jean
Goujon)、陶藝家巴利西 (Bernard Palissy)、童話作家杜法依 (Noël du Fail)、
詩人杜巴達 (G. du Bartas) 和竇比內 (Agrippa d'Aubigné)、出版商葉田
(Henri II Estienne, 1531–1598) 和建築家杜謝索 (Androuet du Cercean)
等。新教觀念甚至超越知識階級，影響到一部分法國人口。根據柯立尼
海軍上將之估計，1562 年全法國有二千一百五十個新教教會；普羅旺
(Provins) 的一位本堂教士也確信，四分之一的法國已成為新教教區。

為何有此一快速成功？那是自康士坦斯 (Constance) 和巴塞爾大公會
議之後所顯示，而只等待一個擴大法國和羅馬教廷之間鴻溝的機會的法
國教會舊傳統之影響❸？那是，如同人們長久以來相信的，因為天主教
會那些眾所皆知的濫權？那是經濟問題對宗教演變產生影響，薪資追不
上物價引起的不滿，以及資產階級的致富使之產生一種有利於自由思考
的獨立精神狀態？依時空的差異，這些不同因素，或一起，或分別發生
作用。

然而，法國學者費伯佛 (L. Febévre) 認為，宗教性的因果關係還是要
在宗教的演變中尋找。1534 年在安布瓦的國王寢宮大門所張貼的布告，
為此一說法之明證。該布告所譴責的「恐怖、重大和重要濫權」，屬於神
學層面：它涉及天主教的彌撒觀念。另一必須了解的事實是，在法國如
同在其他國家一般，主要的宗教改革宣傳家仍為路德、茲文格里 (Ulrich

---

❸　法國教會一直有不受羅馬教廷控制之獨立色彩。

Zwingli) 和布榭 (Martin Bucer) 等教會人士。改革派教士的理論精義在於肯定，罪人因信而得救。如果說此一神學理論在十六世紀的歐洲頗為盛行，毫無疑問，那是它符合當時的一種需求，一種不安。

對地獄的恐懼

自十四世紀起，一連串不幸打擊著歐洲：災荒、黑死病、英法百年戰爭、英國薔薇戰爭和胡斯黨人戰爭❹、大分裂❺以及土耳其帝國的擴展等等。這些不幸所產生的罪惡感，必然會被傳道者在講道時加以渲染。至少在城裡，《舊約》的預言者在整個十五世紀喋喋不休地強調基督徒的罪惡、威脅他們的懲罰、世界末日的即將來臨，以及懺悔的迫切性。有許多證據，如死神舞、世界末日和最後審判之演示，可以看出歐洲人在宗教改革前夕，面對死亡的來臨和地獄的威脅所產生的恐慌。更可怕的是，當時的歐洲人未具有可減輕罪惡感之情境。如果教區結構很穩固，而宗教儀式的執行持續不斷，信徒或許在面對死後的審判，不再那麼孤立無援。然而，教區本堂神父經常缺席，通常由平庸的一般教士取代。一般教士在宗教方面的無知，懺悔和領聖體的稀少，宗教教育的不足，皆造成廣大基督徒一種非常嚴重的心理不平衡。

自己感覺罪惡滿身，人們畏懼復仇上帝的憤怒，而且經常自問透過何種方式可免墜入地獄。因為傳道者在城市特別能執行其神職工作，此種焦慮和困惑很可能來自城市，隨之擴展到鄉村。在十五和十六世紀，

---

❹ 胡斯 (John Hus) 為波希米亞宗教改革家，布拉格大學校長，1415 年在皇帝 Sigismund 的安全保證下列席康士坦斯大公會議，但最後還是以異端之名被處火刑。胡斯的追隨者，結合捷克愛國主義，於 1421 年至 1436 年發動激烈戰爭，並獲得相當的宗教自由。

❺ 1309–1378 年，教宗一直定居在法國的亞維農 (Avignon)。格列哥里十一世 (Gregory XI) 將教廷遷回羅馬，並於 1378 年在羅馬去世後，天主教會同時出現 Urban VI 和 Clement VII 兩位教宗。1409 年在 Pisa 大公會議選出 Alexander V 取代前兩位時，基督教世界同時有三位教宗。

對基督的激情，求助能保護他們避開疾病和撒旦的聖母、聖徒祭祀的誇張，幾乎是一種病態的堅持。此一罪惡感造成文藝復興時期反猶主義的興起，以及再度追捕男女巫師。人們尋找自己以外之其他犯罪者，亦即代罪羔羊。針對著基督徒的這種恐慌不安，馬丁路德開出一劑猛藥：因信得救。他大體上肯定：上帝並非審判者，而是聖父。我們有罪，但已得救。信仰救世主，那已足夠。對於虔誠的信徒，將無地獄，甚至也無煉獄，因為煉獄根本不存在。

普遍聖職和回歸《聖經》

在神學理論方面，新教強調普遍聖職和回歸《聖經》的必然性。這兩種教義的肯定足以吸引人口中最有教養的部分。在不斷演變的過程中，賦予俗人在教會中重要角色的特徵愈來愈明顯。隨著城市化的發展，慈善團體大增，教士和俗人經常以一種平等的地位共事。

威克里夫（John Wyclif，英國牛津大學教授）與胡斯的改革理論和行動、巴黎大學神學教授吉爾頌 (Jean Gerson) 否定教宗優先權和世俗權力之著作，已在社會菁英中擴散，其個人祈禱的喜好和作法，不可避免的使聖職、修院制度、教會階級制度和禮拜儀式變成較無價值。人文主義學者如伊拉斯慕斯 (Erasmus)、勒費富、拉伯雷 (François Rabelais)、納瓦爾的瑪格麗特等人，接受並且推廣此一訊息。在此一方面，改革理論和人文主義精神深受其影響。拉伯雷，伊拉斯慕斯的門徒，嘲笑遊手好閒一無是處的修士，排斥朝聖、聖徒祭祀和贖罪；但是他讚許每日的祈禱，認為這是基督徒值得稱讚的習慣。

人文主義者和宗教改革者，皆具有回歸《聖經》的意願。在路德尚未為人所知之前，伊拉斯慕斯於 1516 年曾寫過：

> 我欲所有好婦女讀《聖經》和〈保羅使徒書〉。它們翻譯成各種語文！農夫邊耕田邊唱讚美詩，織工在工作中哼著曲子⋯⋯❻

　　對於上述論點產生共鳴的勒費富,在 1530 年出版其以通俗語文完成的《新約聖經》。這部《聖經》對於喀爾文堂兄奧力維丹（Olivétan，原名 Pierre Robert Olivier）所完成的第一部法文新教《聖經》有強烈的啟示作用。

　　然而,一些帶有樂觀哲學色彩的人文主義學者,無法長期與對原罪之人覺得灰心的新教保持和諧關係。伊拉斯慕斯、摩爾 (Thomas More)、拉伯雷和隆沙等人,願意調和天與地,重建人世間之快樂,相信人類以及其未中止對上帝信仰的自由裁量。

　　由於這些觀點的差異,伊拉斯慕斯於 1525 年與路德突然決裂;拉伯雷在其著作中咒罵喀爾文是「魔鬼附身」、「日內瓦的騙子」;隆沙則攻擊日內瓦的傳道者和牧師。

福音主義

　　拉伯雷的《四分之一書》(Le Quart Livre) 於 1528 年出版,而隆沙攻擊新教的《言論集》則在宗教戰爭初期公諸於世。在法蘭西斯一世統治的前半期,法國處於神學的不確定時期,有利於允許且承諾革新和妥協的「福音主義」之發展。1521 年至 1524 年間組成的一個福音主義者的小團體,其中有些人變成新教徒,其餘則仍為天主教徒。此一團體的創始人,莫 (Meaux) 地區主教,布里松內 (Guillaume Briçonnet) 為正統派,而且譴責異端。然而,布里松內只保留基督的形象。他將法語引進禮拜儀式,將《聖經》的法文譯本分發給其主教區的教徒。支持其宗教復興工作的納瓦爾的瑪格麗特,以及其代理主教勒費富,後來皆參與宗教改革。他們兩人皆相信「因信得救」。另一著名的例子:為喀爾文翻譯聖詩的馬羅 (Clément Marot) 去世時為天主教徒。在這個宗教妥協似乎仍有可能之時代,很容易說明法蘭西斯一世的猶疑不決,以及其態度的變幻無常。國王有時傾向迫害宗教改革者;有時則受到其姐姐納瓦爾的瑪格麗

❻　Georges Duby, *Histoire de la France* (*II*) (Paris: Larousse, 1971), p. 119.

特之勸告，對宗教改革者和贊同妥協的知識分子顯示寬容的態度。

新教的進展

　　路德思想的擴展在法國早已開始。在 1520 年，有人寫信告訴茲文格里，「在法國沒有任何書比路德的書更暢銷」。改革的宣傳，在城市與城市間，猶如傳染病一般。它首先影響到城市的手工藝者、司法人員、醫師、教師、公證人、商人和貴族階級。在初期，鄉村很少受到這些新觀念之影響。

　　1549 和 1560 年間，許多城市居民因宗教信仰緣故被迫逃亡到日內瓦和斯特拉斯堡。1555 年以後，為數不少的貴族拋棄天主教。貴族改信新教，其影響層面甚廣。一部分的農民有被推向異端之危險。天主教徒的警訊由此而生。最初，異端（指新教徒）只形成虔誠的團體，彼此間無嚴密組織，對於禮拜儀式並不重視，只熱衷於閱讀《聖經》。喀爾文在日內瓦的地位穩固後，積極在法國建立新教組織架構，設立教堂供牧師舉行禮拜儀式。1555 年和 1562 年間，來自日內瓦的牧師有八十八人，他們負責較重要新教團體之指導。1561 年年底，在今日法國版圖內有六百七十個以上的新教教堂。1557 年和 1559 年，先後在波迪葉 (Poitiers) 和巴黎召集全國牧師會議。新教至此已是一股不可忽視的力量。

新教失敗的原因

　　儘管 1572 年以後新教已相當有組織，為何在宗教戰爭期間會日漸衰微？根據調查結果，1598 年，喀爾文教派家庭不超過二十七萬四千個（約一百萬名教徒），而巴黎的新教徒人數約為一萬五千人。在一個愛國主義與對君王忠誠混為一體的國家和時代，法國國王在宗教方面的態度舉足輕重。甚至在頒布對新教徒容忍的詔書，國王仍然堅持傳統信仰。因此，國王的態度在法國具有決定性作用，就如同在英國，亨利八世和伊利沙白一世的態度對另一方向的決定性作用一般。第二項不可忽視的事實：

雖然許多擔任官職的資產階級和許多小城市的司法人員被新教吸引，但是大理院階層，尤其是巴黎大理院仍然仇視新教。巴黎大理院的管轄區涵蓋王國的一半。法國司法，特別是主要法院的有組織的迫害，或許是宗教戰爭期間，原先幾乎已擴展至整個王國的新教，會轉居下風的部分原因。另一方面，巴黎，法國首都和人口最多的城市，其角色不容忽視。該城居民大都傾向天主教，對新教表現出一種強烈的仇視，尤其是在聖巴跌勒米大屠殺和在天主教聯盟時期。

發生在 1572 年的大屠殺，對於新教的打擊十分慘重。新教徒經此一打擊後，質和量皆大受影響。法國的天主教在最後能穩住陣腳，無疑地，其積弊不深，而且，至少在城市，宗教架構仍維持真正的穩定。或許，天主教的革新起步也較早，亦即在亨利四世統治之前。受到拉伯雷和納瓦爾的瑪格麗特嘲笑的托缽僧，在法國宗教衝突中，事實上扮演決定性角色。他們讓巴黎瘋狂，且賦予天主教聯盟英雄式的神祕色彩。

第二節　文化演變

文化和宗教意識

在整個十六世紀，不僅社會變化加速，文化的轉變亦復如此。顯然地，法國人民彼此間有其共同點。外國人認為法國人輕浮、虎頭蛇尾，而且自傲。蒙田認為，法國人在精神方面比義大利人不活潑，也較不敏銳；然而，卻比瑞士人和日耳曼人文雅，也較靈活。此外，法國人，不論貴族、資產階級者、或一般市民，皆與當時整個西方人共同擁有某些觀念、反應和習慣。他們生活在同一宇宙空間。他們，甚至最有學問的人，仍然無法適應抽象概念，也不理會精確觀念。拉伯雷曾讓其書中主角卡岡都亞 (Gargantua) 說，「我未曾屈從於時間。」

法國人過分敏感和情緒化。他們能從憐憫一下子變成殘酷，從歡喜

到掉淚，而且不須任何調適期。他們大膽和疑懼兼而有之。事實上，法國人經常恐懼：恐懼盜匪、野狼、妖怪、流星、日月蝕、以及撒旦，從而造成 1560–1640 年間巫術的大流行。他們無法區分自然和超自然，對於化學和鍊金術、天文學和星相學也不易分辨。他們的信仰來自遭譴責之恐懼和對外在世界力量之深刻無力感。法國人喜愛嘉年華會或國王出巡等場面，尤其是與死亡有關的場面，如比武或酷刑。

全民性娛樂並非專屬於貴族的狩獵，而是舞蹈，以及擲骰子、玩紙牌。某些「人造的樂園」如咖啡、茶或可可，尚未被文藝復興時代的人們接受。然而，煙草在十六世紀末已相當受到歡迎，葡萄酒和烈酒當然更為普遍。

文化的轉變

在十六世紀，城市與鄉村文化水平的差距不斷擴大。1574–1576 年間，來到蒙柏利葉 (Montpellier) 一位公證人的事務所，請求借貸或簽租約的農民，百分之七十二不會簽名。然而，百分之六十三的城市手工業者，同一公證人的客戶，姓名簽得很好，而且有百分之十一的人尚能使用人名的第一個字母。文藝復興的歐洲，無疑地正邁向世俗化和知識的擴展。教士階級不再是認識世界最多的人。貴族階級接受教育；商人和政府官員的兒子就讀大學；學院的學生和教師人數日增。人文主義擴大有閒階級與其他人之知識差距。在一個藝術家與工匠涇渭分明的時代裡，一項粗野的階級劃分，使那些未接觸人文科學者，皆被擠進平庸的深淵中。在文化層面，人文科學等於真正的貴族文學。

例如，在 1548 年，耶穌受難會 (La Passion) 之會友被禁止演出中古的神祕劇，而法國第一部古典悲劇，尤戴爾 (Etienne Jodelle) 的《被俘的克麗奧佩脫拉》(*Cléopâtre captive*) 在法王亨利二世御前演出，隨之再度在作者母校龐古爾學院 (Collège de Boncourt) 上演。相反地，一種如非全然平民化，至少在某種程度反映一般人民，尤其是城市居民日常生活方

式和風格的文化，卻在十六世紀消失。滑稽劇雖未消失，但已有改變。當時無數的童話在一種現實主義傳統下，繼續存在。在另一方面，唯有與普羅特（Titus Maccius Plaute, ?–184 B.C.，拉丁喜劇詩人）和泰倫斯（Publius Terentius Afer Térence, 190–159 B.C.，拉丁喜劇詩人）所創立之戲劇理論結合在一起，滑稽劇方變成喜劇。童話通常只針對一小撮貴族階級的讀者。在十六世紀，庸俗的《一百條新新聞》(*Les Cent Nouvelles Nouvelles*) 流通甚廣，它曾在 1462 年被獻給布艮第公爵。《七日談》(*L' Heptaméron*) 一書中之主人翁，為五位貴族和五位貴婦。納瓦爾王后（亦即法蘭西斯一世的姐姐）的許多文學作品，以法國宮廷為背景。《新式娛樂和快樂閒談》(*Les Nouvelles Récréations et Joyeux Devis*) 一書，也出自一個貴族的和有高度教養的階級，其作者貝利葉 (Bonaventure des Périers)，是一位出身於希臘化世界的拉丁作家，在 1532 年出任納瓦爾的瑪格麗特之隨身侍從。

宮廷的文化角色

在中古時期，修院和大學為文化傳播的主要場所；到了十六世紀，其角色已為宮廷所取代。有「藝術和文學之父和真正重建者」之稱的法蘭西斯一世，創立皇家圖書館 (La Biliothèque royale)、皇家排版工廠、以及日後成為「法蘭西學院」(Le Collège de France) 的「三語學院」(Le Collège trilingue)。他還請人複製存在威尼斯的古希臘手抄本。納瓦爾王國國王后的宮廷，在 1527 年和 1549 年間聚集最有名氣的人文主義者，而且成為在法國的新柏拉圖主義中心。

在十六世紀末，「亨利三世科學院」(L'Académie d'Henri III)，亦稱「皇宮科學院」(L'Académie de Palais, 1574–1585)，在國王、大貴族和貴婦之前，聚集隆沙、白逸夫 (Jean de Baïf, 1532–1589)、戴波德 (Philippe Desportes, 1546–1606) 等作家，以及葉田、史卡利吉 (Jules C. Scaliger, 1484–1558) 等學者。以往在呂德伯 (Rutebeuf)、戴湘 (Eustache Deschamps, 1328–1406) 和維勇 (Villon) 等人身上那種令人嚮往的靈感和風格的獨立性，到了十六世紀已不復存在。人文主義詩人，經常是一位宮廷奉承詩人。馬羅、隆沙、戴波德，尤其是馬勒布 (François de Malherbe, 1555–1628)，無一例外。那是國王及其侍臣帶動藝術的風味和嗜好。

查理八世自義大利帶回工匠和藝術家。1515 年，法蘭西斯一世邀請達文西來法國定居。十六年後，他又聘請羅索 (le Rosso) 和普里馬蒂斯（Francesco Primaticcio，亦稱 le Primatice, 1504–1570）來法國。羅索和普里馬蒂斯裝潢楓丹白露宮 (Fontainebleau)，並創立一個深深影響當時法國畫壇的畫派。亨利二世交付列斯寇 (P. Lescot) 改建羅浮宮之任務，開啟了古典風格。至於國王的寵妃狄安 (Diane de Poitiers)，她讓戴隆姆 (Philibert de l'Orme)、古勇和謝里尼 (Benvenuto Cellini,1500–1571) 來亞內 (Anet) 工作。國王的朝廷和城堡引起了衛星小朝廷和城堡之產生。由於瓦盧亞王室喜愛羅亞爾河流域，其最忠誠，或許也是俸祿最豐之侍從，也在布魯亞、安布瓦和香波的鄰近地區，建造或整修其住宅。以國王為仿傚對象，法國的大貴族也扮演著文學或藝術資助者的角色，例如安布瓦樞機主教在蓋用 (Gaillon)、洛林樞機主教在墨東 (Meudon)、內慕爾公爵 (Le duc de Nemours) 在維那依 (Veneuil) 和香地依 (Chantilly)、孟莫讓希公爵 (Le duc de Montmorency) 在葉古安 (Ecouen)，以及如阿謝札等富商在土魯斯的公館。

不僅上述城堡外形的轉變，與微不足道的平民之住宅相去甚遠，其裝飾也與眾不同。人文主義文化與以雙手工作的大眾文化之間，距離漸增。其現象為：里昂詩人珍惜，且隨新柏拉圖主義擴展的神祕學說之流行；西塞羅 (Cicero) 式拉丁文築起的障礙，再度受到重視；在文學方面，必須認識和應用古代作家的重要體裁；最後，在詩、繪畫、雕塑，甚至王公貴族菈臨時的臨時性裝飾，也摻雜一種神話色彩。

義大利之影響

　　由於其文明之吸引力，義大利對法國貴族文化之進展，影響很大。《十日談》(Décaméron) 於 1483 年在法國首次出版，自 1485 年至 1541 年，總共再版八次。佩脫拉克之國際聲望，造成十四行詩 (sonnet) 之流行，而大部分的法國詩人皆或多或少受其影響。亞里歐斯德 (Ludovico Ariosto, 1474–1533) 的《憤怒的羅蘭》(Le Roland Furieux, 1516) 在十六世紀曾出了一百八十版。在路易十四時代，此一作品仍然被應用於凡爾賽宮的慶典上。卡斯提格里翁 (Baldassare Castiglione) 的《朝臣》(Le Courtisan, 1528)，成為名門仕紳之案頭書和良好風範的準則。自 1537 年至 1592 年，該作品出現六種法文譯本。達文西的抵達法國，造成義大利風格盛行一時。1533 年，麥迪西家的凱薩琳嫁給法王亨利二世，更強化一種在 1570 年達到高峰的迷戀。在服飾、在髮型、在舞蹈、在禮儀，甚至在講法語時，皆是義大利式。自「楓丹白露畫派」(L'école de Fontainebleau) 推展矯飾美學之時刻起，法國人的繪畫也是義大利式。

　　義大利恢復人文主義，更新希臘和希伯來的研究，以及推廣新柏拉圖主義；義大利更是十六世紀最偉大畫家、雕塑家和建築家的祖國。因此，文藝復興時期的義大利，將古代藝術的詞彙和準則，推廣到西歐。到羅馬廢墟朝聖，在十六世紀末，成為建築家不可或缺的養成教育。

　　透過義大利，法國受到希臘羅馬藝術之影響可以分成兩個時期。在第一期，只要求裝飾，亦即一種有時在哥德式建築上鑲貼就很滿足的裝飾。在十六世紀初期，奇怪的圖案出現在夏特爾 (Chartres) 大教堂唱詩班席位的四周。法國文藝復興的裝飾藝術，在 1510–1540 年間發揮到淋漓盡致。薄將西 (Beaugency) 市政廳柱頂盤的上楣和小連拱廊、香波城堡內的精緻彩色裝飾等，即為明證。1520 年左右，羅馬廢墟已在布爾吉 (Bourges) 城堡的彩繪玻璃上重現。不到二十年之後，在不列塔尼的孟鞏杜 (Moncontour)，聖依芙 (St. Yves) 之故事出現在由屈曲和凹槽柱分隔的

九幅畫中。

第二期，特別表現在建築方面。在裝飾的奇思異想之後，隨之而來
的是追求來自古代藝術準則的純粹主義 (purism)。受到曾發表一篇著名
的建築學論文，且在楓丹白露去世的塞里歐 (Sebastiano Serlio, 1475–
1554) 之影響，許多藝術家豔羨，而且有系統的研究羅馬紀念物。這正足
以解釋 1540 年以後古典藝術的推廣。古典藝術之特色為水平狀態、勻稱、
對稱與和諧。在亞內城堡 (Le château d'Anet)，戴隆姆建造一個交互重疊
的三種古代柱型的柱廊。這種風格不久於 1555–1560 年間，在土魯斯的
阿謝札公館 (Hôtel d'Assézat) 建造時，立刻仿傚。戴隆姆後來在聖德尼建
造法蘭西斯一世陵墓時，加上古代凱旋門的樣式。

十六世紀的法國受到希羅式建築，以及艾伯提 (Leo Battista Alberti,
1404–1472) 和布拉曼特 (Bramante, 1444–1514) 建築設計之影響。此一古
典主義充分表現在新羅浮宮的正面，其全部細節和風格屬於古代的。

藝術的綜合

然而，法國文藝復興並非全然抄襲義大利的義大利式古代文化。戴
隆姆熱愛古代，但是他參考維特呂夫 (Marcus Vitruve) 的名著《論建築》
(De Architectura) 後，毫不猶疑的採用哥德式建築的優點。他有意讓一種
藝術適合法國的氣候和特質。法國的民族藝術傳統太根深蒂固，無法一
時一刻間全部去除，教堂的建造更是如此。夏特爾大教堂的北鐘樓尖頂，
高一百一十五公尺，猶如「火中爆裂的荊棘叢」，於十六世紀初期完成。
巴黎的聖厄斯塔希教堂 (Saint-Eustache)，1532 年開始興建，保留五殿的
結構、中古的樓廊，以及燦爛式拱頭。在文藝復興時期法國的宗教建築，
最常見到的是交叉穹窿，以及斜削的大門。

因為傳統的技術和美學，保持著活力，法國文藝復興時期的藝術通
常以一種綜合的面貌出現。香波城堡重複利用萬桑 (Vincennes) 城堡為藍
圖。楓丹白露、豐田·亨利 (Fontaine-Henri)、葉古安、安西·勒·法蘭

克 (Ancy-le-Franc) 等地的城堡，保留中古的高屋頂。第戎的聖米歇爾教
堂 (St. Michel)，雖然其藍圖仍然是哥德式建築，但卻裝配一個凱旋門。
高聳的鐘樓繼續在各地建造，但卻冠以頂塔或小圓頂。彩繪玻璃藝術，
在中古時期的法國，相當盛行；在文藝復興時期，再度出現。在博威 (Beau-
vais)、穆蘭 (Moulins) 和布魯 (Brou)，採用赤鐵礦來製造彩繪玻璃，使之
產生更美的色彩。這些玻璃繪畫，與古代藝術結為一體。

法國文學的創新

　　十六世紀的法國文學十分發達。在 1500 年和 1600 年間，依照索尼
葉 (V. L. Saulnier) 的估計，法國有七百位左右的詩人以拉丁文寫詩。法
蘭西學院講座教授杜內補 (Adrien Turnèbe, 1512–1565) 甚至大膽地說，
面對著拉丁語文，法國語文是貧瘠的，放棄古代語文以圖利此一近代語
文的看法是錯誤的。有「法蘭西神童」之稱的法國人文主義學者畢跌
(Guillaume Budé, 1467–1540)，亦持此一看法。在人文主義的黃金時代，
學究氣相當盛。人們濫用神話，過度利用誇張的抒情方法寫作，以及模
仿佩脫拉克文體。

　　然而，在另一方面，拉伯雷在其著名的作品中反而嘲笑拉丁文狂，
而杜貝雷要求不應毫無分別的模仿古人。亨利葉田在 1578 年和 1579 年
相繼出版的兩本有關法國語文的著作中，極力維護本國語文，對抗義大
利語文。法國作家的此一愛國主義，使十六世紀的法國文學未自行消失。

　　在文藝復興時代，法國最好的文學作品之特色，就是語氣的真誠。
修辭學技術的精巧，已非考慮的重點。馬羅的田園詩《瘋狂年輕時代的
春天》(Le Printemps de (sa) jeunese folle)、杜貝雷的《後悔》(Regrets)、
隆沙的《瑪麗的愛情》(Amours de Marie) 和《獻給海倫的十四行詩》(Son-
nets à Hélène)，皆為法國人在童年頗為熟悉的詩篇。此一真誠，成為蒙
田的《隨筆集》(Essais) 最引人入勝之處，這是上古時期曾經忽略的個人
文學之傑作。十六世紀的法國文學不同於義大利文學的另一基本特徵：

它敢於處理女人、死亡、原罪和信仰等重大主題。項皮耶 (Symphorien Champier) 於 1503 年出版的《貞節婦女之殿堂》(*La Nef des dames vertueuses*)，此時起，直到十六世紀末，法國不斷有作家探討婚姻問題。

　　死亡也是十六世紀法國文學的重要主題之一：它出現在馬羅、杜貝雷和隆沙的詩，以及蒙田的作品中。至於對原罪和透過信仰來證明無罪之辯論，在宗教改革時期，一直成為勒費富、納瓦爾的瑪格麗特和喀爾文沉思的中心主題。

第三節　主要思想家和文學家

　　人文主義、文藝復興和宗教改革，影響著十六世紀法國的思想界和文藝界。此一時期法國的主要思想家和文學家，多多少少會帶有此類色彩。

蒙　田

　　誕生於一個貴族化的資產階級家庭，自幼受良好教育，大學主修法律，曾在波爾多大理院任職十餘年，工作認真負責。1568 年父親去世，蒙田繼承爵位，兩年後還鄉，專心寫作。1580–1581 年間，遊歷瑞士、日耳曼和義大利。此一期間，被選為波爾多市長，1583 年連任一次。他還曾任法王亨利三世和納瓦爾國王亨利之侍從。1586 年，重返故居後，其餘年全部用於研究和寫作。

　　蒙田的成名作——《隨筆集》共三卷，分兩次出版，是日積月累而成，反映了作者的思想發展和變化。他花費九年心血，完成前兩卷，並於 1580 年出版。這兩卷共九十四章，前幾章較短，為一系列軼聞，也穿插短論。隨之，他一方面修飾已出版的兩卷，並增加第三卷，在 1588 年時三卷全部出版。

　　《隨筆集》為蒙田在閱讀、沉思、或觀察當時事物而產生的一些有

關信心、道德反省，以及對諸如習俗、教育、友誼、旅遊……等等各色各樣主題之思考性的文章。這些文章大體上皆能完整、詳盡和誠實的描繪作者的心態。

《隨筆集》的前兩卷，揭示當時蒙田最關心的問題：矛盾、野心，尤其是痛苦和死亡。他認為，人們必須對死亡有所準備，視死亡為生涯之目標，學會從容不迫的迎接死亡，並與之鬥爭。他抨擊自殺為違背自然，違背基督教義，且是怯懦的行為。晚年他修正對死亡的看法，認識到死亡是人生的盡頭，而非人生的目標。痛苦不再是永遠應該避免的，排除痛苦也就是排除歡樂。他在〈論兒童教育〉一文中，主張培養判斷力，造就精神獨立的人，反對填鴨式的教育。

人，亦即蒙田在其書中和生活中所發現自身的人文特性，為一矛盾和錯誤的世界。人是無常、搖擺不定，且各形各色；蒙田對人之描繪，充滿心理學之意義。人的理性並非等於獸之本性；它受到外界環境之影響，不斷為感覺和想像所左右。人並無真確和穩定的理念，其判斷隨時在變。習俗和法律，因民族、因時代而有別。

因人之信仰和意見的無限差異性，產生一種不敢自我肯定的懷疑，而自問：「我知道什麼?」在《隨筆集》，〈為雷蒙‧戴‧舍朋德辯解〉(Apologie de Raymond de Sebonde) 一章中，顯示出一種道地的懷疑主義哲學。蒙田曾譯過此一十五世紀西班牙神學家的作品——《自然神學》(La Théologie naturelle)。大家懷疑其正統性。蒙田假為其辯護之名，指出舍朋德有意將信仰建立在理性的基礎上，因此無法有更好的表現。事實上，蒙田否定理性的一切價值，而且對理性、對其自傲和其無能，提出控訴。

蒙田十分重視友誼。他的好友拉波葉希 (Étienne de La Boétie, 1530–1563)，博愛又富文采，可惜英年早逝。拉波葉希的著作——《論自願奴役》(Le Discours sur la servitude volontaire)，亦稱《抨擊某人》(Le Contr'un)，專門抨擊暴政。該作品在他死後由蒙田代為出版。蒙田在以書信體寫給其父親的〈談剛離開人間的拉波葉希之死〉(Discours sur la mort de feu M. La Boétie) 一文中，顯露出他與拉波葉希間之深厚友誼。

蒙田的《隨筆集》傾向於一種生活的藝術：首先，好好享受人生；隨之將一切有礙生活，或讓生活蒙上憂傷色彩之困擾，拋諸腦後。蒙田最初自認為是斯多葛派的一分子，後來走向懷疑主義。

《隨筆集》的終極目標，即是一種最自然，也最人生的實踐道德，超越哲學和宗教之綜合體。蒙田為近代哲學深入細緻的研究人之認識能力的傾向開先河，以理論形式反映哥白尼 (Nicholas Copernicus) 等之科學發現和地理大發現，同時促使人們自宗教神學和死背教條的注釋哲學中解放出來。

喀爾文

法國神學家和宗教改革者，其創立的新教在臺灣亦流傳甚廣，稱為「長老會」。

喀爾文的父親為諾亞翁 (Noyon) 城主教之管家。早年受過良好教育，先在巴黎的孟太古學院 (Collège Montaigu) 就讀，後來相繼在奧爾良和布爾日 (Bourges) 學習法律和神學。在求學過程中，遇到幾位對新神學和人文主義頗有研究的學者，如柯迪葉 (Mathurin Cordier)、握瑪 (Nicolas Wolmar) 和阿爾西亞（Andrea Alciati，法文稱 Alciat）。

孟太古學院前院長貝達 (Noël Beda) 對神學院的師資發揮強大的保守影響力，而神學院在他的領導下已將馬丁路德定罪。喀爾文從貝達的邏輯課程中學到論證的藝術，但卻遠離其神學的保守論調。

柯迪葉為拉丁文教師，曾花費大半歲月於日內瓦宗教改革家的陣營中。握瑪為一傾向路德派的日耳曼人，喀爾文跟他學習希臘文，當時他對新興的人文主義有濃厚的興趣。阿爾西亞為義大利人，人文主義法學家，是以歷史方法從事法學研究的先驅者之一。

遵父命而學法律的喀爾文，儘管表現甚佳，還是無意以律師為業。1531 年，父親逝世後，喀爾文重返巴黎，在巴黎大學修習語言和文學課

程，追隨人文主義大師布德 (Guillaume Budé, 1467–1540)。1532 年出版處女作，亦即對古羅馬哲學家塞內加 (Lucius Seneca, 4 B.C.–65) 的《論寬厚》(De clementia) 做語文學和哲學性注釋。此一作品顯示出喀爾文對於古希臘和古羅馬時期學者十分熟悉，表現方式類似後來對《聖經》的注釋。該作品帶有超然的道德人文主義，推崇斯多葛哲學，卻偏好基督教。

喀爾文將自己投入宗教改革之舉歸因於上帝，事實上某些客觀因素的確有助於將這位年輕的人文主義者轉變成一位熱烈而不妥協的新教徒。他經常與一些年輕學者、教士，以及勒費富的門徒來往。1533 年 11 月初，喀爾文利用重返巴黎大學的機會，讓其好友巴黎大學校長柯普 (Nicolas Cop) 發表一篇偏向路德教義之演講。此一事件迫使他遠離巴黎。他先逃到安古南，再到涅拉克 (Nérac)，接受法蘭西斯一世姐姐瑪格麗特之保護，並在涅拉克訪問了接受公主保護的年邁的勒費富。

1535 年初，喀爾文定居新教中心瑞士的巴塞爾 (Bâle)，鑽研《聖經》和神學。1536 年，他發表《基督教原理》。此一原為拉丁文的著作，後來再親自譯成法文。同年到達日內瓦講授《聖經》。

1538 年因推行宗教改革過急，與日內瓦市政當局發生衝突，被迫出走，到達斯特拉斯堡，為法國的宗教難民服務。在那裡的三年中收穫頗多，除了講授神學外，還出版不少作品，其中包括成為喀爾文教派禮拜基礎的禮儀書，以及一部附有曲調的法文詩篇。

1541 年日內瓦面臨天主教勢力死灰復燃之際，喀爾文應日內瓦市政官員之邀，且在眾人的歡迎下，重返此城。在新市政當局的支持下，喀爾文建立一套紀律、講道、禮拜與教導的體系，並規定牧師、教師、長老與執事的職務。由於其個人顯赫的聲譽與強大的活動力，使之成為日內瓦教會的領導者，也是日內瓦的主宰。

自 1555 年以後，喀爾文致力於向其他國家傳播新教教義，除宗教活動外，也進行政治活動。他拉攏法國波旁家族，通過他們接觸法國的權貴。喀爾文延攬大批義大利、英格蘭、蘇格蘭、荷蘭、日耳曼各邦以及

波蘭難民到日內瓦，後來他們紛紛返回本國，宣傳新教教義。喀爾文同他們保持聯繫，並與傾向新教的各國政府建立關係，使日內瓦成為「新教的羅馬」。

　　喀爾文的神學以《聖經》經文為依據，並到處引用經文的證據支持其論點。在他的觀念中，上帝存在於眾星的光芒中，在歷史上所有事件中，在每個人的每一個經驗中。藉著命運預定論，上帝為每一個靈魂指定永生福樂或災禍。喀爾文在此一教義上受奧古斯丁 (Saint Augustine, Aurelius Augustinus, 354–430) 及十四世紀某些奧古斯丁派人士之影響。

　　在教義中有關聖餐方面，他強調經由聖靈的神祕活動，藉著崇拜者的心靈享受，基督人性確實存在。聖餐體驗中重要的是與基督神祕的聯合，以及團體相交的感覺。

　　喀爾文准許原為《舊約聖經》禁止的為所貸金錢收取利息的作法。就政府來說，他支持一個藉貴族成分維持安定局面的代表制，並謀求建立教會與國家之間有利的互動關係。

　　喀爾文在文學方面擁有崇高地位。他的《基督教原理》的版本是近代早期法國散文的一個里程碑。他描述上帝創造之工的風格上洋溢著雄辯。他處理神學問題條理清晰。喀爾文為一宗教改革家，亦為當時法國最偉大的作家之一。

鮑丹

　　政治哲學家、法學家、史學家和經濟學家，十六世紀法國偉大人文主義者之一。生於翁熱 (Angers)，十八歲到巴黎，在「法蘭西學院」繼續深造，並學習希臘文和希伯來文。1555 年至 1561 年間，在土魯斯學習法律，且在此一城市感受到新教之影響力。

　　1576 年，鮑丹以第三階級代表身分出席在布魯亞 (Blois) 的三級會議，因立場獨立而失去國王亨利三世之恩寵。擔任拉翁省 (Laôn) 總督時，設法將該城於 1589 年交給天主教聯盟 (La Ligne)。然而，1593 年他與該

聯盟決裂，轉投向亨利四世。鮑丹著作等身、性質很雜：有法學的省思，有星相學的，也有哲學的。他的《共和六書》(Les Six Livres de la République) 卻是歷來最偉大的政治論著之一。

《共和六書》試圖建立一套系統化的政治科學，闡明君權是賢能政府的必要權力的概念，認為君權是王朝專制政治的基礎，除了受制於神權、正義和習俗外，不受任何限制。

對他來說，君權是永續和絕對的，不容分割，也不受限制。因此，國王擁有權力的全部，尤其是立法和廢法。然而，君王不能與基本法決裂，也不能遠離國土，或無端侵犯個人財產。君王由大理院和三級會議協助處理國是。徵稅須經三級會議同意。不幸的是，鮑丹未表示，國王如何被迫履行其義務：大理院和其他組織之成立來自國王的准許，無法對國王進行監督；十六世紀某些政治學者十分贊同的弒暴君作法，則受到鮑丹之譴責。

在當時，鮑丹的《共和六書》引起國際回響。1586 年，該書出拉丁文版，且譯成義大利文、西班牙文、德文和英文。鮑丹的政治理論在法國體現在路易十四的專制政體。

貝茲 (Théodore de Bèze, 1519–1605)

作家、翻譯家、教育家和神學家。出身貴族家庭，負笈奧爾良和布爾吉，渡過歡樂時光，且寫出十分放縱的詩篇——《青春集》(Juvenilia)。

然而，他的一位老師，日耳曼人文主義學者握瑪已引導他接觸宗教改革的理念；隨之，在一場大病後，貝茲的人生劇烈改變，於 1548 年改信新教。1549 年在瑞士洛桑擔任希臘文教授，其間完成一齣悲劇——《亞伯拉罕犧牲者》(Abraham sacrifiant)。此劇被視為新教宣傳作品。1557 年，率領一個外交使節團到日耳曼；翌年，返回日內瓦，成為喀爾文的副手。1559 年與喀爾文合作，創辦日內瓦學院，並任首任院長，該學院日後成為喀爾文派的教育中心。

貝茲在法國傳播新教義很成功。他讓納瓦爾國王，波旁家族的安端，改信新教；1560 年參與布瓦希討論會 (le colloque de Poissy)；1562 年在巴黎傳教，且在內戰發生前，成為新教軍隊的牧師。

1563 年重返日內瓦，在喀爾文死後，繼承其職位，成為當地教會主要領導人。然而，貝茲繼續其遊歷和傳教，主持在拉羅榭爾 (La Rochelle) 和在尼姆 (Nîmes) 舉行的教士會議。

貝茲的大量著作對喀爾文教派之發展影響甚大。他在大多數問題上重申喀爾文的觀點，但強調教會紀律和嚴格服從權威。貝茲於 1563 年將《聖詩》(Les Psaumes) 譯成法文，於 1556 年將《新約》譯成拉丁文。1580 年，他出版《法國改革教會史》(Histoire ecclésiastique des Eglises réformées de France)；1561 年，《病教宗之喜劇》(La Comédie du pape malade)。他的《亞伯拉罕犧牲者》悲劇，在法國文學史上意義非凡。這是人們首次以法文寫成的悲劇，而非上古作品的譯作。

歐芒 (François Hotman, 1524–1590)

歐芒為法學家，十六世紀最有學問的人文主義學者，以及法國君權限制的主要提倡者之一，曾在法律、政治和宗教的論爭中起領導作用。生於巴黎，1542 年在奧爾良大學獲得法學博士學位後，在巴黎擔任律師。1546 年，任羅馬法教授。

1547 年，歐芒改信新教，並相繼在日內瓦、洛桑和斯特拉斯堡等大學教授法學。在斯特拉斯堡講學時，喀爾文曾去聽課。在聖巴跌勒米慘案之後，逃亡到日內瓦，繼續任教。1590 年死於巴塞爾。

歐芒對當時的法學研究和政治思想有很大影響力。1567 年出版的《反特里波尼安》(Antitribonian)❼一書中，他反對羅馬法即等於中世紀

❼　特里波尼安 (Tribonianus) 為拜占庭法學家，東羅馬帝國皇帝查士丁尼一世 (Justinian I) 之首席法律顧問，參與並主持《民法大全》(Corpus Juris Civilis) 之編纂工作。該法典對近代民法之發展有重大之影響。他於 532 年因受賄醜

產物的說法，而以證據支持文藝復興時期人文主義者的分類法，將其歸納為歷史和文獻學的研究。他同時強調，雖然羅馬法為一已滅亡的古老社會發展出來的，但它被應用到今日法國法庭時，仍應該予以現代化。他致力於恢復古羅馬法的原文。

歐芒最有影響力的著作是 1573 年出版的《法蘭克高盧的王權和繼承》(*Franco-Gallia sive Tractatus de regimine regum Galliae et de jure successinis*)。他在該書中指出，法國的君主是經選舉產生，而非由繼承而來的。他強調所有的政府係從該國古老傳統中以及人民的同意而獲得權力。從法國的政治發展史，他企圖證明法國的君主政體源始是有選舉權的，而且，必須由代表全體人民的大貴族來挑選統治者。他堅持大貴族必定與統治者一起分享政府的權力。

杜維爾 (Guillaume du Vair, 1556–1621)

政治家和哲學家。1584 年擔任巴黎大理院的顧問。1593 年，以一篇利用撒立克法 ❽ 觀點之演講，排除對當時法國王位之所有外國競爭者，因而贏得亨利四世之感激。亨利四世隨之派遣他到英國，談判有關英法兩國結盟，以對抗西班牙之事；任命他為馬賽皇家法院院長，後來擔任普羅旺斯大理院院長。自 1596 年至 1616 年，雖無正式官銜，但事實上他卻如同一位真正的普羅旺斯總督。他在此一省區進行綏靖工作，以及監督〈南特詔書〉(L'édit de Nantes) 之執行。1616 年，他擔任掌璽大臣。不久，被封為利及厄伯爵 (le comte de Lisieux)，並出任該地之主教。杜維爾翻譯古希臘作家狄摩西尼斯 (Demosthenes, 385?–322 B.C.) 和古羅

聞失寵，但兩年後又受重用。

❽ 該演講之原文是《為遵守撒立克法所為之勸阻》(*Suasion de l'arrest pour la manutention de la loi salique*)。法國王室源自撒立克法蘭克民族 (Les Francs salics)，根據該民族之傳統，亦即撒立克法，王國為一種遺產，應由諸子均分。

馬文豪西塞羅之作品。他是當代最傑出的作家之一，完成一部評論性著作——《論法國雄辯術及其一直地位低微之原因》(*De l'éloquence française et des causes pourquoi elle est demeurée si basse*)，以及三篇有關基督教道德和斯多葛學派道德之論文。

在其著作中，杜維爾提出斯多葛主義和基督教合流之主張，目的在於號召因內戰而處於分裂狀態的法國人民有所覺醒。十七世紀的法國道德傳統，得其惠甚多。

隆　沙

法國文藝復興時期最傑出最多產的詩人，出身貴族家庭，年少時曾任王親貴族之侍從。二十歲時的突然失聰，中斷其外交生涯之規劃，轉而潛心研讀古希臘羅馬的文學。偕其友安端・白逸夫 (Antoine de Baïf)，拜在名儒多拉 (Jean Dorat) ❾ 門下。多拉後來接替白逸夫之父擔任勾格雷學院 (Collège de Coqueret) 院長。這裡的學生除了隆沙和白逸夫之外，還有貝羅 (Rémy Belleau)、蒂亞 (Pontus de Tyard)。隆沙後來又介紹杜貝雷 (Joachim du Bellay) 參加此一小組。這五位年輕詩人，在多拉指導下，組織了一個改革法國語言和文學的團體。後來由於戲劇家尤戴爾之加入而成了七個人。這樣他們便把自己的團體仿照亞歷山大希臘七詩人之榜樣而命名為「七星詩社」(La Pléiade)，以隆沙為首。此一團體以創作堪與古代詩歌媲美的法國詩歌為宗旨。

隆沙的第一部詩集《頌詩集》(*Les Odes*) 仍模仿古希臘詩人頻達 (Pindar, 518–438 B.C.) 和古羅馬詩人賀雷斯 (Horace) 之作品；《卡珊德之愛》(*Les Amours de Cassandre*) 則為師法十四世紀義大利詩人佩脫拉克之作品。

葉田出版的西元前五世紀希臘詩人阿那克里翁 (Anacreon) 之詩集，影響隆沙甚深。他的詩作風格立即返樸歸真，修飾其早期的《頌詩集》，

---

❾　多拉為法國人文主義者，傑出的古希臘語學者。

開始創作《皇家樹叢》(*Le Bocage royale*)、《瑪麗之愛》(*Les Amours de Marie*)，以及《讚美詩集》(*Les Hymnes*)。

宗教戰爭爆發，隆沙堅定地站在宮廷與天主教一邊，為新教徒所仇視。他成為亨利二世、法蘭西斯二世和查理九世三朝的宮廷詩人。然而，他欲仿傚古羅馬詩人維吉爾 (Virgil) 所寫的史詩《法蘭西雅德》(*La Franciade*) 卻半途而廢。

在愛情詩方面，隆沙能夠帶給生活的歡樂、人和物之美、光陰的消逝、以及死亡之殘酷等新的詮釋。在其愛情詩集中，他歌頌真正喜愛的女性：《卡珊德之愛》中的卡珊德‧薩爾維亞蒂 (Cassandre Salviati)；《瑪麗之愛》中的瑪麗‧杜班 (Marie Dupin)，安茹地方的一位少女；《海倫之愛》(*Les Amours d'Hélène*) 中的蘇捷爾‧海倫 (Hélène de Surgères)，亨利二世之王后麥迪西家族的凱薩琳的侍女。

在自然詩方面，隆沙特別喜愛其出生地的小鎮風光。田園的生活深深吸引著他，使之離開城市和宮廷。

隆沙最有創意和最強而有力的作品，或許是其時論詩。法國內戰帶來的不幸，使他的時論詩充滿憂慮與憤怒。隆沙的詩體現了法國文藝復興時期的各種興趣、風味和情調，又因他同時也是博學之士，生前被尊為詩聖。他在法國詩歌中的傑出地位，在雨果 (Victor Hugo) 之前一直無人能望其項背，對十七世紀的古典派詩人產生直接的影響。然而，在十七和十八世紀，他曾一度遭到忽視，直到浪漫主義評論家聖伯夫 (Charles-Augustin Sainte-Beuve) 才恢復其在法國文學史上的地位。

拉伯雷

被夏多布里揚 (le Vicomte de Chateaubriand, 1768–1848) 譽之為「法國文學創造者」。出生於杜蘭地區 (La Touraine) 的希農 (Chinon)，父親為律師。1511 年進入修院，後來擔任神職。他對宗教的感受不大，反而喜愛文學和古希臘作品，並開始與當時推廣古希臘研究甚力，有「法蘭西

奇才」(le prodige de la France) 之稱的畢跌有書信來往。

　　1527 年前後，拉伯雷還俗，並首度定居巴黎。隨之，於 1530 年著教區神父之服裝，到蒙柏利葉大學 (Université de Montpellier) 習醫。甚至在未獲得學位之前，他已開始講授有關「醫聖」希波克拉德 (Hippocrate) 和另一古希臘名醫加里安 (Claude Galien) 之課程。他的講課使之頗有名氣。獲得醫學士後，自 1532 年起在里昂行醫。

　　在發表《希波克拉德名言》(Les Aphorismes d'Hippocrate) 後，1532 年起，他陸續發表四卷有關龐大格魯葉 (Pantagruel) 和卡岡都亞 (Gargantua) 兩位巨人父子之作品。這部長篇小說取材於通俗的傳奇文學、笑劇、騎士故事和古典作品，以及義大利的文學作品。

　　拉伯雷在小說中大量運用文藝復興時期之法語，以及從粗俗的戲謔到深邃的諷刺等多種喜劇成分，內容涉及當時的法律、醫學、政治、宗教、哲學等知識。拉伯雷對神學、醫學，尤其是法學，造詣較深。

　　具有文藝復興時期對知識的熱忱，拉伯雷希望年輕人能「學識淵博」。他為青年學子設計一套百科全書式的學習計畫。總而言之，他認為知識不僅在於培養美德，也要有崇高的宗教信仰。拉伯雷的門徒必須喜愛上帝，並為上帝服務，避開俗世的罪惡，慎選良友，以及樂善好施。

　　拉伯雷的作品不僅對後世法國名作家伏爾泰 (Voltaire, 1694–1778)、巴爾扎克 (Honoré de Balzac, 1799–1850) 和夏多布里揚等人有很深遠的影響，且對英國的一些作家如史威夫特 (Jonathan Swift, 1667–1745) 等也有相當的影響。

馬羅 (Clément Marot, 1496–1544)

　　馬羅之父——約翰馬羅 (Jean Marot) 為法王路易十二和法蘭西斯一世之宮廷詩人。在父親之影響下，馬羅也成為法蘭西斯一世之侍從和宮廷詩人。個性帶點輕佻，享樂主義，為人極為風趣，且對新教之創新時時顯露同情。因新教之故，馬羅曾兩度入獄，兩度被迫流亡，最後死於

義大利的杜林。

長期住在義大利，馬羅接觸義大利的文學形式，學會了模仿古代的風格和主題。他介紹了哀歌、牧歌、諷刺短詩、喜歌等義大利文學體裁。他曾翻譯古羅馬文學家維吉爾、奧維德等人之部分作品。

處於一個文化和思想劇變的時代，馬羅事實上並非一位詩的改革者。他仍然忠於中古時期的傳統格式和修辭學家的要求，只是並未如後者之極端。馬羅是一位不拘禮節的詩人，擅長處理交談方式和文雅的趣語。在這些方面，深深影響著布亞羅 (Nicolas Boileau, 1636–1711) 和拉豐田 (Jean de la Fontaine, 1621–1695)。馬羅使法國的輕鬆詩增添了優美、雅緻和個人的熱情。

馬勒布 (Francois de Malherbe, 1555–1628)

出身諾曼第貴族家庭，但無恆產。早年追隨普羅旺斯總督安古蘭亨利 (Henri d'Angoulême)，1581 年與一位艾克斯大理院院長 (président au parlement d'Aix) 之女結婚。安古蘭亨利去世後，馬勒布回到諾曼第。1587 年發表處女詩作——《聖彼得之淚》(Les Larmes de saint Pierre)，很平凡，也無創意。1595 年又到普羅旺斯，開始與艾克斯的文化界，尤其是杜維爾來往。

1605 年，馬勒布到巴黎，不久即成為宮廷詩人。儘管他的玩笑有時相當過火，接待方式十分粗魯，他還是能吸引許多門生，成為一派之宗師。馬勒布之詩風，事實上有助於法國古典主義理論之誕生。

第三章　巴洛克時期

　　巴洛克 (baroque) 意為「不合常規」，原指外形有瑕疵之珍珠。巴洛克時期是西方藝術史上的一個時代，大致為十七世紀。當時有幾種文化傾向最為重要：首先為君主專制政體的鞏固；其次為強大中產階級的產生；第三為反宗教改革的出現；第四為在科學發展和對地球進行探索的影響下，對大自然產生興趣。十七世紀前半期的法國，尤其在政治和宗教方面，就有上述傾向。

第一節　政治演變

〈南特詔書〉

　　1589 年亨利四世即位，開創波旁王朝 (La dynastie de Bourbon)。原信仰新教的亨利，在繼承王位時即已改奉天主教，但還是面臨國內天主教聯盟之反叛與國外西班牙軍隊之入侵。他運用機智和武力，先解決內亂，並於 1598 年與西班牙簽訂和約。

　　對外戰爭宣告結束，剩下的是消除國內宗教戰爭的危險，以免成為外界干預的藉口。亨利四世在與西班牙簽訂〈維婉條約〉(Le traité de Vervins) 時，即試圖以〈南特詔書〉來解決天主教與新教間和平共存的基本問題。然而，新教徒對此表示蔑視，且對其昔日的共同信仰者表示憤怒。身居少數，以及在與天主教徒鬥爭時往往成為犧牲者，迫使他們維持一種持久性的不安和侵略性。

　　未經國王核准，新教徒代表於 1594 年 1 月在南特集會，他們劃分王

國為新的九大行省，擁有自己的特別理事會，而且決定每年召開一次大會，討論新教徒的權益。這無疑是一個在宗教方面的少數，在君主體制的法國，組成一個共和聯邦，一種分裂和新衝突的危險已展現在眼前。新教徒將領布伊勇 (Henri de La Tour-d'Auvergne, duc de Bouillon, 1555–1623) 和拉特雷莫伊 (La Trémoille)，已經拒絕參加圍困亞眼 (Amiens) 城之皇家軍隊。為避免情況惡化，亨利四世與新教徒的四位代表進行談判，並於 1598 年 4 月 13 日在南特頒布一項新的詔書：法國新教的權利與特權的憲章。

此後新教禮拜儀式到處得以舉行，而在 1597 年 8 月底之前，新教徒只能在各省的兩個城市和在享有最高審判權的領主家，公開舉行。另外，新教徒與國王的其他臣民，享有同樣的市民權利，得以進入大學就讀，到醫院就醫，參加職業團體，擔任所有官職，最後並為保證司法的公正，在大理院內成立混合法庭，由兩種信仰的官員組成。新教徒維持其省和全國的教士會議，甚至以祕密條款獲得軍事保證，後者遂成為新教徒未來抵抗和反叛之基礎。

〈南特詔書〉除了一般的和特別的條款，國王還承諾每年贈送四萬五千葉居（écus，法古貨幣單位）作為新教牧師的薪津，給予新教徒一百五十個庇護場所，其中五十一個稱為「安全場所」，更交由國王付薪的新教徒衛隊和總督負責。

微妙的妥協，平等的談判，在皇家和天主教的國家中，出現一個新教的國家；脆弱的協議，因為新教徒的蔑視，與天主教徒的仇視不相上下。教宗、天主教士和大學，立即譴責該詔書。教宗稱，「這是所能想像最糟的詔書」。大理院表示厭惡登錄該詔書。天主教教士詛咒過分遷就的政府官員該下地獄。幾乎所有大理院皆充滿抱怨和責難。國王必須一再軟硬兼施，而且費時兩年方得到全部大理院之同意。

容忍的理念，在歐洲只獲得鮑丹、卡斯特翁 (Sébastien Castellion, 1515–1563) 等少數知識分子之支持。它在法國的部分成就，乃是大環境

和一位偉大政治家之傑作，而非信仰自由的承認。甚至對於政治人物來說，兩種宗教的共存，只是一種暫時性的罪惡，而理想仍是：「一個君權、一個信仰」。直到 1685 年，法國教士會議不斷提醒「非常虔誠的基督徒」（即亨利四世）加冕禮上之誓言，並將之轉化為撲滅異端。那是亨利四世的偉大，方能盡力維護國內和宗教的和平，恢復全國的統一。

重　建

宗教戰爭，尤其在後期，對法國的繁榮造成很大的打擊。從大地主和收什一稅（教會稅）官員的帳目看來，穀類生產萎縮，而荒地則增加。在工業城市，帆布和呢絨的生產量下降幾達百分之五十，國內貿易遭受瘟疫和道路不安全之威脅。在許多省區，軍事行動和飢餓有利於瘟疫的再現。瘟疫在 1596 年仍然肆虐畢加第和香檳 (Champagne) 等地區之城市，而且癱瘓這些城市與外界的聯繫。國內不和諧，王權無法伸張，盜匪更日益猖獗。和平的恢復，解散的士兵和失業的軍官到處出現，騷擾旅行者和運貨馬車車夫。在不列塔尼和安茹的邊界處，一位退役軍官季葉里 (Guillery) 盤據叢林多年，對抗軍警人員，搶劫商人錢財。

在隆多克、歐維那和多芬內等地區，此類盜匪橫行。這些搶匪有時還與一些缺錢的小地主合作。為了自保，村民成立自衛隊，配備武器，以逐退來犯的國王軍隊、天主教聯盟軍隊或盜匪。1592 年，康眠 (Comminges) 的農民組成「聯盟」，追擊士兵，有時也打擊貴族。他們拒絕繳稅，或者要求減稅。

在 1594 和 1595 年，利慕山 (Limousin) 和貝利果的起義農民，拒繳王家稅，甚至是教會的什一稅。他們在旗、鼓之前導下，遊行整個平原，對抗地方仕紳和政府官員。

秩序的重建，意味著經濟活動的復甦，而且在等待君王威權的恢復之時，勢必採取一些因應的措施，以救助顯著的災難和撫平最危險的不滿。亨利四世有足夠的智慧和靈敏，去了解這些暫時性妥協的必需性。

對於中央山區的農民，他給予寬恕，以及賦稅的延期繳納。對於所有未享特權者，蘇利 (duc de Sully, 1559-1641，亨利四世之財政部長) 自 1599 至 1602 年，減輕其人頭稅。國王也親自介入鄉村居民之照顧工作，授權，有時且給予適當的財政補助，以重新取回於戰爭期間被迫放棄的田園。最後，1600 年 3 月，針對人頭稅的一般規範，取消連帶責任限制的恐怖作法。

然而，波旁王朝第一位國王的統治並非法國農民的黃金時期。他們繳納較少的人頭稅，但卻付較多的鹽稅。毫無疑問，國王試圖補救領主和仕紳對農民之壓榨，但對於因高利貸或被士兵蹂躪過而傾家蕩產，以及被迫賤價出售其土地的小自耕農之消失，則毫無補救之道。

這是一種政治和宗教危機所造成的主要社會影響：在幾乎所有省區，小自耕農的消失導致農民的土地甚至達不到所有耕地的一半。此外，國內秩序的重建，到處恢復什一稅的課徵。對技術和生產報酬率停滯的漠不關心，租金的再度提高，農民所能留下的農產品因而更少。

儘管有天災、瘟疫和戰爭所造成的損失，法國仍然是歐洲人口密度最大的國家之一。此一情況的確可以解釋法國物質重建之快速；王權對之有很大的貢獻。亨利四世很幸運地在此一方面能有拉佛瑪 (Barthélemy de Laffemas, 1545-1611) 如此傑出的大臣襄助。拉佛瑪向國王提出一個發展商業和製造業的廣泛重商主義計畫。被任命為商業總監，他在 1601-1624 年間，積極任事，參與無數製造廠、玻璃廠、紡織廠之設立。

在另一位新教徒，農學家塞爾斯 (Olivier de Serres, 1539-1619)，《農業舞臺和田園管理》(Le théâtre d'agriculture et ménage des champs) 之作者的協助下，國王試圖在巴黎、奧爾良、杜爾和里昂等地，推廣桑樹栽培和養蠶事業。里昂的絲織業發展快速，但其他地區卻推展得不甚順利。

亨利四世對發展製造和紡織業之支持不遺餘力。他以個人經費，散發塞爾斯之著作到法國各地，而且強制某些大商人和大金融家提供必需之資本，建立特權製造廠。享有專賣權、補助和獎金，並且在製造過程

中受到管制，這些製造廠必須與來自外國的絲織品、金銀器和壁氊等昂貴輸入品競爭。

因此，在苟布蘭 (Les Gobelins) 工場內，國王延聘法蘭德斯的刺繡工，在羅浮宮內維持一批藝術工匠。法國政府設法以稅捐和禁令來保護國營製造業；討論創立東印度和西印度貿易公司之可行性。政府的一切作法，皆為在貿易平衡上取得有利地位，亦即取得金銀、物質繁榮和軍事力量。

英國的伊利沙白一世 (Elizabeth I) 和詹姆士一世 (James I)，在同一時期也顯示出同樣的關心。利希留 (Cardinal duc de Richelieu) 和柯爾白 (Jean-Baptiste, Colbert) 追隨同一原則。在此方面，亨利四世的政府因而帶給法國一個真正一致的經濟政策。然而，這些企業中有顯著成果的卻為數不多。參與此一經濟投機的法國人，人數甚少。

王權的擴張

對於一個無法管理公庫的政府，並無所謂真正的權威。由於財政總監蘇利之貢獻，使政府得有實現其政策的財源。國庫負擔一項鉅額債務的利息；蘇利毫無忌憚地降低利率，取消逾期的未付款，以極低的價格償還許多年金，並取消許多他認為可疑的年金。原已轉讓的皇家稅捐和一部分莊園，他以國家之名，執行重新取回之權。他以徵收官職之年費和重新規劃唯一間接稅包徵契約，並提高其租費。最後，他建立一套國庫和儲蓄的運作方式，並以強力運作，成功地平衡政府的預算。他甚至為其國王建立可應付平時或戰爭的御庫。

內戰不僅破壞經濟和財政，還徹底毀去法蘭西斯一世和亨利二世在各省強化王權和確保政府較佳運作之努力。亨利四世重新進行政治革新。首先，他整頓御前會議之混亂，限制其成員之數目為五～六人。他毫不遲疑地讓掌璽大臣在他只與一兩位顧問大臣討論過內容的特許狀用印，以較個人的專制制度取代了「大會議」式的政府。

專制制度亦意味著，朝廷、省三級議會、司法官員、軍官團等在巴

黎或省區阻擋國王意願執行的中間團體之降格或中立。亨利四世以軟硬兼施的手段對付大理院。他謹慎地對待巴黎大理院，但也懂得讓大家畏懼他。他繼續與各省區三級議會談判，然而當三級議會拒絕同意其要求時，也能不加理會，照樣課稅。

在戰亂時，大城市曾成功地保存和擴大其自治和特權。除了少數例外，國王尊重其體制，但逐漸使之失去其重要性。市政府的選舉接受國王之監督，通常透過選票，親自指定自己中意的市長和市議員，因為城市為對抗外國入侵或國內叛亂的據點。任何地方，只要他對其居民不放心，就親自任命總督負責城門和要塞的守衛。

省區的平靜，全賴這些總督，以及司法和財政官員之忠誠。年費制度給予國王一種確定法官忠誠的工具。在十七世紀初，官職的繼承制度尚未定型。為了產生效力，辭職必須在辭職者離職前至少四十天提出。以一種官職價值六十分之一的年費作為交換，國王可以中止所謂「四十天」的條款。無論如何，此後官職的繼承方式有二：其一為官員讓位給其他已達成家立業年齡的一位繼承人；另一為自由交易。年費因而成為國王的重要財政資源。

官職的年費，首先由稱為波雷 (Paulet) 的人承包，隨之改由一群以新教徒居多數的金融家承包。官職年費，每年的收入超過一百萬鎊。年費制度還進一步使官僚階級與專制君主政體密切結合在一起。官職的讓與，基礎似乎很脆弱，也可撤回。在半個多世紀中，時有被撤銷之威脅，而血親貴族（亦稱佩劍貴族）有好幾次要求廢除它。不論傳統或文化背景，擁有官職的資產階級和穿袍貴族（亦稱功能性貴族），此後與君主專制政體結為一體。他們會埋怨、責難，但從未曾反叛，因為他們如果有反動的行為，必然將影響官職的買賣和繼承。

法國的資產階級將其野心和一部分財力，用之於官職生涯，進而取得榮譽、特權，有時甚至是貴族頭銜。職位的快速增值，令人想起其威望和經濟利益。自 1596 年至 1635 年，巴黎大理院顧問的職位，其平均

價碼自十萬鎊漲至十二萬鎊。官職之買賣和完全繼承，成為秩序和社會安定的保證，但是對於法國經濟，在追求工業、商業和航運業之優勢，也構成嚴重障礙。

在內戰中通常扮演決定性角色的佩劍貴族，不易使之完全臣服於國王的權威。亨利四世以軟硬兼施的手段對付他們。國王的精力和才幹，最後粉碎一連串威脅王權的陰謀。法國在 1606–1610 年間，得享國內和平。法國國王為使此一擴張的王權能留下永恆紀念，加速羅浮宮、聖日耳曼宮和楓丹白露宮之工程，以及為其首都規劃廣場和道路網。因此，在許多方面，他已為其子孫立下楷模。亨利四世的現實主義，也為以後的行政和外交鋪好路。

君權再現危機

亨利四世遇刺身亡，年幼的路易十三 (Louis XIII) 即位後，法國的王權又面臨許多嚴酷的挑戰。攝政母后麥迪西家族的瑪麗 (Marie de Médicis) 欠缺政治才華，寵倖其義大利親密侍從，成為危機的原因和藉口。被亨利四世打壓的王公貴族，藉機興風作浪，爭奪權力，甚至不惜發動叛變。新教徒也蠢蠢欲動。亨利四世的權威，保證他們信仰自由，以及個人生命和財產的安全。國王去世，他們感覺受到國家中天主教徒居多數的威脅。另一方面，天主教徒也強化其政治組織，準備武裝叛變。

1614 年在巴黎召開的三級會議，本為解決危機，但因三個階級間互相敵對，爭論不休，導致會議毫無結果。三級會議的分裂，反而拯救了君主專制政體。政府只對貴族階級之要求，如廢除官職之買賣和年金，做出含糊和無法實現之承諾後，就關閉三級會議。在 1789 年大革命前，三級會議不須再召開，而王權再不必受其拘束。

三級會議結束後，權臣和王公貴族繼續鬥爭不已，叛亂一再發生。母后之倖臣，掌握大權的康西尼 (Concini) 於 1617 年遇刺。

利希留政府

　　在王權面臨重重危機中，利希留於 1624 年出任首相。他以智慧、以健全的思想，最重要的是以野心，超越其同僚。他出掌政權時已有豐富的政治經驗，以及廣泛的改革計畫。

　　利希留首先取得顯貴會議對其改革計畫之支持，隨之以恩威並濟的手法，消除來自王公貴族與新教徒之兩個國內亂源。他要讓貴族階級具有一種國家的新觀念，以服務國王取代封建時期的急躁和輕浮。他敉平新教徒的反叛，摧毀拉羅榭爾等新教據點。〈南特詔書〉被肯定，但僅限詔書本身，而不包括賦予新教徒軍事和政治特權的附款。新教已漸失生存空間。

　　由於在國內對付新教的成功，首相有意留下較大空間來處理歐洲事務。他向國王表示，如果路易十三要成為世界上最強大的君王，他必須有阻止西班牙擴展的長遠性計畫。1630 年的一場權力鬥爭中，利希留在國王的堅定支持下獲得最終勝利。它不但確保利希留的權威，也永遠地使法國投入歐洲霸權的競爭。法國政府事實上已經決定，為其歐洲政策和其光榮，如果有需要，法國將犧牲改革計畫、財政平衡或國內和平。

第二節　政治制度與經濟現象

王權的理念化

　　在十七世紀初，法國君主政體仍然是沿襲舊俗，且具有彈性。依照大部分法學家之意見，忠於古羅馬傳統和鮑丹的教導，國王是享有絕對的權力，因為他制訂法律而不必得到其臣民之同意。他的主權之行使免受任何控制，而施諸於眾人。然而，法國人民毫無生活在一個專制政權之下的感覺，而且他們樂於將其「自由」與受莫斯科公國沙皇統治之臣

民的奴隸狀態比較。不受控制的國王的意志，事實上，還是要遵守某些規範。國王必須尊重其臣民的個人財產和榮譽。甚至對某些理論家來說，整個社會等級制度、階級的存在、中間團體、大理院、省區三級議會、地方性和職業性團體，皆屬於王國基本法，而且強制國王的行政部門給予注意和尊重。

法國國王在神聖職位上，要遵守基督教法律。他的整個世俗行政措施，以及對教會之支持，唯有對上帝本身負責。由於不受控制，才被稱為絕對；由於屈服於一種司法和宗教的習俗，又被稱為有限。因此，法國的君主政體在十七世紀初期，保有一種含糊不清的特性，而且有可能向一種英國式君主立憲政體演進；相反地，政治和社會情況和條件卻有助於君主權威的強化，以及習慣法的逐漸解體。

中央集權化

國際衝突的升高，隨之波旁王室和哈布斯堡王室的生纏死鬥，事實上亟須中央權力的強化。士兵、金錢，以及各省區，尤其剛合併不久的普羅旺斯、布艮第和不列塔尼等之為戰爭而結合是必須的；一個更有效率的中央政府和一個更順從的地方行政當局也是必須的。在一個被敵人包圍和受敵人威脅的王國，其王公貴族的陰謀和要求，是非常危險的，因此必須盡全力加以防範。對重稅口出怨言的人民和士兵的劣行，則加以禁止，甚至在有需要時，則殺雞警猴。

如同往昔，國王在樞密院討論國是和做決定；但是樞密院的成員和組織，將逐漸轉變。瓦盧亞王朝的樞密院大都由親王和大貴族組成。亨利四世的身側，則為司法和財政官員。他們親自出席貿易委員會，如姜寧 (Jeannins)、席葉里 (Sillery)、維葉魯亞 (Villeroy) 和貝里葉佛 (Bellièvre)。他們也出席行政和財政委員會和樞密院。

在這些方面，攝政時期的作法又有不同。樞密院再度成為一個封建和家族的會議，也是親王和大貴族互相衝突的決鬥場。

　　然而，路易十三和其合作者卻又使上述情況改變。自 1615 年至 1630 年，許多規章確定了中央政府各部門官員的晉用和升遷。御前會議 (Le Conseil dén haut)，亦即在國王身側聚集首相、掌璽大臣和國務大臣，成為中央政府的主要決策機構，而逐漸使其他委員會降至只純粹具行政功能。

　　在省區，國王命令的執行，依賴地方官員的配合意願。大理院與國王的法院，經常對中央的決定起爭議。1632 年，國王授權中央政府各部門對有違王國利益或國王特權之案子，得逕行判決。1641 年，另一項國王的決定，強制大理院要立即登錄國王的詔書。

　　一般說來，財政機關的財政管理，法庭的司法管理，行動緩慢，且又拘泥形式；財政和司法官員，對於朝廷命令之服從，顯得有意拖延和保留。他們的遲疑或忽視，根本無法配合一個戰爭政府的要求。自 1635 年起，一旦必須增加一些不得已的財源之財稅措施、追訴叛國者和失敗主義者，國王就須借助其他執行代理人；特派員 (commissaires) 和督察 (intendants)，在行政方面取代一部分舊官員的職權。

　　自十六世紀中葉起，習慣上派遣調查官 (maîtres des requêtes) 以督察之頭銜，到省區擔負巡視和監督的任務。通常這是暫時性的。三十年戰爭的發生，導致此一制度的決定性改變：「警政、財政和司法的督察」在各省區變成王權的直接和永久性代表。由於可隨意撤換，他們皆能盡心盡力執行朝廷的命令。他們出席並主持法庭，審判侵犯王國公安的罪行，負責人口稅的分配和徵收。他們的委任狀，通常賦予改革司法、查看司法官員所盡之義務，而且，如有必要，還可懲罰罪犯。他們還被賦予部分警察權，以及平定陰謀和叛亂的權力。自 1635 年起，他們與總督合作，成為國王在各省區之代表。然而，自 1648 年 7 月起，朝廷要求將他們暫時召回。

　　成為十七世紀法國專制政體特色的另一項行政改革，即去除中間團體。國王愈來愈難以忍受那些臣民以團體形式來表達其意願和怨言。在

1614–1615 年的集會之後，三級會議就不曾再召開。在省區方面，多芬內的三級會議未再召開；諾曼第的三級會議在 1655 年召開最後一次會議；隆多克的三級會議在 1632 年失去討論稅賦的權利。國王監督教士大會的討論，並以蓋有玉璽的文件排除不溫馴的教會代表。

在城市方面，國王將市政權掌握在手中，以其負債為藉口，撤回其財政自主權，強迫市府官員選舉國王推薦的候選人出任市長。警察權和宣傳變成中央政府最基本的手段，擔心受突發民意之阻擾，政府也設法疏導和控制。利希留成立新聞局，以對抗西班牙的宣傳戰。在 1631 年 5 月出刊的雷諾多 (Théophraste Renaudot, 1586–1653) 的《公報》(*La Gazette*)，其目的在於對抗影響法國國內民心之虛偽宣傳。該週刊利用官方壟斷，以傳播國王和首相給它的文章和消息。

法國經濟之優勢與弱點

法國領導者在面對西班牙恐怖的挑戰時，法國本身是否在物質和精神上有足夠的力量來應付？1610 年，法國人口比西班牙、義大利和英國等三國的人口總和還多。直到 1630 年，大約至投石黨 (La Fronde) 之亂初期，教區登錄冊顯示出，法國人口的成長很正常。在鄉村，內戰的破壞已修復，荒蕪之地已復耕，生產的恢復確保地主領主和教士階級的收入漸增。毛織品和棉麻織品於 1620 至 1640 年間，在法國北部似乎處處達到很高的水平。城市的擴建，維持建築業的活力，其中巴黎的馬雷區 (Le Marais) 和舊羅亞廣場 (Place Royale) 的華麗府邸即為一例。法國已有足夠的財富，以爭取盟國，並給予財力資助。法國有足夠的人力和物力，抵抗從四面八方的攻擊或三十年戰爭期間最好的軍隊。

然而，法國的物質力量並非毫無弱點。她較依賴廣土眾民，而非生產技術和貿易技巧。農業生產技術仍然很傳統，因此收益不高。冶金業與列日或英國的創新相比，似乎顯得老舊。航運業的船隻很少，銀行和證券業尚未存在。貿易公司的數目稀少，存在期間短，股東少，而資金

也不足。

政府努力發展經濟

　　為使法國能參與大貿易和殖民地的開拓，利希留強調要仿傚鄰國之作法，成立大貿易公司，強迫商人加入，並給予特權。穿過中東和地中海的香料之路，對法國來說是一條財富之路；因此，利希留與蘇丹和野蠻的海盜談判，並以航政大臣身分，派遣船隻到俄羅斯，因為他希望在此一國家建立另一個遠東產品貿易的中途站。

　　利希留試圖創立殖民公司，以開拓加拿大和大西洋之貿易。為轉移一部分法國貴族好鬥習性到海洋探險，1629年的命令，准許仕紳從事海上貿易，而不必擔心會喪失貴族資格。他還承諾給最大的船東貴族頭銜。

　　然而政府的努力卻遭遇到心理和制度的重大障礙。世俗的偏見，以及宗教的疑慮，使許多年輕的資產階級者不願投入工商業，而1629年的命令也未減少貴族對於機械或貿易方面的職業之輕視。天主教改革派的道德家和神學家表示，禁止借貸生息，將阻礙公司的發展，影響王國中貿易所需之現鈔和支票之流通。

　　政府官僚階級吸引一部分知識菁英，更多新官職的創造，造成許多商人之子成為商界的逃兵。資產階級家庭為確保其財富，投資於土地、領地和官職。賦稅承包制度也是一種生財之道，其獲益率猶勝於經商。

　　基於前述諸原因，法國的經濟欠缺活力、彈性和可使用的貨幣資金。戰爭使之面臨嚴重考驗。戰爭將中斷部分與西班牙的貿易，阻礙貴重金屬供應來源，減少輸往塞維拉、低地國和日耳曼帝國的紡織品數額。在畢加第、香檳和布艮第等邊界省區，戰爭將破壞農業生產。賦稅，加上地主的地租，使農民更窮。毫無疑問，自1630年起在大西洋和整個歐洲，法國並非唯一遭遇貿易衰退的國家。然而，由於進行戰爭，法國受到的打擊比其他國家大。

　　法國的人口過多，使之更易受到作物歉收的災難性打擊。農產品收

成不足，連帶發生一連申意想不到的影響。物價立刻一飛沖天，窮苦大眾極易死於飢餓。伴隨著霍亂、天花和斑疹傷寒等傳染病，饑荒在 1642–1652 年間接連發生。

另一方面，法國平庸的生產技術和銀行應變能力，使之在整個歐洲貴重金屬稀少的情況下，顯得力絀。這些，將使路易十三的統治後期失色不少，而不滿和困擾因而大增。

第三節　宗教與文化

面對著一發不可收拾的宗教改革聲浪，天主教陣營中的有識之士，不論教士或一般信徒，努力尋求天主教的更新之道。

教士在天主教更新之努力

對抗新教，並非一味地加以打壓；天主教陣營開始有人要以自身的改革來應付外界的壓力。此一自覺，最初由一小撮俗人和教士發起，隨之逐漸推廣到整個教士階級和朝廷。因此，在巴黎，在亨利四世時期，阿卡力女士 (Mme Acarie)，一位審計院官員之妻，聚集一批神祕主義者和改革者。阿卡力深受一位英國嘉布遣修會修士 (Capucin)，《以上帝意志為基點之完美法則》(*La Règle de perfection reduite au seul point de la volonté de Dieu*) 一書之作者，剛菲德 (Benoît de Canfield) 之影響。在她的府邸，阿卡力招待一些朋友，其中有查爾特勒修會修士 (Chartreux) 博古杉 (Dom Beaucousin)、年輕的修院院長倍律爾 (Pierre de Bérulle)、未來的掌璽大臣馬利雅克 (Michel de Marillac, 1563–1632)、樞密院律師郭提葉 (Gautier)，以及巴黎大學博士瓦爾 (André du Val)。

他們閱讀聖女德雷沙 (Sainte Thérèse) 之著作，討論禱告和狂喜，但是也準備將加爾默羅修會 (Ordre des Carmes) 的教義引進法國，以及進行修院和正規教士階級之改革。許多法國天主教人士開始檢驗和評斷亨利

四世的宗教政策。

在十七世紀初，法國天主教精神受薩爾的聖方濟 (Saint François de Sales, 1567–1622) 和倍律爾兩位偉大人物之支配。薩爾的聖方濟為日內瓦主教，自宗教改革後，主教居住地改在安內希 (Annecy)，在其主教區內之行政，仿傚查理・波羅美 (Charles Borromée, 1538–1584)。他以《虔信生活入門》(L'Introduction à la vie dévote, 1608) 一書，為一般信徒打開通往禱告和聖潔之路。完美並非為教會人士而保留，它與一種國家義務之履行能並行不悖。他讓基督徒能適應其時代，但其人文主義之素養並未曾使之低估恩典所扮演之角色。他要使所有人能有最高的精神依託，但不必擺脫其家庭、其職業或其公侯。他也試圖教育窮人一種新的宗教儀式，然而卻不曾譴責財富和財富所建立的階級。他的《論上帝之愛》(Le Traité de l'Amour de Dieu, 1616) 一書，即獻給創立和領導「聖母往見會」(La Visitation Sainte-Marie) 女修會之襄達的簡・法蘭斯瓦斯 (Jeanne-Françoise de Chantal)。

法國天主教改革的第二位大師為倍律爾。他在基督的謙卑中，發現自我毀滅和對上帝順從的典範。倍律爾在其《談耶穌的情況和偉大》(Le Discour de l'état et de la grandeur de Jésus, 1623) 一書，教導內在的克己，在宗教的沉思中忘我。然而，此一神祕主義者也是一位行動者：他參與赤足的加爾默羅修會修士的精神指導工作；他在 1611 年創立法國的奧拉托利會。受到聖腓力奈力 (Saint Philippe Neri) 的羅馬奧拉托利會 (Les Oratoires，1564 年創立) 之啟示的此一修會，著重在教士的養成教育和完美。對倍律爾來說，教士的聖潔為對抗異端的最佳武器。他的門徒孔德朗 (Charles de Condren) 和歐利葉 (Jean-Jacques Olier) 參與修院之建立。他的奧拉托利會也創立專為青少年而設的學院、組織傳教團，而且成為教會最活躍的傳教隊伍之一，因為熱誠和家庭考量，促使相當多年輕貴族或資產階級者進入修院。

新的修會傳入法國

　　1596 年傳入于爾絮勒修會 (l'ordre des Ursulines)。該女修會為梅里希 (Angèle de Merici) 於 1544 年所創，以聖女于爾絮勒 (Sainte Ursule) 之名名之，專門從事女孩之教育。在謀殺亨利四世之夏德爾 (Châtel) 事件後被禁的耶穌會，於 1603 年重入法國。一位耶穌會士郭東神父 (le père Coton) 在五年之後，成為國王的懺悔師，而且在路易十三親政後仍然擔任此一職位。

　　耶穌會的影響力大增。該修會所辦之學校在 1640 年已達七十所，不僅吸收貴族子弟，同時也接納城市和鄉村中產階級最優秀的子弟。其他老修會也以同樣方式擴充地盤。每一中型城市皆可見到其城內有一些新的教會學校。在巴黎，半個世紀期間，出現一百餘個教會學校和收容所。

　　如同最小兄弟會修士 (minimes)、嘉布遣會修士、方濟會修士 (Cordeliers)、奧斯定會和方濟會的改革派教士 (récollets) 等托缽僧，較能包容郊區和平民區的居民，與他們生活在一起，有時也能容忍帶有迷信色彩的祈禱。舊的修會經常出現紀律鬆弛，但其中許多又回到密室、粗茶淡飯和夜課的嚴格要求。改革的聖本篤修院組成聖默爾修會 (Congregation de Saint Maur)，而且在路易十三的請求下，教宗指派羅許福柯樞機主教 (Cardinal de la Rochefoucauld) 負責到各處推廣此一再生的會規。羅許福柯死後，利希留親自負責克魯尼 (Cluny) 和克雷爾佛 (Clairvaux) 兩修院修士之生活和紀律，而其合作者特朗伯雷神父 (Père Joseph du Tremblay) 則挑起和鼓勵聖本篤修會修女之改革，其中波·羅耶爾 (Port-Royal) 修院女院長阿諾 (Mère Angélique Arnauld) 在 1609 年的改革，樹立良好的楷模。

　　群眾通常受到教育程度差或者缺乏感化力量之教區神父之遺棄。在倍律爾的呼喚下，教士開始自動尋求知識和宗教的教育。1618 年，龔第 (Henri de Gondi) 試圖在聖傑克大道，聖馬格魯亞 (Saint-Magloire) 修院附

近,創立專門針對巴黎主教區教士之神學院。他任命領導聖尼古拉‧杜‧夏東內 (Saint-Nicolas du Chardonnet) 社團的布爾杜瓦斯 (Bourdoise)，負責接待未來的教士。深深了解修會道德墮落的聖文森‧戴‧保羅 (Saint Vincent de Paul) 在 1625 年創立遣使會 (La Société des prêtres de la Mission)。他在精神談話之外，也接待該會的年輕教士。

聖文森和倍律爾的門徒歐利葉，在聖蘇必斯 (Saint Sulpice) 成立一個省區神學院教師和院長的培養所。在法國西部，奧拉托利會的老會友，厄德 (Jean Eude) 於 1643 年成立「耶穌瑪麗會」(La Congregation de Jésus et de Marie)。該修會積極參與鄉間之傳教和教士之教育。

教士為天主教更新所作上述之努力，皆為天主教之未來發展而準備，但其成果仍然有限。教會和教廷代表提供給這些各色各樣的努力極少的物資支援，而且神學院還是只能容納一部分的未來教士。根據〈布倫政教協議〉(Concordat de Boulogne) 條款，由國王延攬的高級教士，其道德品質仍然參差不齊。

然而，路易十三在選擇主教時，較其父親更為仔細。人們可以在朝廷和城市，經常見到一些對政治和陰謀比對教會事業更關心的主教，但另外也有一些主教不再離開其主教區，並在那兒從事感化其信徒的工作。巴維勇 (Nicolas Pavillon) 主教每月定期親自或由其助理，在主教區的不同地點，召集和教育所轄之本堂神父。羅許福柯在克雷蒙 (Clermont) 和桑里斯 (Senlis)，仿傚波羅美在米蘭教區之作法。在卡歐 (Cahors)，索米尼阿克 (Alain de Solminihac) 將其教士組成如同戰鬥兵團，分組到其主教區內之各教區巡視。馬賽主教郭爾 (J.-B. Gault) 住在一個小房間內，接近窮人、水手、放蕩女孩和來自突尼斯的奴隸。這些人皆為他永遠關心的對象。他死於在寒冬深夜給啟航前的水手作彌撒中。

俗人在天主教更新之角色

由於有志從事天主教改革的教士人數較多，對其任務也較有準備，

使一般信徒較能受到基督教化，受到較佳的協助，以及受到教會較好的監督。

嘉布遣會修士、遣使會修士 (Lazaristes)、奧拉托利會修士和耶穌會修士等，在法國國內的傳教團組織士氣高昂，且競爭激烈。傳教團之工作，經常包括對成人和小孩之講道、說教和教義之問答。通常針對不同社會團體，舉行特別的討論會。他們向自認為改革派宗教之牧師挑戰，召集新教徒為自己辯護，隨之他們一起禱告、一起歌唱，而傳教任務最後以領聖體和大遊行結束。

當厄德奔走於諾曼第，而雷濟 (François Regis) 奔走於維瓦雷 (Vivarais) 之時，莫努瓦 (Julien Maunoir) 指導南不列塔尼的四百餘個傳教團，透過方言的利用，通俗聖歌的譜成，家庭禱告的盡情鼓勵，使天主教在該地區根深蒂固。

教士的努力，受到許多虔誠宗教社團之支持，其中有聖母瑪利亞善會 (confréries mariales)、方濟第三會 (tiers ordre franciscain) 和聖體會 (Compagnie du Saint-Sacrement)。聖體會為一祕密團體，成員有俗人，也有教士。該組織的目標，除了聖體之虔敬外，尚有風俗之改善。它監督行為不檢者，並向官署舉發，挑起對新教徒及其牧師之論戰。聖體會之成員中有王達杜公爵 (le duc de Ventadour) 和孔帝親王 (le Prince de Conti) 等王公貴族，聖文森和康德朗神父 (le père de Condren) 等教會人士。首席院長拉姆亞農 (Lamoignon) 等大理院官員，在間接干預下，也對該組織產生很大的影響力。該組織利用各種手段，對於仍然相當粗野的風俗，產生某些淨化作用，使公眾舞蹈被禁止，並規範各行業團體之酒宴和慶典。

在國內，聖體會到處協助國王禁止決鬥，要求以法律嚴懲出言褻瀆神明之人。此一風俗的審查，有導致引進內奸和虛偽遵從之危險；它甚至造成朝廷的不安，因而導致該會最後被禁。

這些傳教士的努力，使教會人員能接觸到民眾的不幸，也因此產生

一些慈善事業。對聖文森及其朋友來說，救濟為改宗的前奏曲。他集合
上層社會的貴婦，從事教區的慈善工作。她們募集基金，訪問和救濟窮
困，引導他們懺悔和領聖體。這些虔誠表現，經常影響著救濟工作的持
續與否。

　　然而，很快地從經驗得知，貴婦們很難帶給患病窮人之生活必需品，
為他們整理床鋪，解決其病痛，或其他必需的服務。因此，聖文森集合
一般民女，成立善女會 (Congrégation des Filles de la Charité)，以最謙卑
的身段，來服務患者。創辦人要她們嚴格守貧，但不是在密室，也不在
修院，而是穿著村婦裝，細心照顧患病的窮人。她們寧願從事此一服務
工作，或照顧孤兒，而非像其他修女那種傳統性表現虔誠的方式。

　　「投石黨之亂」和對外戰爭，增加災難的嚴重性。乞丐布滿教堂四
周，群集在廢棄的房屋和山洞。私人救濟機構，甚至包括受教會支持的
機構，以及其他慈善團體，似乎有些力不從心。遊民和貧窮問題，變得
十分令人苦惱，它對社會可能帶來的危險又是那麼大。因此，朝廷和教
廷代表想到要將窮人關起來。1656 年成立的「濟貧院」(L'Hôpital général
de Paris) 和後來在各省區建立的類似機構，就是要召集健壯的窮人，讓
他們有事做。

　　然而，此一嘗試似乎很快就失控，而且代價太高。五千餘名乞丐很
快地聚集在巴黎各濟貧院，而聖文森在去世（1660 年 9 月 26 日）前夕，
對於私人救助之軟弱無力，覺得不安。聖文森曾希望避免以強制手段解
決問題，但後來還是以壓制逐漸取代使徒式的慈善，而社會對民眾的苦
難也變得較易司空見慣。

　　在天主教更新的努力方面，宗教的收穫比社會的收穫多。家中禮拜
儀式，以及復活節的領聖體，逐漸普遍化。教義的講授大有進步，初級
教導在城市逐漸推展。無疑地，有許多尚待努力之事，如天主教勢力的
恢復仍未完成，但方法已確定，人員已編組。一切的努力將使舊制度時
代的法國，成為一個儀式統一的國家。

詹森主義

　　在發展至巔峰時，天主教改革突然面臨自我質疑和內部分裂。對於天主教會來說，詹森主義 (Le jansénisme) 為力量的證明、嚴厲的要求，以及衰弱的泉源。詹森主義之名，源自 1640 年出版《奧古斯丁》(*L'Augustinus*) 一書的伊柏 (Ypres) 主教詹森 (Jansen)。然而，該運動之發生似乎更早些，且其起源也與法國有關。聖希朗院長 (l'abbé de Saint Cyran，原名 Jean du Vergier de Hauranne, 1581–1643)，早期詹森主義大師和見證人，在魯汶 (Louvain) 認識詹森；在拜勇 (Bayonne) 附近，有五年時間，他們一起進行教會聖師著作和經院哲學之研究。1621 年，詹森告訴其友他的恩典理論。根據該理論，墮落的人們，只能依賴耶穌基督全能和無可置疑的恩典，方能得救。此一恩典問題，並未在危機之起源扮演重要角色。

　　聖希朗之命運，受倍律爾之影響，較與詹森之關係來得顯著。倍律爾向其門生建議的一種禱告方式和道德神學理論，與耶穌會神父的差別甚大。反對耶穌會的倍律爾，採取主教權威和司法權之維護。倍律爾還譴責利希留的外交政策。

　　1629 年 10 月 1 日，倍律爾在半失寵中去世。他的老友聖希朗院長，自然繼承該門派之精神導師的角色。自 1626 年起，他譴責耶穌會士的人文主義、對罪人之寬容，以及莫利那 (Molina) 之恩典論。莫利那為十六世紀天主教耶穌會神學家。

　　1632–1635 年，他以奧理略 (Petrus Aurelius) 之化名，且在教士議會 (l'Assemblée du clergé) 之同意下，繼續為維護主教權威而戰鬥。聖文森尚有一些其他作法，也引起民眾和利希留首相對他的注意。他的指導方法，首先要求受指導者完全與過去斷絕關係，一種真正的「更新」，在告解時的悔悟，係受上帝之愛，而非對地獄之恐懼所產生的懺悔。因此，他要其門徒維持在長期的懺悔之中，然後方同意給予寬恕。

聖希朗之教導，透過阿諾 (les Arnauld) 和勒美特 (les Lemaître) 兩家族、國務大臣夏維尼 (Chavigny)、以及巴里翁 (Jean-Jacques de Barillon)、畢雍 (Jean Bignon)、莫雷 (Mathieu Molé) 等皇家官員，推廣至大眾，且引起廣泛爭論。

聖希朗也領導波‧羅耶爾修院之修女。所有這些名望，讓利希留覺得不安，也畏懼此一不馴者。利希留了解聖希朗與詹森之友誼，而後者剛出版一本反對其政策的小冊子——《高盧戰神》(Le Mars Gallicus)；他知道聖希朗譴責國王的弟弟為政治原因而取消婚約。最後，聖希朗還引導安端‧勒美特 (Antoine Lemaître) 給首相一封辭職信。在此信中，勒美特宣布其隱居之決定，但不是要當教士或修士。對於利希留來說，此信意味著一種個人的蔑視。

利希留是馬基維里 (Niccolò Machiavelli) 之崇拜者，也是教會的親王，他必須每天在宗教的義務和俗世政治利益間尋求妥協。在其《論基督徒之完美》(Le Traité de la perfection du chrétien) 一書中，他曾提到，上帝只召喚最小部分的人過著沉思和禱告的生活，而所有其他人必須盡其對國家之義務。安端‧勒美特的蔑視，較剛萌芽的詹森主義更令人不安，因為在教會和國家所徵求人才的階層中，有許多是他的同情者。勒美特似乎對其精神導師的教誨，相當忠誠地遵守。

事實上，在聖希朗身上有一種預言式的不妥協，一種威脅世俗教會整個平衡的極端主義。聖希朗對教會和對所處時代的看法是那麼悲觀，他似乎譴責世界上的所有活動，否定家庭關係、職業活動和政治責任的合法性。如果任其發展，天主教改革有陷入死胡同之危機，因而整個宗教更新運動視他為一極端分子。

1638 年 5 月 14 日，聖希朗被捕。此一事件之發生，毫不令人驚奇，但卻也讓聖希朗變成烈士，也使法國教會陷於分裂，且在法國國內產生一股新的反對力量，支持對抗政府侵犯個人信仰權利的專斷。聖希朗成為自由的守衛者，也是一位在專制政治進展過程中利益或威望受到損害

者眼中的英雄人物。

1643 年 10 月，亦即詹森出獄後數個月去世之時，有教會中之教會之稱的詹森教派已經形成。1640 年《奧古斯丁》(*L'Augustinus*) 和阿諾的《常見的聖餐》(*La frequente communion*) 之出版，給予詹森教派神學和禮拜儀式的理論。

天主教會與詹森教派雙方陣營間，在整個攝政時期，小爭論層出不窮。1649 年，教士會議邀請巴黎大學神學院 (Faculté de Théologie de Paris) 檢驗《奧古斯丁》一書理論的五個論點，隨之參與會議的八十五位代表決定將這些論點呈報給教廷裁決。教廷於 1653 年 5 月 31 日宣稱其為異端。

然而，爭論並未因此平息，戰鬥重起，而巴斯卡 (Blaise Pascal, 1623–1662) 則以《女修會省會長》(*Les Provinciales*) 等一系列宣傳小冊子，攻擊耶穌會士，爭取民意的支持。然而，天主教會要給詹森教派第二次打擊，「五個論點」再度受到羅馬教廷的譴責，也故意將這些歸罪於詹森。

天主教排除異己

天主教的更新，亦表現在對巫師、新教徒，與不信教者的告發、爭辯和迫害。為了對付這些被認為是魔鬼的玩偶和代理人的敵手，因教義解釋不同而分裂的天主教徒，團結在一起。他們在此一戰鬥所表現的熱誠，在某些情況下的確可以贏得正統派的獎勵。在十七世紀，排除異己仍然可說是基督教教會的動力。

受到最殘忍迫害的，仍是巫術。自十五世紀中葉起，被認為是靈魂的疾病的巫術，在西歐的平民階層廣為流行。教會內部的危機和爭吵，以及一般平民的精神需要長期被忽視，皆有利其發展。然而，巫術卻處處受到野蠻和殘酷的對待。利用酷刑取得最不真實的口供，而對嫌疑犯判刑。狂熱的天主教徒以驅魔法、判刑和公開處決，使原來只是一種想像的控訴，也變成可信。撒旦及其創造物在人群中隨時隨地出現的說法，

使受過最好的教育，且最溫馴的人感到困擾和無奈。亨利四世的御醫馬雷斯寇 (Merescot) 對於一位被認為是魔鬼附身者布羅西耶 (Marthe Brossier) 的種種行為表現，表示懷疑。對此，倍律爾毫不猶疑，立即撰文加以駁斥。

1609 年在艾克斯，1633 年在盧敦 (Loudun)，1633–1643 年在盧維葉，所發生的三件醜聞案，有助於一般明事理的人們，尤其是巴黎政府官員意見的改變。在這三個事件中，瘋狂的修女譴責傳教士和懺悔師，而使艾克斯的葛弗利迪神父 (abbé Gaufridi) 和盧敦的葛蘭迪葉神父 (abbé Urbain Grandier) 為了驅魔師的狂熱而付出恐怖的痛苦和生命的代價。然而，在這三個事件之間，很明顯地可以看出其傳染性和模仿性，也開始引起決策者的反省，而且促成 1672–1682 年間路易十四和柯爾白採取一些較正面的決定。

宗教戰爭後的新教地位，未曾受到天主教教會的承認。對天主教教會來說，〈南特詔書〉只是一個不良的暫時性妥協。面對此一更有活力的敵手，法國新教教會現在似乎自我懷疑。1621–1622，1625–1626，1627–1629 年等三次叛亂，隨之而來的〈阿雷赦免詔書〉(l'edit de Grâce d'Alès) 皆間接造成新教教會的式微。毫無疑問，自 1598 年〈南特詔書〉所保證的宗教自由並未絲毫更動，但是為保障新教徒而設的安全處所，不是被摧毀，就是交給信仰天主教的總督負責。政治性的集會被禁止。

新教受到的打擊很嚴重，因為在君主專制的法國，從君主的統治手段出發，認為加強中央對地方的控制和強化直接對君主負責的政治機構是專制君主制的主要特徵，而新教運動卻與其他省區方言和封建地方主義的維持，以及如大理院等中間團體的存在有關聯。在新教方面，有關宿命論的神學爭論，對於一個四面楚歌的弱勢宗教信仰，可謂雪上加霜。新教傳教團體的信心似乎也發生動搖，許多牧師甚至用一種不甚明確的祭禮，去榮耀天主教君王。此外，在上層新教社會中，為數甚多的改宗，證明新教危機的嚴重性，以及天主教所顯示的信仰和強制力量。

　　抗拒基督教的知識和道德規範的放縱人士 (libertins)，同樣感受到天主教排除異己作法的嚴重性。放縱人士之中有單純的享樂主義者、時髦的年輕人、大膽的侮蔑宗教者，以及沙龍和宮廷的快樂享受派人士。維歐 (Théophile de Viau, 1590–1626) 為放縱人士中的詩人，《法蘭西翁的喜劇史》(*L'Histoire comique de Francion*) 的作者索雷爾 (Charles Sorel, 1602–1674) 則為編年史家。此外，放縱人士的學者或哲學家尚有一些是人文主義者伊拉斯慕斯的繼承人，他們要保留基督教基本教條，但是要去除宗教中愈來愈濃的迷信色彩；另外一些人，如勒莫特 (François La Mothe Le Vayer, 1588–1672) 在自己心中提出宗教的多樣性和矛盾性等問題，而貝希蘭諾 (Savinien Cyrano de Bergerac, 1619–1655) 則結合古代原子說的唯物主義和義大利帕多瓦 (Padoua) 的自然主義。對於思想或行為的放縱人士，1625 年維歐的被譴責和被捕，意味著謹慎和地下化的開始。耶穌會加拉斯神父 (Le Pére Garasse, 1585–1631) 在其《此一時期美好精神的奇怪理論》(*Doctrine curieuse des beaux esprits de ce temps*) 一書中譴責他們。學術界中更有聲望的梅顯 (Marin Mersenne, 1588–1648)、笛卡爾 (René Descartes, 1596–1650) 和巴斯卡聯合駁斥他們，甚至迫使他們屈服。事實上，由於放縱人士對哲學和科學的輕視，反而有助其現代運動；透過放縱人士的教育，他們維持一種反省，此一反省將隨著貝爾 (Pierre Bayle, 1647–1706)、豐德內 (Bernard Le Bovier de Fontenelle, 1657–1757)、孟德斯鳩 (Charles Louis de secondat, baron de La Brède et de Montesquieu, 1689–1755)，以及伏爾泰，重新大放光彩。

笛卡爾主義

　　笛卡爾中學接受耶穌會會士的教育，大學主修法律和醫學，參與三十年戰爭，曾在學術氣氛較為自由的荷蘭居住二十年。他是唯理論的典型代表之一，也是一位現代哲學開創者。笛卡爾是一位哲學家、數學家，也是一位科學家。他結合代數和幾何而發明解析幾何，具有高度悟解力，

而其表現又深受新物理學和天文學的影響，著作明暢，文學修養很高。

笛卡爾的著作有：《方法論》(*Le Discours de la Méthode*)、《沉思集》(*Les Méditations*) 和《論靈魂的激情》(*Le Traité des Passions de l'Ame*)。

在笛卡爾之前，梅顯曾想過，要以探索世界和物質的數學排列，來跟放縱人士鬥爭。因此，梅顯在 1624 年和 1625 年出版《自然神者的不敬神⋯⋯》(*l'Impiété des deistes...*) 和《對付懷疑論者的科學真理》(*La Vérité des Sciences contre les sceptiques ou pyrrhoniens*)。對他來說，自然界並非經由神祕的力量，而是經由有秩序和確定的力量，才能生氣勃勃。宇宙的數學結構是上帝永恆的創造性理性的反射；唯一真正和偉大的奇蹟，就是基督的降生和救世。

起初，笛卡爾的想法似乎與梅顯的想法並無太大的差別。不久，他受到羅瑞特聖母 (Notre-Dame-de-Lorette) 的啟示，開始有了自己的研究方向。他應用數學理性於一切宇宙現象，並發現此一理性的形而上學的基礎。笛卡爾是要重建一個世界系統，回應其時代的不安。事實上，文藝復興曾動搖中古的經院哲學，但未提供一個一致的整體的代替品，而哥白尼、喀卜勒 (Johannes Kepler, 1571–1630) 和伽利略 (Galileo Galelei, 1564–1642) 的工作，亦即無限宇宙和太陽中心說的發現，顯示出亞里斯多德 (Aristotle) 和阿奎那 (Saint Thomas Aquinas, 1224–1274) 的不足。

笛卡爾不滿王權和教會嚴酷的精神統治，以及對科學家的迫害，但是對二者的勢力則採取妥協的態度。他反對經院哲學，著重概括數學、邏輯與一般科學中的理性思維方法。笛卡爾新哲學的宗旨就是以推進科學知識發展，求得實際效益。

在 1637 年 6 月發表的《方法論》中，笛卡爾有條理的懷疑為其重建的起點，但仍然認為，人類和數學理性的價值如同真實的至高無上的法官，而清晰構思的天賦思想則為真實。自我意識、運動、延伸和無限的數學觀念，這些思想的強制性力量足以證明上帝的存在，因為一個有限和有缺陷的生命的精神中的這些觀念，只能來自一個無限和全能的生命。

完美的上帝不能騙人，這是笛卡爾宗教和數學真理的基礎。「整個哲學猶如一棵樹，其根為形而上學，其軀幹為物理學，而自樹幹分出的樹枝則為所有其他科學……」化成一種清晰而每人都能接近的語言，笛卡爾主義獲得熱烈的回響。

笛卡爾的名言「我思，故我在」(cogito, ergo sum) 作為證明人們能取得確實知識的第一步。它是在接受笛卡爾「有條理的懷疑」的考驗之後所留存下來的論述。笛卡爾申辯說：「此一論述不容置疑，因為即使有一個萬能的魔鬼試圖欺騙我，要使我想著『我』是不存在的存在，但正是因為魔鬼能欺騙我，『我』也就不能不實際存在。因此，每當我思維的時候，就證明『我』存在。」不但如此，笛卡爾還證明「我存在」這句陳述所表示的是一種直接的直覺，而非可容置疑的推論的結論。

「我思，故我在」使心靈較物質確定，「我」的心靈更較他人的確定。它提出普遍懷疑，強調心靈與肉體完全分開，心、身為永遠並存的兩個實體。這是心物二元論。

笛卡爾主義引起新的爭論。首先，在笛卡爾大膽的科學建構中，有一些弱點和未成熟的肯定，未能獲得其朋友間的一致認同。隨之而來的是耶穌會、巴黎大學和教會在神學方面的反對。1633 年教廷對伽利略的譴責，增加科學和教條間妥協的困難。笛卡爾居住在資產主義和信仰新教的荷蘭，以求能安全從事其學術工作和與友人間的書信聯絡。他很希望獲得教會的贊同，但卻只得到保留、注意，其作品還被禁。笛卡爾主義擁有一種超越其作者原來意圖的活力，有條理的懷疑，甚至是暫時性的，對政治和神學尊敬的沉默，的確構成危險的前例。罪惡、基督、贖罪，皆絲毫未出現在其哲學系統中。

對某些人來說，笛卡爾主義直接導致自然神論和宗教的不可知論的產生。然而，不論是受到贊同、被討論，或立刻受到譴責，笛卡爾主義確實有助於歐洲思想的世俗化，以及從事一種新的研究，亦即自然界及其祕密的征服。笛卡爾所開創的唯理論和「形而上學」，在十七世紀的歐

陸廣為流傳，成為歐陸哲學的主流。

巴斯卡的宗教思想

　　巴斯卡為數學家、物理學家、篤信宗教的哲學家、散文大師、以及近代概率論的奠基者。他出生於天主教家庭，但是 1646 年其父在一次意外事故後受到兩位詹森會士的細心照顧，因而逐漸改變其宗教信仰。1654年，他退隱並全心致力於詹森主義的信仰。1656 和 1657 年間，巴斯卡完成《書信集》。1670 年，他的遺稿以《思想集》(*Les Pensées*) 之名出版。

　　《書信集》和《思想集》是巴斯卡全心全力為其宗教信仰之勝利而奮鬥的兩部著作。前者為保護詹森主義和波·羅亞修院，以對抗耶穌會士的攻擊而寫。

　　《書信集》共有十八封信，亦即十八份宣傳小冊子，前四封討論耶穌會士和詹森教派間爭論的恩典和教義問題。耶穌會認為帶有原罪的人們，一出生皆可得上帝的恩典；詹森教派則主張，人們無論如何做，皆仍背負原罪，且無能力自救，人在出生時即已命定得救或被罰入地獄。自第五封開始，巴斯卡改變主題，轉為攻擊耶穌會士講道時的低落士氣與過度鑽牛角尖。最後兩封，為證明詹森教派並非異端，因此又回到恩典的問題。

　　巴斯卡如此全力參與天主教教派的鬥爭，終於喚醒民意，引起世俗社會對一項神學爭論產生興趣，以及贏得其支持。

　　《思想集》是巴斯卡與友人以古希臘斯多葛派哲學家衣佩克鐵特斯（Epictetus，約 50–125）與蒙田兩人為主題的對話。依照巴斯卡的看法，衣佩克鐵特斯和蒙田兩位哲學家皆僅見到人的基本面的一部分：前者見到其偉大（理性和意志的力量）；後者則見到其弱點（理性的無能）。巴斯卡認為蒙田的悲觀主義較有道理，但仍然責怪他未能在見到人的不幸的同時也見到其偉大，因為人自此不幸中得到一種使其變成偉大的良知。人透過其智慧了解自然，其靈魂使之孕育著神奇。同樣地，巴斯卡也譴

責衣佩克鐵特斯未能在見到人的偉大的同時見到其不幸。《思想集》的心理學意義，就是讓人見到自極度的悲觀主義升起的永不熄滅的火焰。

巴斯卡的科學成就

巴斯卡在年輕時就已顯露出科學方面的天賦。十六歲時完成讓笛卡爾頗為訝異的〈圓錐曲線論〉(Le traité des sections coniques)。十九歲時，他設計並製造一個計算裝置，原只是幫助他那擔任稅務官員的父親計算稅收，卻因此聞名於當時。或許這是第一個數字計算器。1646 年，他為了檢驗義大利物理學家伽利略和托利卻里 (Evangelista Torricelli) 的理論，製造了水銀氣壓計，重複並擴大了關於大氣壓力的實驗，為流體動力學和流體靜力學的研究鋪路。

物理學有名的「巴斯卡原理」(Pascal's principle) 即為其傑作。該原理係指密閉容器中的靜止流體的某一部分發生的壓力變化，毫無損失地傳遞至流體的各個部分和容器壁。他根據此一定律，發明了注射器，並創造了水壓機。巴斯卡還發表一些有關真空問題的論文。在其晚年，巴斯卡不顧疾病纏身，積極進行科學研究工作，寫成了關於液體平衡、空氣的重量和密度，以及算術三角形等多篇論文。

巴洛克文學

亨利四世非常想讓其首都成為一個新的大城市，也積極營造文化氣氛。戴斯博 (Philippe Desportes, 1546–1606)、貝爾多 (Jean Bertaut, 1552–1611) 等宮廷詩人，受到國王的保護。他們應召到宮廷，以即景詩頌揚王室及其事蹟。另一位詩人馬勒布也受到亨利四世的歡迎和照顧。馬勒布開始確定古典文學的典範，以及優美語文的規則。在以詩頌揚亨利四世之後，馬勒布尚有一段漫長的歲月，歌頌路易十三和其首相利希留樞機主教。馬勒布最忠實的門徒中有許多人還是利希留的合作者，以及「法蘭西學術院」(Académie française) 最早的院士。

　　很少有政治人物能像利希留那樣了解作家在政府宣傳中的重要性。自 1631 年以來，雷諾多所創辦的法國第一份報紙──《公報》，將國王或首相交給他的辯護書，傳播給法國民眾。1634 年，布瓦斯羅勃 (François Le Metel, sieur de Boisrobert, 1590–1662) 得知在國王的密友康拉 (Valentin Conrart, 1603–1675) 身側經常聚集一群文學家和有思想的人，他向這些人提議組成一個官方承認並享有特權的學術院。他希望此一學術院從事一些工作，讓法國語文臻於完美，以及準備一本字典、一本詩學、一本文法書和一本修辭學，而最佳的規範將在其中形成。學術院同時受命歌頌國王軍隊的勝利，並且提供法國政府針對荷蘭和西班牙政府的宣傳戰所需的筆戰戰士。

　　一個官方機構──法蘭西學術院和一個具有很大權威的首相，對法國文學的批評和干預，將造成嚴重的影響。柯奈爾 (Pierre Corneille, 1606–1684) 的劇作《希德》(Le Cid) 受到院士們的嚴厲批判。利希留授意發表〈法蘭西學術院關於悲喜劇《希德》的感想〉。此一事件影響和強烈刺激柯奈爾，使之沉默達三年之久，也使之變成利希留的被保護者。被利希留任命為第一批院士，且稱霸文壇的詩人夏普蘭 (Jean Chapelain, 1595–1674) 與其同僚，經常以高品味的要求，對於詩也給予同樣嚴厲的批評。他們賣弄學問變成濫用到讓同為元老院士的拉岡 (Honorat de Bueil, seigneur de Racan, 1589–1670) 敢於在學術院內加以譴責。

　　雖然對學術的壓迫會有些反彈，但在十七世紀初期，崇尚自然，表現人性的戲劇和詩，已逐漸消失。拉岡、聖達曼 (Marc Antoine Girard, sieur de Saint-Amant, 1594–1661) 或維歐，沒有真正的門徒或傳人，人們無法重新找到此一自然的感覺、想像和色彩豐富的描述，也沒有其作品的重要特色，亦即悲哀語調。

　　小說，巴洛克美學的特別表現，同樣受到學院派學究氣的批評和所謂良心指導者的譴責。對某些人來說，小說只是次要的文學，只描繪一些荒誕的情況。對於另一些人，小說是一種道德上很危險的讀物。然而，

小說卻很幸運地得到大眾的喜愛。諷刺和滑稽小說與騎士小說之間，各有其讀者群。

索雷爾的寫實小說《法蘭希翁的喜劇史》，不受西班牙以騙子無賴為體裁的小說之影響。索雷爾譴責馬勒布的純粹主義。他以一種豐富和有韻味的語文來寫作。索雷爾給予讀者像宮廷、沙龍、學術院或放蕩場所等不同階層的真實描繪，但是他也給予讀者一種不甚傳統的哲學，且很少尊重已建立的價值。然而在維歐被逮捕後，索雷爾覺得很害怕，因而在 1626 年的版本將其小說中最引人爭議的辭句刪除。

希蘭諾的兩部小說：《月球的國家和帝國》(*Les Etats et empires de la Lune*) 和《太陽的國家之滑稽史》(*L'Histoire comique des états du Soleil*)，雖然更大膽，但卻較不放蕩。他風趣的奇想，在描述旅行的準備與描繪星球居民的風俗時，得以自由發揮。然而，星球探險也是批評宗教傳統和靈魂不滅信仰的一種假借。希蘭諾成功地給予讀者一種哲學性童話的巴洛克形態。

另一種巴洛克小說的潮流，引起較少問題，也較少醜聞。于爾飛 (Honoré d'Urfé, 1568–1625) 的《阿斯特雷》獲得很大的成功。此一田園和感情的小說，在整個世紀，傳播一種宮廷和騎士愛情的理想。模仿古代騎士小說，以及西班牙或義大利的其他模式，他將俠義小說和愛情冒險混合在一起。

第四章　古典時期㈠

古典主義用於說明美的觀點時,通常指與古代藝術有關的一些特點,如和諧、明晰、嚴謹、普遍性和理性主義。古典主義與其相關辭句「古典」和「古典的」,也意味著優越性。「古典的」和「古典」可以應用於任何文明中的一個優良的物品,或優越的時期。

1661 年,亦即路易十四 (Louis XIV) 親政後的半個世紀,法國擁有軍事榮耀,以及在歐洲享有較以往的西班牙和往後的英國更顯著的優勢。法國的文明榮光帶來的威望,持續時間遠超過其軍事勝利的時間。此外,行政革新和經濟改革也在王國內部大規模地進行。儘管客觀條件非常不利,路易十四仍然要求其臣民竭盡全力。數十年間,在國王的領導下,法國呈現一片團結和富強的景象。此一時期因而有「偉大的世紀」(Le Grand Siècle) 或「路易十四世紀」(Siècle de Louis XIV) 之稱。

第一節　政治演變

投石黨之亂

1642 年年底和翌年 5 月,利希留和路易十三相繼去世,路易十四以未滿五歲之齡繼承王位。對利希留中央集權政策使王權大增一事覺得不滿的貴族階級和大理院,意欲利用路易十四的年幼,重新取得一切原有的特權。

馬薩林 (Jules Mazarin, 1602–1661) 的不孚眾望,成為抗拒王權的主要原因之一。攝政母后奧地利的安妮 (Anne d'Autriche) 寵信馬薩林,而

馬薩林的義大利背景，令人憶起路易十三初繼承王位時，攝政母后麥迪西家的瑪麗 (Marie de Médicis) 所寵信的另一位義大利人康西尼 (Concini) 的亂政。

　　路易十三時期的長期對外戰爭，迫使政府採取特別措施，在某些情況下實施戰爭獨裁，忽略必要改革，迫切增加租稅收入。戰爭造成王國體制的改變，使濫權更加嚴重，也使稅負更為加重。不滿和政治危機隨之大增。

　　大貴族間的明爭暗鬥、地方上由貴族擔任的官員與王室任命的官員彼此衝突的升高，再加上農作物連年歉收，1648–1653 年間反對王權的投石黨 (La Fronde) 之亂遂因而爆發。

　　投石黨之亂先由巴黎大理院發動。它拒絕登錄有損其權益的國王命令，且聯合其他政府官員，組成政治性團體。面臨此一情勢，馬薩林下令逮捕大理院院長等官員。1648 年 8 月下旬，巴黎居民開始在街頭暴動。1649 年 1 月的一個寒夜裡，攝政母后安妮帶著年幼的路易十四逃離巴黎。此一奔往聖・日耳曼・昂・萊 (Saint-Germain-en-Laye) 的路程，成為路易十四一生中難忘的恥辱，也為其絕對王權的作法種下了因。

　　繼大理院之亂後，又發生更嚴重的親王投石黨之亂。國王逃離巴黎後，親王間分成兩派，有的保王，有的反王，並經常改變立場。馬薩林成為反叛親王攻擊的主要目標。他的及時退位，讓母后安妮有自由談判的機會，因此法國西部和東南部的動亂逐漸平息。叛亂者除了一致反對馬薩林外，並無一致的立場，也未曾留下任何制度上的改革。1652 年 10 月，母后安妮和年少的路易十四重回巴黎。翌年 2 月，母后安妮召回馬薩林，投石黨之亂宣告結束。然而，轉為緩和的局勢和馬薩林的復職，並未改變政治和社會的不穩定狀況。

　　投石黨之亂對法國的破壞力十分可觀。內戰造成饑荒和瘟疫的蔓延。在巴黎盆地、香檳地區、畢加第等地區，某些村莊在 1652 年一年之內就失去四分之一的人口。根據教區人口資料，杜布河上的凡爾登 (Verdunsur-le-Doubs) 在 1648 年出生八十六人，死亡七十三人；1652 年，出生三十七人，而死亡則為二百二十四人。法國的對外貿易解體，船隊被毀。投石黨人非議的王權專制，在紛擾的五年經驗裡，卻找到不容懷疑的合理性。

1661 年的法國

1661 年 3 月 9 日，馬薩林去世。路易十四親政時，法國人口有一千九百萬，已是歐洲第一強國。然而，經歷投石黨之亂，國內的創傷仍有待復原，人民飽嘗多年的無政府狀態，迫切期待秩序和安定。

馬薩林留給路易十四的是一個疆域廣大的王國，以及普遍的和平。法國的統一工作幾乎完成，但是國王離王國的絕對主人之路尚遠。除了各省的行政自主外，尚有城、鎮、村等居民團體，各自管理自己地區的治安和預算。那些以買賣或繼承而得到職位的皇家官員，自成團體，剝奪了國王的部分主權。這些皇家官員為數達四、五萬人。

在這些皇家官員之上者為各種上訴法院，如負責司法的大理院，負責收支帳目的審計院，負責間接稅審理的審稅院 (Cour des Aides)。國王會議 (Conseil du Roi) 為最高審理機構。

中央權力結構簡單。馬薩林領導其同僚處理王國一切事務。掌璽大臣為王國第一官員，也是民政和司法行政的領袖；四位國務大臣 (Secrétaires d'Etat)，以陸軍大臣為首；財政總監 (Surintendant des Finances) 掌理全國財政。

社會結構仍然依階級和特權區分。司法地位所謂的「三級」(Les trois ordres) 與社會和經濟的複雜現實，並未吻合。許多資產階級者以購買領地和官職，逐漸貴族化。

偉大國王的特質

跟一般年輕人一樣，路易十四喜歡化妝舞會、宴會、無價值的裝飾

品，以及對女人獻殷勤。馬薩林的侄女們不但讓路易十四喜愛詩和小說，也讓他初嘗戀愛的滋味。宗教信仰和優雅的風度，則來自母后的薰陶。

　　路易十四能講義大利語和西班牙語，甚至在二十歲時，還學習拉丁文，以便能閱讀來自教廷的信函。十六歲時，開始參加國王會議，並由各大臣向他簡報一些較容易了解的事務。

　　如同其同時代的人，他主張君權神授。路易十四認為國王受上帝之託來統治人類，然而他也了解一切來自上帝和君王自己擁有的權力，皆建立在君王要能獨自保證整個群體利益的基礎上。他在 1666 年曾說過，國王是絕對的主宰，因此自然可以對世俗和教會的財產自由處置。

　　路易十四勤於政事。他曾說過，國王透過工作來統治，為了工作來統治。他認為一位國王並無生病的權利，因此要讓其人民存有國王不會生病，甚至不會疲倦的印象。在四十五年間，路易十四工作不懈，最初每日工作六或七小時，隨之八小時，甚至更久，而毫無倦怠。

　　路易十四頗能博採眾議。他提到，所有言路閉塞的人，無法讓自己作出好的推論。世上最偉大的事物，幾乎全由最微不足道的事物累積而成。路易十四不喜歡獨自沉思，為治理王國，他不會閉門造車，其工作絕非默默閱讀文件，而是多聽取各方的報告，包括各種會議，以及與意見受到尊重的大臣私下會談。路易十四使各種會議組織化、等級化和專門化，固定各種會議開會時間，以便隨時提供意見給國王。

　　路易十四善於用人。他親政後不設首相，而親自掌控整個政府的運作。他認為，自己的信任和命令的執行不能全部給予某一個人，必須加以分割，依照各自不同的天賦，將不同的任務分派給不同的人。他不願任用大領主或那些忘記自己出身的貴族階級化 ❶ 的政府高級官員。來自富商家庭的勒泰利耶 (Michel Le Tellier, 1603–1685) 及其子盧瓦侯爵 (Le Marquis de Louvois, 1639–1691) 被賦予整頓法國陸軍的重任。來自法國北部的一個小資產階級家庭的柯爾白及其子謝內雷 (Jean-Baptiste Col-

---

　　❶　即以金錢購買領地和貴族頭銜的資產階級者。

bert, marquis de Seignelay, 1651–1690) 受命掌理財經改革和海軍部。

行政改革

親政之始，勒泰利耶、里翁 (Hughes de Lionne, 1611–1671) 和福給 (Nicolas Fouquet, 1615–1680) 等三位馬薩林經驗豐富的助手，負責中央政事。財大氣粗且權重的財政總監福給，不久就被路易十四設計除去。福給被判終身監禁，財產被充公。除了外交和陸軍兩部門保留給里翁和勒泰利耶之外，取代福給的柯爾白幾乎掌控中央政府的所有其他部門。柯爾白和勒泰利耶兩家族暗地裡鬥爭激烈，國王對此一爭寵並不禁止，反而更可贏得雙方對其忠誠。1683 年柯爾白去世後，盧瓦在往後幾年權傾一時。

1661 年起，法國的行政改變很大。投石黨之亂後瀰漫全國的懶散氣氛，轉變成為公權力受到前所未有的尊重和服從。此一轉變，柯爾白的角色最為重要。他是君主行政的創立者。1661 年以前，歷任國王甚少關心行政問題。他們讓社區團體、城市或鄉村，以及地方官員團，處理大部分的行政事務。路易十四親政期間，地方官員的角色縮減為單純的執行者。許多問題如非在各省總督 (intendant) 的辦公室，就是在巴黎處理。

路易十四大部分的偉大工作是在 1661 年之後二十年間完成的。行政方面的改革重點，除了中央的國王會議外，最主要的還是在各省設總督，形成一個與中央有關的聯繫網。總督最初是臨時性質，1682 年方為固定職位。總督是向王室支薪的國王代表，由國王自由任命，並不受制於地方上的大貴族。雖然他們本身往往也是貴族，但職銜是來自行政或司法的功能，而非來自土地的擁有，因此缺乏個人的權力基礎。

路易十四統治最大的創新就是警察的創立。最初，它只不過是司法的附屬品。1667 年，國王在民事副官、刑事副官之側，設立一位警察副官。警察副官的頭銜雖不耀眼，但因與國王接觸，很快就成為王國的重要人物之一。警察副官的權力十分廣泛，除維持城市的公共秩序和安全

之外，還將監督對國王和社會有害的作家和出版商。這是法國早期箝制新聞和著作自由的實例。

此後，國王不但直接治理國家，而且還制訂更精確的法律。由柯爾白和其舅父畢索爾 (Pussort) 指導的一個司法改革委員會，編纂《民事條例》，或稱《路易法》(code Louis)、《水利和林業條例》、《刑事條例》、《商事條例》等一連串的法律。

王權的集中

福給的去職，使路易十四得以掌控國家的財政。福給一被捕，「總監」一職即被取消。財政管理交給一個由國王主持的新委員會，其成員只有數人。該委員會非得國王之同意，不能有任何決定；非經國王命令，不能有任何行動。然而，為讓自己能透過全國最有才能者，獲得充分的訊息，國王依所欲達成的各種目標，組成不同的會議或委員會。最重要的稱御前會議、或祕密會議、或國王國家會議，有時稱內閣會議，類似現在的部長會議。御前會議決定和平與戰爭的重大事件，聽取大使送回的外交報告，並給予訓令或答覆。御前會議討論條約、結盟，以及國內外的重大事務。唯有應邀參與此一會議，方能取得「部長」或「大臣」的頭銜。1653 年，參與御前會議的大臣有二十四人。1662 年，只有俗稱「三人小組」(Triade) 的勒泰利耶、里翁和柯爾白。在五十四年的統治期間，參與過御前會議的大臣總共只有十六人，每次不超過五人。在十六人中，柯爾白家族有六人，勒泰利耶家族有二人。

郵傳會議 (Le Conseil des dépêches) 每十五天開會一次，亦即御前會議未開會的星期一。這是國王身側一個集體型的內政部。外交、陸軍、海軍和王室等四位國務大臣聚集在一起，討論問題和分配與各省區聯絡事宜。此一會議涉及的業務很廣泛，且複雜，例如司法和教會事務、城市行政、與各省區的關係、公共工程、宗教團體的紀律、慈善機構的管理……等等一切國家內政的細節問題。如此龐雜的業務，當然無法在每

十五天的一次會議中處理完畢。因此，許多事情必須每天直接向國王報告。

　　財政會議 (Le Conseil des finances)，亦稱皇家會議，每週二和週六開會。它確定預算、決定徵稅總額、分攤各財政區的人頭稅、決定土地的租金、監督承租人的管理、控制儲蓄的變動、確定支付款項和監督帳目。

　　第四個會議是內部會議 (Le Conseil privé)，在司法方面類似今日法國的最高法院，處理民事案件；在行政方面猶如今日法國行政法院 (Le Conseil d'Etat)。國王甚少親自主持，而由掌璽大臣代替，但中間有一張空椅指出國王的位置。1673 年內部會議成為常設機構時，有三十位參議官，其中有些分別參與財政會議和郵傳會議。掌璽大臣為終身職，為司法首長兼執掌玉璽，可謂一人之下萬人之上。

　　出任部長不需特殊資格，只要被召參加御前會議，隨之並繼續出席者，就已是部長。路易十四非常擔心其統治地位受影響，他決不召喚樞機主教、親王，甚至最溫馴的御弟，出席御前會議。皇太子、皇孫布艮第公爵等王位繼承人，前者在三十歲，後者在二十歲，方獲准參加。布艮第公爵在獲准參加時，其祖父告訴他多聽少說，數月後才開始發表意見。

政治的特徵

　　此一時期，行政與司法很難區分。今日一提到「行政」(administration)，人們很容易知道其所指為何，也很容易區別「政府」和「行政」。然而在十七世紀，這兩個名詞經常交換使用。今日，我們對行政與司法之區分更為仔細，但在舊政權時期，司法與行政永遠混雜在一起。沒有一位行政官員未同時擁有司法權力；幾乎所有法庭、尤其是大理院，都擁有很大的行政職權。國王的各種會議，有時也能頒布法令，進行審判，扮演法院的角色；相同地，大理院收到國王在御前會議通過的敕令，加以登錄，以作為審判的依據。

　　法治不統一是此一時期的第二個特徵。法國並非一個一致化的國家，反而像一個各省區的邦聯，各省區各自保留其特色和習俗。因此，情況變得非常複雜。個人權利在各個區域間差別甚大。在整個王國，並未有一個共同的度量衡制度。稅制更令人頭疼。人頭稅是直接稅，不但教士和貴族階級皆能豁免，而且並非所有地區皆依同一規定課徵。某些省區擁有特權，可以其地方稅取代之。至於鹽稅，或森林、牲畜等間接稅，徵收方式則更為繁雜和多樣化。

　　賣官鬻爵制為此一時期的第三項特徵。幾乎所有官職皆可買賣、繼承或抵押貸款。國家對於官職的異動理論上有監督權，但事實上效果不彰。除非對國王不忠，這些官職不能移動或被收回。官員經常無視中央權力的警告。他們的職位不僅代表公權力的一部分，也是有利的投資。這些職位是商人資產階級變成貴族階級的通道。得到這些官職，成為財富和希望之所寄。一個巴黎大理院法官職位，在當時值十萬鎊，大理院院長一職則值三十五萬鎊。儘管尚未成為一個階級，但是所有官員相當團結，以免自己的職權被削減，這些職權為其主要財源。官員的利害一致，成為行政中央化的一道障礙。國王的命令，經過地方官員的解釋，其執行的效力往往大打折扣，統治者的意圖經常被改變。「中央」在當時只不過是字典裡的一個名詞。

　　被特權所限，被賣官鬻爵制所肢解，如非國王的代表隨時到各地區查察，國王的威權或許有自行消失的危險。欽差大臣代表國王親臨各地區重振其聲威，並改善各種濫權。

　　警察制度的普及全國為此一時期的第四項特徵。在柯爾白的建議下，路易十四在巴黎首創警察制度。1699 年，國王以巴黎為典範，在省區的城市設立警察副官的職位。通常這些職位由舊官員或市政府購買。在盧昂，警察副官一職約值十萬鎊，但其年收入則可達十分之一，亦即一萬鎊。

第二節　軍事與外交

軍事改革

　　路易十四時代法國的軍事改革以勒泰利耶和盧瓦父子的貢獻最大。

　　在其三年的皮耶蒙（Piémont，英文為 Piedmont）總督任內，勒泰利耶親眼目睹法國軍隊的種種弊端。他在 1643–1677 年間擔任陸軍大臣時，勵志革新。法國陸軍的基本規章，幾乎全出自其手，例如 1643 年的《冬季宿營區條例》和《徵兵條例》、1649 年的《騎兵條例》、1654 年《步兵團軍階條例》……等等。

　　勒泰利耶父子創立使王室能掌握和控制軍隊的有效技術。十七世紀初，小型皇家軍隊大約僅由一萬五千人組成，而且其將領一定效忠國王。如今建立了一套行政體系，指揮軍事事務，監督軍隊補給和薪餉事宜，並負責監視軍官是否忠誠守法。少尉、中尉、准將等新階級出現。這些職位無法用金錢買到，因此國王得以派任較窮但較具有抱負的小貴族到軍中服役。1700 年以後，軍隊激增至四十萬人，同時也逐漸制度化，成為國王不可或缺的利器。

　　有人說勒泰利耶面目可憎，但較真實的說法是，勒泰利耶容貌慈祥、雙目有神，且面帶笑容，可說是一位上流社會有教養的人。他對家務事猶疑不決，但對國家事務卻是勇敢、堅持，且企圖心很強。在所有私人祕密信函中，奧地利的安妮和馬薩林稱他為「忠誠者」（Le Fidèle）。勒泰利耶對國王的忠誠是無法動搖的。他的聲望愈顯著，他就愈淡化其在政府中的角色。勒泰利耶生活儉樸、有規律、工作勤奮，擁有廣泛的國外經驗，且非常了解軍事行政各環節。他正直、有禮且語帶幽默，且代表國王發號施令，也樂見國王能一樣遵守。路易十四非常尊重他，稱他「勒泰利耶先生」（Monsieur Le Tellier），而非像對其他大臣如柯爾白、盧瓦、

里翁、謝內雷 (Jean-Baptiste Colbert, marquis de seignelay, 1651–1690) 等直呼其名。

　　如同柯爾白與其子謝內雷共同負責海軍部，勒泰利耶在其子盧瓦十四歲的時候，就為他取得陸軍大臣職位的指定繼承權。經過七年的調教和磨鍊，盧瓦於 1662 年開始批示公文，1668 年獨當一面，但仍繼續聽取其父之意見。因此，有人說自 1668 年至 1677 年，路易十四有兩位陸軍大臣。盧瓦在外衝刺，勒泰利耶則深居簡出。勒泰利耶慢慢放手讓盧瓦去發揮，但還是時時加以監督和指導，以改正其急躁和鹵莽的個性。

　　盧瓦素有行政長才，處理陸軍部大小事務皆能得心應手。1672 年，里翁去世，路易十四讓盧瓦參加御前會議。1691 年盧瓦去世後，陸軍大臣一職又交給其三子巴布濟厄侯爵 (Le marquis de Barbezieux)。

　　國王自己很注意軍務。他仔細聽取報告，記筆記，自己寫下很長的備忘錄。他時時親自指揮其模範軍團演練。1670 和 1671 年，路易十四巡視法蘭德斯所有軍營，並且輪流在營區過夜。他能夠與其將領通訊，了解一項軍事行動計畫，部署部隊，確定各軍的組成，以及在地圖上追蹤其軍團行進的路線。國王不懼戰爭危險，親赴前線觀戰。總而言之，在統治初期，路易十四是一位政治領袖，杜聯 (Henri de La Tour d'Auvergne, vicomte de Turenne, 1611–1675) 為統帥，勒泰利耶猶如今日的立法委員，盧瓦則猶如今日的聯勤總司令。

　　勒泰利耶父子採柯爾白的方法來整頓陸軍。既然陸軍被視為一種企業，其幹部必須誠實，也要誠實的賺錢。軍官所轄士兵的數目必須確實，不能吃空缺，這些士兵必須身心健全。對於已除役或向鄰近單位借來的人員，國王不會發給糧餉。死亡、失蹤或逃亡的士兵名額必須在冬季補足。士兵的糧餉必須足額發給，不能扣減。士兵預支的薪津必須在指定日期支付，不能任意延遲。軍官無正式准假，不能離開崗位。政府設置各種官員，監督軍隊的訓練和法令的執行。國王還親自參與督導的工作。法國悲劇作家拉辛 (Jean Racine, 1639–1699) 提到，路易十四在檢閱一個

團的官兵時，曾當場指出一位冒名頂替的士兵。

　　盧瓦主持陸軍部最好的成果之一，就是匡正捐官制所造成的許多弊端。上校和上尉仍然是透過競標所得的軍階。然而，在上尉之下的中尉和少尉，上尉之上的少校和中校，上校之上的准將、中將和元帥等軍階，皆因軍功而授予。為鼓勵無產的軍官，不必擔任上尉就可晉陞少校，不必擔任上校就可晉陞准將。傑出的軍事工程專家窩班 (Sébastien Le Prestre de Vauban, 1633–1707)，原是貧窮小貴族，後來成為法國元帥。法倍爾 (Abraham de Fabert, 1599–1662) 和卡地那 (Nicolas Catinat, 1637–1712) 皆為平民出身，但也都變成法國元帥。

　　砲兵和工兵變成重要兵種，也是一項偉大的創新。盧瓦整編砲兵，窩班則整合盧瓦和柯爾白兩大系統的工兵。1674 年，殘廢軍人收容所 (Les Invalides) 開始收容殘廢的士兵。盧瓦在軍隊補給的組織工作，也相當成功。

窩班與軍事工程

　　窩班在十七歲之前，所了解的只是其村莊，該村莊的本堂神父，不但是其教父，也是他的老師。他曾讀過數學、幾何，且取得一篇有關防禦工事的論文。1651 年，時任布艮第總督的康地親王 (Prince Condé) 因作戰而路過該地時，窩班毛遂自薦並開始追隨親王。1655 年，他開始為國王服務，擔任工程師，在戰爭中多次受傷。

　　窩班在各城市邊做邊學，逐漸能施展其長才。1663 年，他與一位舊貴族家庭的小姐結婚，但夫妻聚少離多，因為他的工作場所皆在遙遠的地方。

　　1667 年，窩班參與路易十四親政後首次對外戰爭❷，立下輝煌戰功，並開始在法國西北邊界建造一系列的防禦堡壘。他不但能守，也能攻。他指揮五十餘次的圍攻，未曾失手過。在攻擊時，窩班往往身先士卒。

❷　此次戰爭法國自西班牙手中取得里耳等地。

為此，路易十四特地自凡爾賽宮下令，禁止他再度冒著無謂的危險。

　　窩班的工作就是建造全國邊界的防禦堡壘。很少見到他出現在凡爾賽宮。依據邊界的地形和地物的差異，他建造的堡壘各自不同。窩班不斷創新，絕不出現同一類型的堡壘。當砲兵在戰場上的角色漸重時，他所建的堡壘也隨之加以修改。為了邊界防禦工程，他曾在百餘個市鎮工作過。他的堡壘不僅用於防守，也可用於攻擊，有時還兼有宣傳的功能。例如他在建造斯特拉斯堡城門時，國王只准一萬二千鎊的工程預算，一分錢也不增加。窩班卻據理力爭。他說，斯特拉斯堡是往日耳曼的通道，日耳曼人是以該城城門之華麗來判斷國王的偉大。既然城門建得很好，為何拒絕加以裝飾？

自然疆界說

　　在一個講究華麗和統一的世紀裡，擁有強大軍事實力的路易十四，其外交政策的真相倒頗具爭議性。根據路易十四的大臣們留下的文件，國王除了希望維持歐洲和基督教世界的和平之外，並無其他的計畫。然而，當時的日耳曼宣傳家卻譴責法王具有普世君主政體的想法。

　　一些史學家認為，在利希留之後，法王曾計畫恢復高盧時期的版圖。換句話說，他有意將王國的領土擴展到庇里牛斯山、阿爾卑斯山、侏羅山和萊因河等自然疆界。事實上，在路易十四之前的法王，已不露聲色且緩慢地朝著此一方面進行，只是路易十四的過度企圖心讓歐洲其他國家無法忍受。

　　路易十四發動太多次對外戰爭。他認為戰爭為榮耀之源，也是貴族階級正常的職業。然而，在他留下來的回憶錄或他簽署的文件中，並無任何跡象顯示他企圖取得世界霸權，也未提到要恢復古代高盧的疆界。自然疆界說並非他所倡導，甚至此一名詞在當時也不流行。

　　依照軍事和外交事件的發展過程來看，如果說路易十四堅持要讓其首都遠離國界，他卻未曾確定一個持久的目標。他對取得洛林和比利時

的念頭未曾間斷，但未想過要保有薩伏衣 ❸，儘管多次征服過。作為進入波河平原的大門，畢內羅對路易十四來說已具有足夠的戰略價值。再加上外交詞彙使用的變化多端，的確令人覺得里翁、龐蓬 (Simon Arnauld marquis de Pomponne, 1618–1699) 或柯瓦希 (Charles Colbert, marquis de Croissy, 1625–1696) 和托爾希 (J.-B., Colbert, marquis de Torcy, 1655–1748) ❹ 等負責外交事務的大臣，真的是機會主義者。貿易的需要、封建的習俗、軍事的需要、自然權、國際權、基督教世界的利益、均衡的考量等等，成為國王的外交代理人常使用的詞彙。他們善於運用一切外交詞彙，但卻不受其限制。

路易十四親政前，法國仍然受到哈布斯堡王室的西班牙國王和日耳曼皇帝的威脅，尤其是法國東部和北部的哈布斯堡王室的勢力，離法國首都相當近。法國的外交部勢必要設法突破此一困境。

外交政策

軍事改革的成功，為路易十四的對外政策奠下成功的基礎。儘管「自然疆界」是否為其外交和軍事行動的終極目標仍眾說紛紜，莫衷一是，但在他和其大臣的精心策劃下，法國的領土不斷擴充，影響力也持續增加。

在位期間，路易十四讓法蘭德斯和法蘭西・孔德重返法國懷抱；完成兼併亞爾薩斯的工作；讓他的一位孫子登上西班牙王位，且將日耳曼的哈布斯堡王室逐出西班牙。

國王對榮耀的喜愛，影響法國外交政策甚深。從路易十四的政策中大致可以看出其三大目標：確定其王位較其他國王王位的優越性；準備在其舅子西班牙王查理二世 (Charles II) 死後無直系繼承人時大撈一筆；最後，確定在法國的北部和東部能有良好的戰略性疆界。

❸　薩伏衣在阿爾卑斯山脈，位於法國西南部，1789 年才併入法國。
❹　托爾希為大柯爾白之侄，柯瓦希之子，龐蓬之婿。

此一政策的執行，以當時的法國來說，所具備的條件很優越。國王
有一批外交幹才如里翁、龐蓬和柯瓦希父子。陸軍的整建，經勒泰利耶、
盧瓦和巴布濟厄祖孫三代的努力，已使兵員大增。法國陸軍在 1667 年有
官兵七萬二千人，1672 年增至十二萬人，1688 年增至二十九萬人，到
1703 年更多達四十萬人。在一個只有職業軍人的年代裡，此一數目相當
可觀。窩班在攻城戰與防禦工程的傑出表現，大幅提升法軍的作戰能力。
柯爾白在海軍實力的增強方面貢獻頗大。1661 年，法國有戰船十八艘，
到 1683 年已增至二百七十六艘。

對外戰爭

1659 年，與西班牙簽訂〈庇里牛斯條約〉，雖然法國獲得許多土地，
但路易十四認為這絕不表示兩國的戰爭從此停止。他以西班牙未履行給
予嫁粧的承諾❺，要求其后瑪麗亞‧德雷莎 (Marie-Thérèse, 1717–1780)
的王位繼承權和土地權利。路易十四以此一權利作為派兵協助荷蘭對抗
西班牙的藉口。

1667 年，國王、杜聯和窩班帶領六萬軍隊入侵荷蘭，攻下夏樂盧亞
(Charleroi)、杜內 (Tournai)、杜葉 (Douai)、甘布雷 (Cambrai)、里耳和亞
羅斯特 (Alost)。1668 年 2 月，康地親王在十五天內就占領法蘭西‧孔德。
此一短暫的「權利移轉戰爭」(la guerre de dévolution) 導致〈艾克斯‧拉‧
夏倍爾條約〉(le traité d'Aix-la-Chapelle) 的簽訂。法國在法蘭德斯邊境增
加了十二個市鎮，其中有里耳、杜內 (Tournai) 和杜葉。

路易十四與英王查理二世 (Charles II, 1660–1685) 於 1670 年簽訂
〈多佛條約〉(le traité de Dover)，使他能在 1672 年展開長達六年的荷蘭
戰爭。西班牙又要犧牲土地，將法蘭西‧孔德讓給法國。

長期的對立以支持封建體制下應有的權利，其結果為奧格斯堡聯盟

---

❺　西班牙公主瑪麗亞‧德雷莎嫁給路易十四時可得五十萬金幣的嫁粧，但要
　　放棄王位繼承權。

戰爭的爆發。奧倫治親王威廉 (William of Orange; William III of England) 領導奧格斯堡聯盟，阻擋法國的擴張。法國的擴張主義給英國的海軍和宗教利益，以及日耳曼的立憲利益帶來威脅。此時，路易十四讓荷蘭獲得貿易特權，承認威廉為英王，以得到斯特拉斯堡的土地。

停戰五年後，法國再度投入戰爭。此次戰爭是為了將路易十四之孫安茹公爵腓力 (Philippe) 送上西班牙王位，以打擊哈布斯堡家族。此一戰爭稱為「西班牙王位繼承戰爭」（1702-1713 年）。戰後，雙方簽訂〈烏特列支條約〉(les traités d'Utrecht)。法國已耗盡國力，同時人口也銳減。

在追求國家光榮的目標下，法國北方和東方疆域均有擴展，西南方也拓展至庇里牛斯山。把波旁家族推上西班牙王位後，西班牙的威脅也告解除。然而，為了達成這些目標，法國所付出的人力和物資非常可觀。

第三節　經濟與社會

柯爾白主義 (Colbertisme)

法國經濟改革的主要推動者為柯爾白。伏爾泰曾說過，法國人在工業和商業方面虧欠柯爾白甚多。

在經濟生活方面，國家加以部分的干預。如同西歐大部分國家一般，法國經濟顯現出一些結構性缺點，諸如農業生產力的薄弱、運輸系統的遲緩和落後，以及欠缺完善的技術。物價的長期性低迷，導致生產的緩慢和企業精神的不振。經濟生活似乎變成一潭死水。此外，皇家權力更剝奪物價上漲的動力。政府繼續路易十三和利希留的貨幣穩定政策。1689年法國銀幣的含銀量仍然與 1641 年相同❻。柯爾白採用了將金銀和財富混在一起的重商主義理念達二十二年之久。此一理念一直為人所垢病。柯爾白並非不關心，在當時的貿易條件下，要確保錢幣的良好流通。未

---

❻　每一銀幣含純銀八點三三克。

擁有銀礦的法國，必須記取西班牙的失敗，與英荷兩國的成功的教訓。西班牙這個花費太多卻努力不足的國家，只是美洲金銀的過路財神。相反的，賣出多於買入的勤奮國家，卻財源滾滾。財政收支的平衡，亦即貿易的平衡，不能出現赤字。為達到此一目的，各國政府試圖對外國商品課以較重的進口稅，以及激勵本國產品的輸出。因此，法國在 1664 年和 1667 年大幅提高關稅稅率。

為了占有市場，唯有自己生產品質良好的商品，以減少外國商品的輸入。在國內創立或改良各種工業，以供應較國外產品價廉，但品質相等的產品，已勢在必行。事實上，生產性的工作，其本身就是一種財富。撇開外貿的考量，勤奮工作並盡量做好，也是分內之事，生產必須得到鼓勵。當時並無今日所謂「充分就業」的理論，但是柯爾白已察覺到有此一需要。他採取各種不同的措施，以求達到此一目標。

柯爾白的思想帶有亨利四世時期拉佛瑪 (Barthélemy de Laffemas, 1545–1611) 的色彩，但其行動則恢復利希留時代的作法，如取得殖民地以避免購買熱帶地區的產品；在外國技師的協助下，利用國家的資源，如有可能最好是私人的儲蓄所提供的資本，創立各種工業。柯爾白因而成立的製造廠有兩種：其一為「國王」製造廠，如同苟布蘭等國家工場；另一為「皇家」製造廠，是政府以補助款或賦稅減免或專賣來鼓勵的私人企業。

自 1661 年起，柯爾白有系統地重組中央行政和會計制度。他整頓經濟，其目標是完成拉佛瑪的工作，亦即發展製造業和增加出口。達成此目標的最好辦法，就是力求產品規格化。一百五十餘種內容詳細的手冊，說明各種標準和規格，負責監督的官員可以到各地對各種產品作檢查。此一作法的目的，在於強調經過政府核准的產品更容易外銷，以及贏得外國客戶的信心。

獎勵工商

主張重商主義的柯爾白認為，一個國家的財富和力量，依賴其所持有的金銀之數量，因此他要盡量為法國創造財富。為表示國王對工商業的重視，路易十四親自訪問工廠，並在皇宮接見商人。此外，柯爾白還主張設法減少對生產無助益的修士和修女的數量。

1664 年，國王成立一個新委員會——商業委員會，每十五天舉行一次四小時的會議，由國王在全國各經濟區提出的三十六人的名冊中挑選出的三位商人所組成的小組，提供協助。此一委員會負責工商業的業務推展。

為分享國際貿易的利益，法國成立一系列的外貿公司，國王帶頭認購股份，王后、親王和各大臣，相繼追隨。然而，認股的工作還是難於推展。例如在 1668 年年底，東印度公司 (la Compagnie des Indes Orientales) 在其總資本額一千五百萬中，只募得九百萬，而其中四百萬由國王提供。

柯爾白不喜歡農業，其主要原因有二：

1. 農業無法大宗輸出其產品；
2. 氣候變化無常，無法掌握其產量。

然而，他絕對未忽視農民的利益。他曾經填平沼澤，以增加耕作面積。

工業的發展被柯爾白列為第一優先，因為它促進商業的繁榮。為了使法國的工業能與外國工業一爭長短，工資必須低，亦即麵包不貴，而農民也不會太快致富。為了贏得企業家的好感，柯爾白對他們極盡討好之能事。許多重要工業還受到國家的保護和資助。

在柯爾白的鼓吹下，大工業開始出現。玻璃工業、印刷業、鐵工業，皆已具資本主義形態。1670 年，法國皇家花邊製造廠在各地擁有六十個工場，雇用一萬七千個工人。國家對於串連和罷工的懲罰很嚴厲，但是工人活動轉入地下，進行祕密集會。階級鬥爭似將來臨。

荷蘭的海外貿易較法國來得早，也較繁榮。柯爾白處心積慮，不擇手段，只為擊垮荷蘭的海外貿易霸權。海外貿易需要海軍保護，因此海軍的發展也是其計畫中的重要部分。1670 年，法國皇家海軍擁有大小艦隻八十六艘，官兵和水手二萬八千三百人。

海軍和船隊的重建和發展，無疑地是柯爾白最偉大的成就。商船的建造受到政府的獎勵和補助。皇家海軍受到最多的關注，整個王國的經濟生活也受到影響。船艦的建造不斷進行。提供木材的森林受到保護。可製造船帆和繩索的麻類植物，必須獎勵種植。金屬工業也獲得獎勵。商船本身也需攜帶武器。最後，船艦的建造工作，分散到全國各港口進行。軍艦和商船相互支援之密切，可謂空前未有。法國的海上運輸，肇始於柯爾白時期。如同利希留及其他人，柯爾白是道地的重商主義者，然而，柯爾白所追求的目的，並非法國人民的繁榮和幸福，而是國家的強大。政治優先於經濟。

財政和預算

為使國家強而有力，勢必要有完善的財政。柯爾白優越的理財能力，無人可以否認。他首先要建立一套真正的國家預算制度，以包含一切可以想到的預算。然而，他還是要應付國王要求立即提供一筆被認為不可或缺的臨時性款項的命令。此一情況打亂了原先的所有安排。他追訴投機取巧的金融家，追查逃避人頭稅的假貴族。顯示最容易增加稅收的方式，就是針對日常消費物品的間接稅，如鹽稅、國內關稅（如中國的釐金）和飲料稅等。

稅收透過包稅商來課徵。包稅商為民營企業，他與政府簽訂合約，先付一筆承包款，再帶著一批跟班向納稅人收取稅款，並從中獲取利潤。柯爾白針對每一包稅商逐步提高其包稅款總額。他還創立許多新的間接稅，如登記費、貴重金屬打印記費、紙牌標記費、公文紙印花稅等。後者還導致 1675 年不列塔尼和吉岩的農民叛亂。儘管柯爾白以各種手段來

增加國家的稅收，但他還是一直無法讓預算收支平衡。1683 年，亦即他去世那年，柯爾白所編的預算為一億零三百萬的總支出，而總收入只有九十七萬。

　　路易十四在建造城堡和皇宮所費不貲，也是國家預算無法平衡的主因之一。到柯爾白去世時，城堡和皇宮的工程費用已達每年三百萬到五百萬。到 1684 年，花在凡爾賽宮的費用約三千萬，在羅浮宮的費用約一千萬，在馬爾利宮❼的費用約七百萬，在特里亞農宮 (Trianon) 的費用約三百萬。凡爾賽宮全部建造費用可能高達五千萬或六千萬，約等於 1935 年的二十億法郎。

拉丁美洲金銀的流入

　　歐洲人發現新大陸導致拉丁美洲金銀大量流入歐洲，對歐洲的經濟產生重大影響。在這之前，西歐，包括法國在內，物價低廉，國家財政收入很少。歐洲舊大陸所擁有的金銀數量約等於 1914 年的十億法郎。這些金銀大部分放在國庫中，因此流通貨幣增加的幅度十分緩慢。自從新大陸的貴重金屬開始流入之後，到十七世紀初，歐洲的通貨數量約增加十倍。

　　拉丁美洲金銀的流入最顯而易見的影響就是所有物品的價格皆上漲。誠如一位曾參加宗教戰爭的老兵所言，如果說人們發現了金礦和銀礦，卻未同時發現「雞」礦、「麥」礦、「布」礦。對於用來分配的物品來說，流通的貨幣實在太多，因此物價漲了三～五倍。一旦貨幣充裕和流通容易、購買力呈倍數增加、店鋪貨架的貨物被搬光，而手工業轉趨活躍，那將產生一種對未來的信心，激盪發明的精神以及刺激冒險的念頭。商業經營容易，企業的家數倍增，工作機會非常多。

　　然而，經濟的繁榮並未能長久維持。貨幣的成長率趨緩，在十六世紀中期，年成長率高達百分之三點八；到 1660 年左右，只成長百分之一；

---

❼　在法國大革命時被毀。

1700 年以後，則只有百分之零點五。貨幣的供應量無法支撐原有經濟的
持續發展。此時的歐洲，如一位曾預期其營業額將加速提高的廠商，為
應付增加的訂單，他建造新的工場，購買昂貴的機器，儲存燃料和原料，
雇用大批工人。突然間，他發現自己財源短缺，因為不再成長的營業收
入仍然較自己所預期的少。

　　對法國來說，新大陸的金銀並未直接到法國廠商手中。拉丁美洲的
礦產被西班牙壟斷。西班牙政府嚴格規定，新大陸所產的貴重金屬只能
輸往西班牙，唯有自西班牙的港口啟程的西班牙商人方能與殖民地做貿
易。每年，有兩個船隊自塞維拉前往中南美洲。這些船隊載運殖民地所
需的製造品，並運回大批的金銀條塊。隨著財富源源不絕而來，西班牙
人不再從事似乎是痛苦的生產工作。他們向外國購買自己渴望或必需的
消費品，其中一部分再輸往美洲殖民地。法國商人經常往塞維拉跑，如
同前往金銀礦一般。法國各地為西班牙和美洲生產和販售各式各樣的物
品。甚至在西班牙製造的物品，通常是出自法國僑民之手。法國年輕手
工業者成群前往西班牙，在那裡工作一段時間並賺回大筆財富。1680 年
左右，在西班牙的法國手工業者和商人約有六萬五千人。

　　新大陸的金銀帶來兩種相互矛盾的影響：帶給西班牙人民太多的方
便，讓他們不必工作就能生活，因此加速西班牙的沒落；只以工資和交
易的方式進入法國，刺激商業發達並導致新經濟活動的出現。與西班牙
的貿易利潤頗豐，而與中東地區的貿易幾乎經常虧損。西班牙讓法國增
加金銀的庫存，以及增加銀幣的數量。相反地，美洲礦產的逐漸枯竭，
則對法國帶來雙重打擊：一方面，購買減少，產品的出口面臨激烈的競
爭；另一方面，貴重金屬的庫存不足以應付工商業的需求。

貨幣短缺

　　在危機顯露之時，柯爾白的理念再度成為歷史的主流。柯爾白對於
一種近乎完全穩定的經濟的信念，他所強調外貿利益的重要性，他經常

提到的法國如無所失必無所得的觀念，這些構成一個完整的理論。總而言之，重商主義已成為增加貨幣庫存以滿足生產活動的實際需求。事實上，柯爾白為創立法國所缺乏的工業而完成的最大努力，反而增加對資金的額外需求，使貨幣短缺的情況變得更為複雜。新的企業需要新的資金以建造廠房，購置設備或購買原料。這些投資的回收期間很長。

1685 年，路易十四頒布〈楓丹白露詔書〉(Edit de Fontainebleau)，廢除〈南特詔書〉給予新教徒的特權。此一法令使資金短缺的窘況雪上加霜。新教徒的資金大量湧入荷蘭的阿姆斯特丹銀行 (Bank of Amsterdam)。路易十四的財政官員皆忙於找尋國家迫切需求的黃金。在路易十四統治時期，尤其是在最後三十年間，各省總督和各大企業紛紛向中央政府要求資金的提供。1689 年，隆多克省議會不敢發行公債，因為該省的通貨缺乏。1690 年，基於同樣的理由，普羅旺斯省的小麥大豐收，但卻無法讓小麥順利銷售。在巴黎，所有的麵包店皆負債，許多顧客要求賒帳。此時法國貨幣的缺少，造成各地交易的停頓。生產葡萄酒的人無法購買小麥，而生產小麥的人又無法買到葡萄酒。

當代有識之士體認到貨幣在經濟方面的重要性。財政官員的首要之務，就是將國內所能找到的貴重金屬，皆用來鑄造貨幣。1689 年 12 月，財政總監要求全國民眾將家中的銀器送往國家鑄幣廠，以便熔化再鑄成錢幣。國王以身作則。他取出凡爾賽宮各式各樣的銀器和金銀的裝飾品，並以鍍金的木材、銅和瓷器取代之。1691 年，國王要求主教們提供教堂內無實際用途的銀器。然而，上有政策，下有對策。王公貴族對於政府的命令陽奉陰違，而其政策的效果當然大打折扣。

蒐集國內銀器來鑄造錢幣的作法，成效不彰。如同在二十世紀，或許最佳良方就是貨幣貶值，一種實施不易也不易成功的貶值方式。事實上，當時流通的貨幣如金路易 (louis) 和銀葉居，皆為貴重金屬。這些鑄上國王肖像和王室徽章的錢幣，並無任何面值。它的計價是依附在一種傳統的貨幣——鎊 (livre) 身上。鎊又稱法郎 (franc)。一鎊等於二十蘇

(sous)，一蘇等於十二得尼葉 (deniers)。錢幣的面值由政府自由決定。政府可隨時調整金銀幣的面值，例如 1696 年 7 月 29 日，法國政府將金路易的價值由十一鎊調整到十一鎊十蘇，因而使每一金路易可以增加十蘇的貨幣流通量。買賣、租賃、租稅、債務等皆以鎊計價，然後再換成金路易和蘇。

當然，財政總監會考慮到錢幣面值的經常變動所產生的不方便和不穩定性，尤其是對貿易和契約的不確定。因此，柯爾白成功地維持錢幣的固定兌換率，亦即一個金路易等於十一鎊，一個銀葉居等於三鎊。在以金銀幣為通貨的時代，貨幣貶值的幅度相當有限。1666 年，一銀葉居值三鎊，1690 年至 1709 年期間，一銀葉居的價值在三鎊六蘇和五鎊之間浮動，而一金路易則在十一鎊十蘇和二十鎊之間浮動。

在荷蘭戰爭期間，柯爾白曾發行年息百分之五的短期公債，1683 年停止發行。1702–1715 年間，再度發行。1701 年，法國曾有類似紙幣的發行。在那一年，路易十四下令重鑄錢幣，法國人民將其舊錢幣送到錢幣鑄造局。在等待鑄造新幣期間，人們取得局長簽字的等值紙鈔，暫時視同真正的金路易或銀葉居在市面上流通。到 1707 年，法國發行的紙鈔約值一億七千三百萬鎊，但其真正價值僅為金銀幣的一半。紙鈔逐漸不再流通，紙幣的嘗試宣告失敗。

國庫空虛

貨幣不足造成經濟萎縮，物價大幅下降，受害的不僅是農民和領主，國王也無法避免。經濟的衰退嚴重影響到稅收。國庫收入日少，而政府的支出因連年戰爭和累積的債務而日增。自 1700 至 1706 年，政府的支出達十一億鎊，而一般收入卻只有三億五千萬鎊。自 1708 年至 1715 年，十九億一千四百萬鎊的支出和四億六千一百萬鎊的收入。1706 年，在一億九千六百萬鎊的總支出中，海陸軍的軍費占一億三千四百萬鎊。國庫稅收只有五千三百萬鎊。

增加財源的方法無奇不有。首先是透過稅法的特別解釋，亦即做有利國庫的延伸解釋。其次是追查假貴族和不當的人頭稅免稅、創造新的煙稅和公證文件稅、發行彩券，以及要求教士階級和省三級會議增加捐獻的數額。教士階級在路易十四統治初期每年捐獻一百二十三萬鎊，到了統治末期則增至六百四十萬鎊。此一時期，稅法經常改變，然而所增加的稅負大部分落在平民身上，特權階級，尤其是貴族皆可逃稅。貴族幾乎不必繳稅，因為行政機構不敢招惹他們。

然而，路易十四支付戰爭費用的最大財源是官職的創造。官職是一種真正的財產。創造一個官職，等於產生一位新政府官員。擁有新官職者必須付給國家一筆購買費用。在戰爭期間，官職的創造未曾間斷。從中央到地方，官職之名堂很多，但是不論該官職多奇怪多無用，總是有人購買。同性質的官職愈多，每人所享的權益就愈少，因此現職官員往往會捐出款項防止官職的增多。

工人工作條件

在重商主義思想的主導下，柯爾白對工人工作時間的要求相當嚴格。不僅工人的紀律非常嚴明，且受有關當局緊密掌控。柯爾白將皇家製造廠視為自家擁有的修道院，工人對工作的忠誠要如同修士對上帝的忠誠。工人的學徒生涯很早就開始，有時自十一歲起。工作時間長，每日約十小時到十四小時。在巴黎，建築工人在夏天自清晨五時工作到下午七時；冬天自上午六時至下午六時。在第戎，伐木工人和木匠，自清晨四或五時一直工作到晚上七或八時。然而，節慶放假的日子很多。在巴黎，除了週日外，一年有六十餘天的休假。柯爾白要求巴黎大主教取消其中的三分之一。

政府對於工人的集會、結社或罷工，懲罰很嚴重。在巴黎，為提高工資而停工與打傷師傅的彩帶工人，帶頭者被鞭打，還被送進監牢。為對抗老闆的專橫、不講道理，工會的組織採祕密方式。這些祕密工會自

稱「薩羅門之子」(Les Enfants de Saloman)、「蘇必斯師傅之子」(Les Enfants de Maître Soubise)、或「雅各師傅之子」(Les Enfants de Maître Jacques)。他們祕密進行集會、收取會費，以立誓和特殊儀式的入會方式吸收成員。他們排斥非會員的工作伙伴，要求壟斷職位的安排，以及將不合作的師傅列入黑名單。祕密工會有其暗語，例如「猴子」指老闆，「盒子」指工場，「狐狸」指已宣布罷工之後仍然繼續工作的工作伙伴。

祕密工會透過全國性的串聯，形成城市與城市之間的新友誼關係。此一時期工人運動次數頻繁。1660 年，巴黎發生泥水匠和建築工人的騷動。1662 年，亞維農的造紙工人有脫序情況。1664 年，波爾多的麵包工人和土魯斯 (Toulouse) 的製鞋工人「暴動」。1687–1689 年間，巴黎、諾曼第、第戎、里昂等地的工人罷工和示威遊行。1696–1699 年間，在色當 (Sedan)、里昂、杜爾 (Tours) 等地發生多次紡織工人罷工。路易十四時代的經濟學家布瓦斯吉葉貝 (Pierre Le Pesant, sieur de Boisquillebert, 1646–1714) 曾如此說：

> 在商業城市，人們可以見到，單一製造廠商一下子就有七、八百位工人不去工作，因為有人要減少其每日所得的工資[8]。

1706 年至 1709 年，在藍斯 (Reims)、亞眠、亞伯維爾 (Abbeville)、奧爾良等地的勞工還有破壞運動。在此一時期，被無法負荷的重稅所逼，老闆們一致關閉工場，迫使無工作可做的工人向政府施壓。來勢洶洶的群眾聚集在市政府或總督府前。階級鬥爭已將來臨。

農村貧富對立

在作為主食的麵包方面，農村的貧與富之間已有很大的差異。以小麥麵粉精製的白麵包，在當時被認為是美食，只供有錢人享用；窮困的

---

[8]　Pierre Gaxotte, *La France de Louis XIV*, p. 66.

農民只能吃混合一些雜糧所做成的粗糙麵包。事實上，農村窮苦人家的處境有時更為悲慘。在 1687 年，一位到羅亞爾河地區視察的官員說，許多家庭以草根與燕麥粉煮成的粥維生。在多芬內地區，人們以橡木的果實和其他樹皮為食物。

十七世紀法國寫實主義畫家勒南兄弟 (Antoine Le Nain, c. 1588–1648; Louis Le Nain, c. 1593–1648; Mathieu Le Nain, 1607–1677) 描繪農民生活的畫作中，呈現喝葡萄酒和拉中提琴的農民。少女們穿著華麗的衣服，男士們手拿著薄玻璃酒杯 ❾，餐桌上鋪著一條桌巾。這些畫中出現的人物，顯然是一些家境較富裕的農民。他們擁有數量可觀的餐具和寢具，有時死後遺留的財產超過一千鎊。

1684 年，在布里地區有一位叫郎魯瓦 (Bonaventure Langlois) 的富農，其財產包括四十一條床單、十三條桌巾、十二打餐巾、相當多舊布料、許多兒童床、六支湯匙、六支叉子、三個銀高腳杯、一套重達七十磅的錫器皿。郎魯瓦有兩個農場，共一百七十二公頃的土地。他有十二匹馬、三隻驢子、二十二隻母牛、兩隻公牛、十九隻豬、一百六十隻羊，在院子裡尚有一百四十隻火雞、鴨和雞。由此可知，其財產十分可觀。

農民的暴動

與其他歐洲國家比較，法國可說是一個富有的國家。然而，不堪繁重稅負的農民，經常發生暴動。

1670 年春，歐薄那 (Aubenas) 和蒙柏利葉等地區受到寒害和暴風雨的侵襲。此時，謠言又滿天飛，盛傳男嬰出生登錄費要十鎊，女嬰出生登錄費要五鎊，一棟新住宅要付三鎊，一頂新帽也要付三蘇。農民群起叛亂，一位稅務機構的職員被殺，一位叛亂分子將死屍的腸子掏出，並掛在自己的頸上。該地區沒有軍隊駐紮，叛亂蔓延二十七個教區，叛亂分子推舉一位曾參與法蘭德斯戰役的軍官杜魯爾 (Antoine du Roure) 為

❾　此時期，玻璃製品還很稀少。

首領。7 月，軍隊敉平叛亂，杜魯爾和百餘位叛亂分子被處死。

　　1675 年，歷史在波爾多、連內 (Rennes)、聖馬羅和南特等地重演。在今甘 (Guingamp) 和夏多蘭 (Châteaulin) 地區，爆發一次大規模農民暴動。農民解除法官的職務、徵收租稅，並制訂一項貴族女兒必須嫁給農民的法律。他們想像鹽稅是某種吃人妖魔，且頒布命令，禁止給予食物，否則將被處死。在受到貴族壓榨最為嚴重的不列塔尼，一位前公證人領導了六千個農民殺害許多領主，並燒燬一個城堡。8 月，軍隊來到後，亂事才被敉平，許多叛亂農民被吊死。

第五章　古典時期㈡

第一節　政治與經濟思想

有「太陽王」(roi-soleil) 之稱的路易十四,其統治時期為法國史上君主專制政體的最巔峰,專制主義也是當時最盛行的政治思想。

專制主義的發展

在鮑丹之後,十六世紀後期和十七世紀前期的法國學者,逐漸顯示對君主專制政體的贊同。

亨利三世和母后麥迪西家的凱薩琳的顧問尚比尼 (Zampini) 在其《法國的三級會議及其權力》(*Des États de France et de leur puissance*) ❶ 提到,一旦國王在世,三級會議則無任何權力。在相當有限的情況下,三級會議可擁有一種經常性或特別權力。這些權力只是用於協助國王,不能將其意願加在國王身上。

《領主制度》(*Les Seigneuries*) 和《官職的權利》(*Le Droits des offices*) 的作者盧瓦受 (Loyseau, 1566–1627) 強調君權的權力之極。他將君權與國家緊密結合在一起,因為君權是賦予國家存在的形體。國家和以具體形式出現的君權(指國王)是同義詞。

在麥迪西家的瑪麗攝政時期和路易十三統治初期,專制主義理論的進展趨緩。在「投石黨之亂」時期,甚至停滯不前。卓利 (Claude Joly) 在其《王制的真正和重要準則》(*Maximes véritables et importantes pour l'ins-*

---

❶　該著作於 1578 年以義大利文發表,於 1588 年又以法文在巴黎發表。

titution der Roi) 一書中，攻擊馬薩林所代表的義大利和馬基維里的觀念。然而此一停頓幾乎令人無法察覺。專制主義的前進已是不能抗拒。

　　經濟學與政治學的結合有利於專制主義的發展。孟克雷斯提安 (Antoine de Montchrestien) 於 1615 年第一次採用「政治經濟學」(économie politique) 一詞。他將生產和消費由原來的私人層次提升到公共層次。人們通常將「重商主義」一詞視為此一理論的體現，其目的則為政治力量的強大。它必須作為君王的戰爭和豪華排場的後盾，確保其對外的獨立和國內的威望。

勒布雷的專制主義理論

　　勒布雷 (Cardin Le Bret, 1558–1655) 曾擔任巴黎大理院的代理檢察長、三主教區 (Les Trois Evechés) 總督和國務顧問，一生經歷七位國王❷，並在四朝任官。他經常被視為利希留的法律顧問和發言人。

　　在其《國王的統治權》(*De la souveraineté de Roy*) 一書中，勒布雷確認權力的神聖起源，但是他承認主權最初是屬於人民。自從上帝為人民設置國王之後，人民的主權即被剝奪，而且將無法恢復。主權不僅是可讓與，且永遠喪失。國王獲得上帝直接和完全授權。

　　對外，王權毫無限制。法國國王的地位既非帝國的附庸，亦非教廷的交納年貢者。在法國國內也相同，國王並不臣屬於任何人。

　　勒布雷對於君權的外在形式做了較以往更深入的分析：

1. 立法權——國王可以制定新法律、改變法律和解釋舊法律。
2. 任官權——國王得任命政府官員。勒布雷仇視官職的買賣和繼承。
3. 警察權——勒布雷將警察權自封建領主手中取回，並交給國王。
4. 地產權——國王的地產延伸至可航行的河川、大馬路、森林和礦區。
5. 公用事業設置權——勒布雷以郵政為例。

---

❷　亦即亨利二世、法蘭西斯二世、查理九世、亨利三世、亨利四世、路易十三和路易十四。

6.財政權——為各種行政的需要，國王有權對其臣民課徵稅捐，毫不受三級會議和大理院的限制。

7.國防外交權——唯有國王擁有宣戰媾和，以及指揮軍隊的權力。

後六項權力和權利，亦即今日所謂的行政權。

統治權的行使方式雖然很多種，但它卻只屬於國王，亦即其王國中的唯一統治者。因此，國王並無任何義務要將其施政計畫與朝臣溝通。

勒布雷認為三級會議可以存在，因為它們完全不違背國王的統治權，對君主政體的基本準則也沒有任何衝擊。在勒布雷完成此一著作之前，三級會議仍然經常召開。因此，他能想到已建立的習俗。然而，他說所有權力屬於君王，財政事務也不例外，三級會議只具有諮詢性質。與第三階級一樣，勒布雷不認同特權階級。勒布雷本人是帶劍貴族❸，但他認為貴族階級應該開放，讓王國的政府官員和軍事將領有機會被封為貴族，並成為貴族階級的成員。在國王的統治權之下，教士階級的條件與其他臣民應無差別。

利希留的專制主義思想

勒布雷是一位將君權較有系統分析的學者型專制主義思想家，而利希留則是經驗論者，他對專制主義思想並無一套完整的構想。利希留並非烏托邦式理想主義者，他非常務實，在其腦海中只有政治事件。政治經驗經常浮現在其眼前，然而他的意志力之強，卻也顯示一種很大的影響力。因此，他還是被視為一位專制主義的理論家。

利希留樞機主教的著作甚多，其《書信集》(La Correspondance) 有八鉅冊，約七千頁。然而，其政治思想集中在《國家的座右銘》(Les Maximes d'État) 和《政治遺言》(Le Testament politique)。

《政治遺言》在 1635–1640 年間寫成，於 1688 年在阿姆斯特丹出版，

---

❸ 帶劍貴族為舊貴族，因血緣關係繼承而來。另外一種貴族稱穿袍貴族，係因職位關係而得到爵位。

並頗獲好評。伏爾泰強烈質疑該著作的真實性。自 1750 年起，在利希留後裔的要求下，該著作經過學者的檢驗，方逐漸去除人們的懷疑。1947年，《政治遺言》再版。

《政治遺言》是利希留為獻給路易十三而寫的。國王的健康不佳，意志薄弱，利希留擔心如果國王活得比他久，國王不會繼續執行其政策。為防止此一危險的發生，他盡量提供國是意見和資料給國王。

利希留與教會的關係很密切，但他在書中卻以政治家，而非教會人士的立場講話。他心中所想的是純粹的政治目的，倫理的考慮擺在其次。

對利希留來說，國王並非要善良和正直，而是要強大。因此，國王必須有一支精良軍隊，充裕的財政收入，尤其是很高的威望。路易十三缺乏外在的排場，的確讓其求好心切的首相失望。因為國王實在不講究住宅、家具或馬匹的豪華。

利希留反對三級會議的召集。他認為三級會議的建言頗具危險性，這些將有損對國王的尊敬。利希留同樣仇視大理院的政治性干預。他要防阻大理院侵犯國王的威權，因為這些司法機構對於政府的運作十分無知。

然而，身為貴族階級的一員，他以各種方式給予貴族階級種種好處，讓其活得有尊嚴，但卻不願賦予其政治角色。他只讓貴族階級扮演軍事角色，並加重其軍事任務。

在利希留的觀念中，他是不會同意官職的買賣和繼承的，然而事實上他還是認為最好維持此一制度。他的考量乃基於下列兩項因素：

1. 他並不知道如何取代此一制度。

2. 他著眼於官職買賣或繼承的財政收益，以及有利於排除出身卑微者。卑微的出身很少具備政府官員所需的才幹。

在利希留的思想中，平民是他最輕視者。平民應包括下級教士。他幾乎不關心平民，換句話說，平民必須維持在一種劣勢的經濟和社會條件下。

利希留政治思想中最重要的是「內閣」(ministériat) 的觀念。政府的工作千頭萬緒，十分繁重，當然不適合國王親自來負責。利希留向國王建議任用少數幾位工作伙伴，最多只能有四位國務大臣，其中一位擁有較高的威權。儘管國王是國家唯一的掌舵者，但是，假如他不能或不希望持續不斷地注意國事，他可以將舵交給首相。

國王要親自了解那位將負有重責大任的首相。首相是國王所選擇的，不須經公眾同意。此一選擇攸關國家的福祉，因此要很慎重。

在國務大臣中，首相的條件要更為優越。他必須具有能幹、廉潔和勇氣等美德。另一方面，他將在心中存有其主子的權威超過任何其他人。利希留儘管是一位樞機主教，但在有關王國事務方面，他只知道國王是其唯一的上司。

國王必須好好挑選，但一旦選定，他必須支持其首相和國務大臣。利希留在《政治遺言》中提到「內閣」良好運作的四個條件：

1. 國王信任其首相，也讓後者知道此一信任。

2. 國王讓其大臣自由發言，並向他們保證其言論的自由不會有不良的後果。

3. 國王對待其大臣較為寬容。

4. 國王公開授權和支持其大臣，讓他們對於惡意中傷或陰謀無所畏懼。

英明的國王要能夠叫那些在其面前搬弄大臣們是非者閉嘴。假如國王聽了這些是非，也應詳細查證，並懲罰惡意中傷者。

路易十四的專制主義思想

除了地位和個性之差異外，利希留的思想與路易十四的思想有許多類似之處。他們的敘述是經驗之談，也具教導性質。與許多政治人物不同的是，他們只注重教導，很少考慮為自己辯論。他們要以自己的實際經驗，作為教導他人的內容。利希留為路易十三而寫，而路易十四則為

太子和其繼承人而作。另一相同特徵是兩人在撰寫時所表現出的堅信，其中以路易十四為甚。路易十四在推理方面受笛卡爾的影響，在神學方面則受波須葉 (J.-B. Bossuet, 1627–1704) 的影響。

由於寫作風格的差異，有人認為許多路易十四的作品並非出自其手。路易十四通常口述，而由其祕書記錄，但是許多書信和短箋還是他親手寫的。另一方面，他經常改寫其祕書的記錄。路易十四的《回憶錄》(Les Mémoires)、《日記》(Le Journal)、《政治和道德的訓示》(Les Instructions politiques et morales) 和《對國王工作的感想》(Les Réflexions sur le Métier de Roi) 等著作，皆由國王親自口述，並嚴格監督祕書完成的。

王權絕對是路易十四的政治思想。依照教會的定義，上帝的權威和地位絕對無可爭議。但是，甚至在上帝面前，路易十四仍然炫耀其宗教信仰，且毫不謙卑。顯然地，他在眾神的位階上，僅將自己排在天使之後。他認為國王為上帝的副官。

路易十四很自然地強調國王權力的神聖基礎。在神和自然的位階上，國王屬於發號施令的階級。一切權力歸於君王。至高無上的權力首先應透過明亮的外表來顯示。路易十四完全不像其父路易十三。路易十三需要利希留的催促才會自我表現華麗。路易十四則非常了解外表的政治重要性。因此，路易十四認為國王必須將其強大流露，以引起臣民的景仰和鄰國的敬畏。

國王可以有國政顧問，但只接受他們的建言。國王不要三級會議，也不要在英國開始出現的立法議會。如果讓國王必須採行其人民所制定的法律，將成為可能降臨統治者身上的最後災難。路易十四認為，人民的要求永遠無法滿足，君王愈對他們親熱，他們愈輕視他。

如果人民只被視為一群服從者，那貴族階級在政治上也未受到較好的對待。路易十四認為，貴族們受到條件平庸的人領導。他們可能作成的決定，僅是基於其特殊利益。路易十四也未將權力給予司法機關。他禁止司法機關做出有違其內閣會議決議的判決。

因此，專制主義不受任何形式限制，任何機構限制，任何體制限制。然而，受到自然條件的限制，國王的命令並未能像今天的行政體系那樣，不折不扣的傳達到全國各地。同樣地，專制主義也受限於君王對上帝法則的尊敬，以及對習俗和傳統的尊重。

利希留是一位「內閣」的理論家，而路易十四則是一位「國王的職業」(métier de roi) 的理論家。

國王不必依賴為他服務的人；在面對他們時，他必須保持獨立自主。他不要心腹謀士，不要佞幸。假如變成國王的情婦，她們不應將此一頭銜與政治扯上關係。路易十四說，「放縱我們的感情，但我們的理智必須維持絕對清醒。」❹路易十四自己知道，一位國王難免喜愛聲色，但不能使之介入公眾事務。

國王不要有首相，也不要太有影響力的大臣。要將國王命令的執行交給許多人，以便將所有權力集中於國王一身。國王必須保有權力的全部。如果國王將權力分割，那也只是暫時性，而且只有他能將之整合。路易十四甚至讓各大臣間不僅進行良性競爭，而且互懷敵意。此一情況對國王是有利的。路易十四認為，一個人的妒忌通常可用來防止另一人的野心。

國王必須對其政務有透徹的了解。他每日要有兩次親自處理公務，不應找人代理。在娛樂時，國王也不能忘記公務。路易十四認為，國王是可以有愛情的，但是談情說愛的時間絕對不能妨礙公務。

無可置疑的，路易十四喜愛國王這一職業。國王無法免除痛苦、疲倦和不安，但他卻是偉大、高貴和令人快樂。

利希留所設計的代表制專制主義，事實上降低君王的權威。相反地，路易十四的「國王的職業」則提升王權，且使王位和君王更為高貴。

---

❹ Marcel Prélot & Georges Lescuyer, *Histoire des idées politiques* (Paris: Dalloz, 1986), p. 367.

波須葉的專制主義思想

　　波須葉的君主專制主義仍著重在國王的統治，但其觀念已較路易十四的觀念溫和。他的專制主義建立在神學、哲學、歷史學和社會學的基礎上。

　　波須葉於 1669 年擔任孔東 (Condom) 主教，翌年擔任年已八歲的皇太子的教師，為期長達十年。《世界史論》(*Discourse on Universal History*) 和《統治的技巧》(*The Art of Governing*) 是他為教育皇太子所編寫的兩部著作。前者是一部極佳的世界史大綱；後者是君權神授說的經典作品，用來教導皇太子基督徒的義務與國王的行為規範。

　　《統治的技巧》總共有十冊：第一冊，論及人類社會的原則；第二冊，論及威權；第三、四、五冊，論及自然、財產和國王威權的特性；第六冊，論及臣民對君王的義務；第七、八冊，論及王權和公義的特別義務；第九、十冊，論及王權的救濟。

　　波須葉認為，上帝的存在是人類社會的基石。上帝是人類心中唯一目標。上帝的愛激勵人類互愛。人類社會須從兩方面來考量：一方面，依照教會先聖先賢的傳統，社會如同全人類的一個大家庭；另一方面，它分成一些民族，或由許多各自擁有權利的特殊家庭組成的民族。

　　人類受情緒之累而無法維持一個大家庭。由於情緒的作祟與志趣無法相投，人們遂各奔東西。如同《聖經》中的人物，亞伯拉罕 (Abraham) 往右，而其姪洛特 (Lot) 則往左，各自尋找自己認為理想的地區定居。自遠古以來，人類社會分成許多部分，不同民族因而形成。土地成為這些新的和部分的結合之基礎。這些部分的社會，波須葉稱之為「世俗的社會」、「政治的社會」，或「國家」。因此，國家的定義是「一個在相同的政府和相同的法律之下，群聚在一起的人類社會。」

　　唯有一個相同政府的權威能夠有效牽制人類與生俱來的情緒和暴力，促成彼此的團結，結束持續的分裂和鬥爭。由於政府的權威，每一

個人放棄以武力占領的權利。

此外，政府的存在確保國家的永存。人的生命有限，而政府的生命則無涯。權威本身永不消失。為確保其永恆，波須葉認為權威直接來自上帝。在創世紀，上帝本身是真正的國王，親自執行對人類的權威。

隨之而來的是父權帝國。初期的政府是家長制。如同人類出現在地球的早期，許多家庭在唯一大家長的權威下結合在一起。此種眾多家庭的結合，已有王國的某種影像。基本上，亞伯拉罕的生活是牧人式的，他的王國就是他的家庭。

然而波須葉說，國王不久就出現。那些在眾多家庭的結合中見到王國的影像，以及發現此種生活的美妙的人們，很容易轉而接受在國王領導下的家庭結合。國王取代了父親的角色。早期的政治組織，就是如此來自人民的同意。父權政府也轉變成王權政府。

對於波須葉來說，最早期的國家似乎是無秩序的。權力並非建立於人民的同意，而是隨征服而來。他曾提過「征服的權利由來已久，《聖經》曾有此說。」不久之後，他的語氣轉緩，改稱征服必須以和平擁有的方式來完成，亦即與被征服者簽訂條約，進行友好的合併，或者是一種默認，讓武力的現象變成愈來愈能被接受。

權威本身是神聖的，而且上帝設置一切人民的領袖，並以之來統治人民。人民對君王要完全服從，除非君王命令人民反抗上帝。波須葉還認為，君王甚至有公開的不信教和迫害，臣民也無法免除對他的服從。

儘管波須葉對於民主政治、貴族政治等政體有所了解，也知當時已有一些共和國的存在，然而除了君主政體外，其他政體似乎引不起他的興趣。他認為君主政體是最自然、最古老和最廣泛被採用的政體。事實上，在波須葉的時代，共和國在世界政治地圖上位置並不顯著，只有瑞士的幾個邦、荷蘭、日耳曼或義大利的幾個自由城邦。直到十八世紀末，共和只適合於版圖較小的國家。

君主政體因為繼承和絕對而臻於完美。波須葉認為，為其國家工作

的君王，事實上是為其子女工作，而其對王國的愛，也與他對其家庭的愛混在一起。對君王來說，這是理所當然。繼承，無論如何有其限制。波須葉並未如利希留那樣對女性不敬，但他還是贊同女性不能繼承王位。

王權繼承，但也是絕對。波須葉確定一個原則，亦即君王不必顧及其所命令的任何人。然而，絕對的權力與暴虐或獨裁的權力並不相同。絕對君主政權要受制於法律。王權是合法的。法律為國家的另一要素。對一個力求完美的政府，法律是不可或缺的。王權也是合理的，且以人民的需求為優先考量。

窩班的經濟思想

軍事工程專家窩班元帥，因工作的關係，有四十年可說居無定所。跑遍全國也讓他有機會了解民瘼。他注意到，在全法國的人口中，真正能過富裕生活的約占十分之一，另十分之一淪為乞丐，其餘者也是過著悲慘生活。

窩班對於鄉村的災難，感觸最深。此一災難在十七世紀最為嚴重，其主因有三：

1.重商主義觀念——柯爾白在位時所採取的重商主義政策，控制維生所不可或缺的糧食，維持低廉的價格水平，以降低工業生產成本。

2.小麥控制——為免於缺糧，小麥的流通受到限制，其價格無法變成有利可圖。

3.不公平的稅制——稅負重擔只加在人口的一部分，亦即最貧窮和收入最少的那部分。

在這三個主因，窩班特別強調稅制改革，在《皇家什一稅計畫》(*Projet d'une dîme royale*) 一書中，他提及的解決之道就是能讓國王的收入增加而人民的稅負卻未加重。他認為，每一個人都須要國家保護，但是君王只保護那些支持他的臣民。對這些臣民來說，支持君王成為一項自然的義務，其支持程度依個人收入而有別，但無例外。所有意圖免除此種奉

獻的一切特權，是不公平和濫權。

第二節　宗教與哲學思想

宗教的專制主義

在宗教方面，路易十四同樣強調統一和控制。以往，宗教思想的分歧是造成法國王室驚駭惶恐的原因之一。因此，路易十四嚴厲地剷除天主教的寂靜主義者 (les quiétistes) 和詹森主義者，就如同剷除新教喀爾文派一樣。在天主教方面，他將主教管理下級教士的權力提高，並以 1682 年的〈四款宣言〉(la Déclaration des Quatre-Articles) 加強法國教會與羅馬教會的對抗。這些作法依然是以統一社會各階層，服從指揮和維持社會秩序為最終目標。詹森主義就是被國王認為危及法蘭西的統一，才加以取締。

另外，自十三世紀後期以降，法國教會興起一股高盧主義 (le Galli-canisme)。法國教會與國王密切結合在一起，而且幾乎與國家合而為一。在整個十七世紀，高盧主義在路易十四嚴密掌控的高級教士中擴展更快。國王於 1673 和 1675 年頒布詔書，指出法國國王有權徵收主教出缺的主教區的收入，以及任命其所轄的宗教職位。在法國與教廷的衝突期間，路易十四於 1682 年 3 月召開教會會議，通過波須葉所擬的〈四款宣言〉成為教義。國王頒布的此一宣言，視為國家法律。然而，教宗的強烈抗爭迫使路易十四的態度軟化。

寂靜主義

寂靜主義為基督教神祕靈修理論之一，認為純真在於靈魂的無為沉靜，人應當抑制個人的努力，以便上帝施展作為。教宗英諾森十一 (Inno-cent XI, 1611–1689) 於 1687 年譴責此一理論。

寂靜主義是西班牙神學家莫利諾 (Miguel de Molinos, 1628–1696) 所創。1663 年抵達羅馬後，他以精神導師的身分，獲得很高的聲望，且成為許多高級教士的朋友，之後的教宗英諾森十一即為其中之一。1675 年，他出版《精神的指南》(Le Guide spirituel)。此一著作很受歡迎，被譯成多種語文。寂靜主義思想透過一位富孀吉勇夫人（Mme Guyon，少女名為 Jeanne Bouvier de la Mothe, 1648–1717）傳入法國。她於 1681 年到薩伏衣，負責輔導原為新教徒後來改信天主教的婦女。在接觸到莫利諾的寂靜主義思想後，就成為其狂熱信徒。她還出版幾本相關著作。她曾被巴黎大主教哈雷 (Mgr de Harlay, 1625–1695) 軟禁在一間女修院，後經路易十四第二任王后曼德儂 (Marquise de Maintenon, 1635–1719) 的介入而獲得自由。

費勒隆的宗教和哲學思想

費勒隆 (François de Salignac de la Mothe-Fénelon, 1651–1715) 出身於一個窮困但古老的貴族家庭，二十餘歲即擔任教士。在波須葉的推荐下，負責剛改宗的年輕女教徒的再教育工作。隨之他又奉派到其他地方向喀爾文教徒傳播天主教教義，在〈南特詔書〉廢除之後，他以流利的口才和柔性的訴求贏得許多新教徒的改宗。

費勒隆在《少女的教育》(L'Education des filles) 一書中闡述其教育理論。該書是為身為「八仙女」之父，柯爾白女婿博維利葉公爵 (le duc de Beauvilliers, 1648–1714) 而寫的。在博維利葉公爵和曼德儂的引荐下，費勒隆擔任路易十四之長孫，布艮第公爵的私人教師。為此位未來皇儲的教育，他撰寫《跌雷馬克歷險記》(Les Aventures de Télémaque)、《亡者之對話》(Les Dialoques des morts) 與《寓言》(Les Fables) 三書。

1693 年，費勒隆當選「法蘭西學術院」(L'Académie française) 院士。兩年後，路易十四任命他為甘布雷大主教，並由波須葉為他主持祝聖禮。1688 年遇到吉勇夫人，他內心深受其神祕思想所感動。接受寂靜主義後，

費勒隆相信「純愛」理論應能再度得正統派的尊敬。此事造成費勒隆與波須葉關係的惡化。波須葉在《對禱告方式的訓示》(*Les Instructions sur les états d'oraison*) 一書中對神祕主義的危險加以嚴厲的抨擊。費勒隆迅速出版《聖徒格言的解釋》(*L'Explication des Maximes des saints*)。波須葉從此與他劃清界限，並向教廷控訴該著作。教廷於 1699 年公開加以譴責。費勒隆雖然屈服，但仍相信自己是無辜的。

在同一時期，有一出版商未經費勒隆的同意即出版《跌雷馬克歷險記》。事實上，該書原稿是被費勒隆的一位劣僕偷去給出版商的。路易十四發現該著作有諷刺其統治之處，因而下令禁止其出售。費勒隆從此失寵。

費勒隆的門生，亦即路易十四之孫於 1712 年英年早逝，使其恢復政治影響力，參與君主政體改革的最後希望化為泡影。他的改革理想在《跌雷馬克歷險記》已呈現，而在《王權義務的良心檢驗》(*L'Examen de concience sur les devoirs de la royauté*) 和《秀勒的原則》(*Les Tables de Chaulnes*) 則更進一步加以闡述。在政治方面，費勒隆如同聖西門公爵 (Louis de Rouvroy, duc de Saint-Simon, 1675–1775)，代表貴族階級反對路易十四的君主專制主義。他主張限制王權及實行經濟改革，並主張教會擺脫政府控制，以便針砭政務時弊。

費勒隆晚年致力於《論上帝的存在》(*Le Traité de l'existence de Dieu*) 一書之撰寫。該書為一神學著作，主題是探討純真與公正無私的愛。此外，在《反詹森主義對話錄》(*L'Instruction pastoral en forme de dialogues contre le système de Jansénius*) 的論著中，強調聖奧古斯丁的恩典觀念，駁斥詹森派對它的錯誤解釋。

嘎桑第的哲學思想

嘎桑第 (Pierre Gassendi, 1592–1655) 出生於法國南部地區一個貧苦的農家，但他聰穎勤學，十六歲之齡即已獲得狄恩 (Digne) 一個修辭學的

教席。1610 年，進亞維農神學院，四年後獲得神學博士學位。1617 年，獲聘為艾克斯大學 (Université d'Aix) 哲學教授。

1623 年，嘎桑第擔任狄恩大教堂主監，因而得到一份優厚的俸祿，使他能全心投入科學研究，並到法蘭德斯和荷蘭等地旅遊。1645 年遷居巴黎，擔任「法蘭西學院」數學教授。他與當代大師級學者如伽利略、喀卜勒、霍布士 (Thomas Hobbes, 1588–1679)、巴斯卡等，皆有往來。

嘎桑第的哲學思想主要在於恢復伊璧鳩魯 (Epicurus, 342? B.C.–270 B.C.) 的唯物主義原子論和感覺論的哲學形態。他的自然觀與笛卡爾的「物理學」的唯物主義基本觀點相同，但其原子論唯物主義和經驗論則與笛卡爾的「形而上學」和唯理論對立。

嘎桑第不但是一位著名的哲學家、數學家，也是一位天文學家。他曾經觀測過水星凌日的現象，測算過聲波的速度，據說還發現木星的五個衛星。

他繼承伊璧鳩魯的唯物主義原子論，認為世界萬物的本原是原子和虛空。原子是有形體的、充實的、單純的實體，是不可分割的。原子因為有重量，所以本身具有運動的傾向和能力。他把原子的運動歸結為機械的位移，完全按機械運動的方式說明原子的分合，以及世界一切事物的形成。

嘎桑第承認上帝的存在，認為原子是上帝創造的。他根據伊璧鳩魯的原子論和天體演化思想，發展出自己的天體形成學說。他認為，不同重量和體積的原子在不同的方向上運動，因此大量原子時而結成原子團，時而又分裂成零散的原子。重的原子下降，形成大地和海洋；輕的原子上升，形成日、月、星辰和空氣。他還應用原子論來說明靈魂的性質，以及它與肉體的關係。他認為靈魂和肉體是不可分離的。

嘎桑第批判天賦觀念論，著重論述唯物主義經驗論、感覺論的基本觀點，認為一切表象和觀念皆來自外物對感官的作用。他說，笛卡爾的天賦觀念，如數學定理、邏輯規律和道德規範等一般觀念和一般命題，

皆從個別事物之中得來的，亦即皆源自感覺經驗，而非來自天賦。他認為感性的觀念和理智的觀念皆為真實，但理智除了要有一個清楚明白的觀念之外，還得借助於感官。他在強調人的認識的感性來源時，將感性和理性機械地對立起來，貶低了人的理性認識的作用。

嘎桑第為近代法國唯物主義的先驅，其原子論學說不但影響著法國自然科學家和哲學家，而且對英國的牛頓 (Isaac Newton, 1642–1727) 也有影響，其感覺論和經驗論同樣影響著英國的洛克 (John Locke, 1632–1704) 和十八世紀的法國唯物論者。

馬勒布朗旭的哲學思想

馬勒布朗旭 (Nicole Malebranche, 1638–1715) 出生於巴黎，其父曾任路易十三的祕書，負責其財務之管理。他先後在馬徐學院 (Le Collège de la Marche) 和巴黎大學就讀。1660 年進入巴黎奧拉托利會 (L'Oratoire) 所辦的修道院。1664 年，在一個偶然的機會下，他接觸到笛卡爾的《論人》(Le Traité de l'homme)，立即為其思想所吸引。此一著作開啟了馬勒布朗旭的哲學研究之路。在十年期間，他全力投入笛卡爾主要著作之研究，試圖協調笛卡爾和聖奧古斯丁的論點，且不斷地將自己的所有哲學論點轉向基督教。

馬勒布朗旭的處女作——《真理的追求》(De la recherche de la vérité) 於 1674 年出版。該著作受到詹森派大將安端‧阿諾 (Antoine Arnauld, 1612–1694) 的批判。阿諾以《論真和假的思想》(Le Traité des vraies et des fausses idées) 來攻擊其神學論點。馬勒布朗旭則以《論自然和恩典》(Le Traité de la natures et de la grâce) 回應之。隨之，他又陸續完成《基督教的沉思》(Les Méditations chrétiennes)、《論道德》(Le Traité de morale)、《關於形而上學和宗教的對話》(Les Entretiens sur la métaphysique et la religion)、《論上帝之愛》(Le Traité de l'amour de Dieu) 等著作。

笛卡爾將理性和信仰完全分開，然而身為笛卡爾派哲學家的馬勒布

朗旭卻極力調和理性和信仰，調和科學和宗教，以奧古斯丁神學與柏拉圖主義來修改和補充笛卡爾哲學。對他來說，真正的哲學與宗教一致。事實上，人的理性，也是神的理性的流露，不斷被此一崇高的光輝照亮著。馬勒布朗旭以上帝作為哲學的最高原則，以偶因論作為他的哲學的獨特理論，試圖用以克服笛卡爾的二元論，並因而形成他自己的宗教唯心主義一元論的哲學。

馬勒布朗旭哲學的目標，是尋求獲得真理的方法。如同笛卡爾，他也認為「我思，故我在」為一切認識的出發點。自我、心靈借以獲得觀念、以及知識的能力共有三種，亦即感官、想像力和純心靈。人的心靈憑藉感官和想像力，只能判定外物與我們身體的關係，不能使我們發現真理。唯有運用心靈的純觀念方能揭示真理。

他的貫徹始終的根本原則，就是有關上帝的學說。他認為，上帝是世界萬物產生、運動和變化的基本原因，亦即真正的和實在的原因。至於人們日常觀察到事物的「自然原因」，那只是一些「偶因」(occasio)，亦即一些偶然或碰巧發生的機緣，並非真正的原因。他依照偶因論觀點，解釋物體間的推動和影響作用的因果關係，並因而斷言自然原因不是實在和真正的原因，而只是偶然的原因。

馬勒布朗旭的上帝實體觀念，形成笛卡爾學派中具有神學色彩的唯心主義的一支。他所闡述的偶因論，表明他要調和理性和信仰的意圖。此一理性與神學相調和的唯心主義哲學，不僅在法國，而且對德國的康德 (Immanuel Kant, 1724–1804) 也有影響。

在哲學史上，馬勒布朗旭或許被視為笛卡爾和史賓諾莎 (Baruch Spinoza, 1632–1677) 的連結環。他的哲學與史賓諾莎的哲學之差異在於，馬勒布朗旭認為宇宙在上帝之中，而史賓諾莎則認為上帝在宇宙之中。

貝爾的哲學思想

貝爾 (Pierre Bayle, 1647–1706) 對十八世紀的哲學家和百科全書派

影響深遠。他出生於一個新教家庭，曾就讀柏‧羅隆學院 (Le Collège de Puy-Laurens) 和土魯斯的耶穌會大學。受耶穌會士的影響，他於 1669 年改信天主教，但第二年又重新信仰新教。1675 年，在色當的新教大學擔任哲學教授。1681 年，在荷蘭的鹿特丹大學教授哲學和歷史。1682 年匿名發表有關 1680 年彗星的看法，嘲笑認為彗星預示災難的迷信。在荷蘭，貝爾參與當時的宗教爭論，並獨自編輯出版《文學共和國新聞報》(Les Nouvelles de la république des lettres)。

　　1693 年，鹿特丹大學因貝爾的政治和宗教觀點而取消其教授資格。從此他專心編寫《歷史和批判的辭典》(Le Dictionnaire historique et critique)。貝爾的此一代表作，頗富創意。在這部百科辭典式的著作裡，有關宗教、哲學和歷史的條目本身，只有扼要的說明。辭典的主要部分是引語、軼事和注釋。他在每一條目之後加上淵博的注釋。這些注釋常以比本文更長的篇幅來評論傳統引證上的荒謬和矛盾，而以諷諭的形式、含蓄的筆法，以及狡黠中暗藏利刃的技巧來掩飾其論證。

　　《歷史和批判的辭典》分兩部分：第一部分條目說明是「歷史的」；第二部分條目注釋是「批判的」。第二部分反映了貝爾的思想。他的懷疑思想使十七世紀的形而上學和一切形而上學在理論上威信掃地，他的宗教寬容思想和批判精神啟迪了法國思想界，使之成為法國啟蒙運動的先驅❺。

　　笛卡爾等十七世紀法國思想家，大都試圖將信仰建立在理性基礎上，而貝爾作為笛卡爾的繼承者則堅持理性和信仰的根本對立。理性主義神學家企圖透過理性來證明宗教教義，貝爾則以維護正統神學的方式將理性和信仰分開，充分說明信仰的荒謬性，從而維護了理性。

　　1682 年發表的《對彗星的省思》(Les Pensées sur la comète) 為貝爾的第一部理論著作。該書對他的信仰作了最早和最直率的陳訴，如迷信的

---

❺　苗力田、李毓章主編，《西方哲學史新編》(北京：人民出版社，1990)，頁 409。

譴責、道德可獨立於信仰之外，以及對傳統和權威的懷疑和對寬容原則的強烈肯定。他主張良心的自由，甚至是作為無神論者的自由。1685 年〈南特詔書〉廢除，翌年他發表《對強制加入的哲學評論》(*Le Commentaire philosophique sur ces paroles de l'Evangile: Contrain-les d'entrer*)，再度強調寬容原則，並因而受到天主教和新教人士的強烈抨擊。

與十七世紀大多數思想家一樣，貝爾既維護理性，又不放棄神學，因而產生懷疑主義。對他來說，懷疑論不僅是批判的工具，也是理性與信仰衝突的必然結果。他的懷疑論以宗教和十七世紀的形而上學為批判對象。

貝爾批判當時教會所宣揚，只有信仰上帝的才是道德的，對上帝的信仰使人洗去塵世的罪惡，而異教徒或無神論者則是不道德的，是一切罪惡的根源。他認為，無神論者是可以有道德的，宗教反而往往是罪惡的因。人的行動並非由認識或信仰所支配，而是由趨樂避苦的激情所統治。道德則是銘刻在人們心中的道德觀念，也就是普遍的理性。只要人們認真聽取理性的忠告，它就令人頭腦清醒，不會陷入迷途。

第三節　文學與藝術的成就

路易十四在世期間，法國的影響力遍及全世界，法國的文化和藝術也領導全世界。此一時期是法國文學的黃金時代，詩人和作家等皆受到特別的保護和獎勵，因而戲劇、詩、散文等文學作品十分傑出。

柯奈爾的戲劇

柯奈爾 (Pierre Corneille, 1606–1684) 是法國古典主義戲劇大師，出身諾曼第一個律師世家。早年在盧昂的耶穌會學校接受良好的拉丁文學教育，十八歲成為律師。

然而，柯奈爾對戲劇的喜愛遠超過其律師的工作。1629 年，他的第

一部喜劇──《梅利德》(*Mélite*) 首演成功，讓他欣喜萬分，也使之前往巴黎發展。隨之，他又陸續發表《克麗當德，或被釋出的天真》(*Clitandre ou l'Innocence délivrée*)、《寡婦》(*La Veuve*)、《皇宮長廊》(*La Galerie du Palais*)、《心腹侍女》(*La Suivante*)、《皇家廣場》(*La Place royale*)。上述戲劇，儘管漸為人淡忘，卻是邁向性格喜劇的一個里程碑。它們與傳統的滑稽劇全然不同。如同柯奈爾所言，觀眾欣賞其描繪上流社會中有教養的人之樸實的風格。以往，觀眾從未觀賞過令人發笑的喜劇，而且無侍從小丑、食客、船長、醫生等等滑稽的人物。

1633 年，柯奈爾加入五人作者群，負責撰寫利希留所構思綱要的劇本。然而，他因在《杜勒麗宮》(*Les Tuileries*) 喜劇的第三幕擅自更動內容而立刻被逐出該作者群。

1636 年，他完成一部奇特而混雜的劇本──《滑稽的幻想》(*L'Illusion comique*)，混合著鬧劇、詼諧劇和幻夢劇。然而，在 1636 年末或 1637 年初完成其成名劇──《希德》(*Le Cid*) 之前，柯奈爾已在 1636 年寫成一部悲劇──《梅跌》(*Médée*)。

《希德》一劇充滿青春活力和熱情。法國作家兼文學批評家聖伯夫 (Charles-Augustin Sainte-Beuve, 1804–1869) 譽之為「愛情與榮譽的不朽之花」。該劇已顯示出柯奈爾戲劇的特色：對偉大心靈和強烈情感的喜好；對帶有某種歷史真實的特殊情境的偏愛；一種情節複雜性的趨勢，愈往後的作品此（特色）愈顯著；一種對雖痛苦但還是能戰勝感情的意志之讚頌。該劇取材於西班牙，但在柯奈爾筆下，劇中主題改為強烈的愛情與家族榮譽之間的矛盾。《希德》在「馬雷」(Marais) 劇院的演出非常成功，國王還封柯奈爾之父為貴族。

然而該劇受到法蘭西學術院一些院士的嚴厲批評，其主題被認為不道德。此後，柯奈爾沉寂了三年。隨之他放棄現代主題，轉而以古代的主題寫出《賀拉斯》(*Horace*)、《希那》(*Cinna*) 和《波利厄克特》(*Polyeucte*) 等法國古典悲劇。

　　1643 年冬，柯奈爾完成第一部喜劇——《說謊者》(Le Menteur)。該劇對莫里哀（Molière，原名 Jean-Baptiste Boquelin, 1622–1673）的影響甚深。他被莫里哀和拉辛尊為大師，並受到法國十八世紀末浪漫主義批評家和十九世紀小說家巴爾扎克的推崇，是公認的法國古典主義戲劇的先驅。

拉　辛

　　拉辛出生在香檳地區的一個小城，父親為當地的官員。他是唯一理解真正悲劇色彩的劇作家，因而其作品能使十七世紀的法國古典主義達到完美的境界。幼年就變成孤兒，後來因祖母的關係，得以在天主教詹森派所辦的學校接受良好的古典文學教育。

　　拉辛很早就顯露其詩方面的才華。二十歲時為路易十四的婚禮寫一首頌歌——《塞納河的仙女》(La Nymphe de la Seine)。1661 年，在法國南部一個教會任職的舅父叫他來讀神學。然而，他對鄉下的生活覺得無聊，於是在翌年年底返回巴黎，從事詩和戲劇的創作。

　　1664 年起，他先後完成《疊拜伊德》(La Thébaïde) 或稱《兄弟仇敵》(Les Frères ennemis) 和《亞歷山大》(Alexandre) 兩部悲劇。《亞歷山大》演出成功，而拉辛開始被視為老柯奈爾的一位富有潛力的競爭者。這兩部劇本原由莫里哀負責演出，但拉辛後來不滿莫里哀的演出風格而將劇本交給另一劇團 ❻ 演出。約在同一時期，拉辛與詹森派論戰，因為該教派認為劇作家是公眾心靈的毒害者。

　　1667 年，《安德羅馬格》(Andromaque) 的成功，被認為與柯奈爾的《希德》幾乎享有相等的聲譽。該劇表現了拉辛最喜愛的主題之一，亦即悲劇性的瘋狂和狂熱的愛情。

　　拉辛的喜劇——《訟棍》(Les Plaideurs) 最初的演出並不成功，後經路易十四的重視才使情勢轉好。同樣的情況也發生在其悲劇《布列塔尼

---

❻　該劇團為 la troupe de l'Hôtel de Bourgogne。

居斯》(*Britannicus*) 上。在路易十四弟媳，奧爾良公爵夫人亨利葉特 (Henriette Anne d'Angleterre, 1644–1670) ❼的請求下，拉辛與柯奈爾取材同一歷史事件所完成的劇本幾乎同時演出，但拉辛的《貝雷尼絲》(*Bérénice*) 以其「簡單的劇情」輕易地占了上風。兩位劇作家從此絕交。

此時，拉辛戲劇方面的才華發揮到極致。在《巴雅潔》(*Bajazet*) 發表後的第二年 (1673)，他成為法蘭西學術院院士。1674 年在凡爾賽宮慶功宴上首次演出《伊菲熱尼》(*Iphigénie*)，並獲得很高的評價。

拉辛受到國王的保護，但也在法國文壇樹敵甚多。他於 1675 年受封為貴族後，擔任路易十四的史官，陪同國王參與一連串戰役，並撰寫路易十四統治下的法國歷史。他還在曼德儂夫人的要求下，為一所女子學校寫出他最後的兩個劇本——《愛絲德爾》(*Esther*) 和《阿達利》(*Athatie*)。

拉辛的戲劇風格為簡潔、真實、快速、熱情和充滿詩意。他的題材頗受古希臘和羅馬的影響。《安德羅馬格》、《伊菲熱尼》和《費德爾》三大悲劇之主題和主要情節，來自尤里披底斯 (Euripides, 480–406 B.C.) 的悲劇。《訟棍》則借用阿里斯多芬尼斯 (Aristophanes, 445–388 B.C.) 的主題。在《安德羅馬格》和《費德爾》兩劇中，還用拉丁文的原始資料來增加其希臘文資料的光彩。《布列塔尼居斯》、《貝雷尼絲》和《米特里達德》(*Mithridate*) 三劇完全受古羅馬之影響。拉辛也利用《聖經》來寫成《愛絲德爾》和《阿達利》。

莫里哀

莫里哀為十七世紀法國最偉大的喜劇作家，他利用傳統的喜劇形式，創造了新的喜劇風格。莫里哀出生於巴黎一個王室官員的家庭，自幼熱愛戲劇，二十一歲時即與同好組成「傑出劇團」(la troupe de l'Illustre-Théatre)。在巴黎的演出失敗後，他的劇團只能到其他省區巡迴演出。在

---

❼ 亨利葉特之父為英王查理一世 (Charles I)，母為法王亨利四世 (Henri IV) 之女。

這十二年期間，除了當代的戲目外，他也演出自己所寫的喜劇。這些劇本深受義大利喜劇的影響，如《三位敵對的博士》(*Les Trois Docteurs rivaux*) 和《居無定所的醫生》(*Le Médecin volant*)。

1658 年，返回巴黎，莫里哀帶回最早兩部情節曲折的喜劇——《冒失鬼》(*L'Etoudi*) 和《愛情的怨恨》(*Le Dépit amoureux*)。

1658 年 10 月 24 日，莫里哀劇團在羅浮宮為年輕國王路易十四演出柯奈爾的《尼柯梅德》(*Nicomède*) 和自己的作品《多情醫生的鬧劇》(*La farce du Docteur amoureux*)，並因而奠下成功的基礎。

莫里哀所寫的劇本有三十三部之多。《居無定所的醫生》是純粹鬧劇。《冒失鬼》和《愛情的怨恨》屬於情節曲折的喜劇。《可笑的女才子》(*Les Précieuses ridicules*)、《太太學堂》(*L'Ecole des femmes*)、《女學究》(*Les Femmes Savantes*) 等為帶有鬧劇或性格喜劇的風俗喜劇。《偽君子》(*Tartuffe*) 和《憤世嫉俗者》(*Le Misanthrope*) 則是性格喜劇。鬧劇純粹是為博君一笑。風俗喜劇描繪當代社會的一個面相。性格喜劇則特別強調某個個性獨特的人。

莫里哀創作劇本是為了演出，為了討觀眾喜歡，而非為了出版。他在創作中沒有時間來詳細構思，只在意如何使表演活潑生動。莫里哀的戲劇感很強烈，他往往不以故事情節，而以生動有力的臺詞吸引人。他讓劇中人物依照所屬的不同社會階級來使用不同程度的語言。他認為將明智和愚蠢，正確和錯誤加以對襯，就能達到喜劇效果。

莫里哀在戲劇中處理的是一些實際的問題，如趕時髦、與社會地位低下的人締結的婚姻、女性主義、教育、虛榮心和忌妒等。這些都是社會道德的問題。他所建議的解決方法涉及理性哲學。對他來說，智慧來自健全的理性。

柯奈爾、拉辛和莫里哀為此一時期的三大劇作家，拉豐田和貝羅 (Charles Perrault, 1628–1703) 則為當代著名的詩人。

拉豐田

　　拉豐田出身香檳地區的一個資產階級家庭，曾修讀神學和法學。他的詩人生涯起步很晚，有人說他是在閱讀馬勒布的作品後才突然對詩感興趣。他博覽古代的文學作品，尤其是拉丁詩人維吉爾、賀拉斯和泰倫斯的作品。然而，他也涉獵法國的馬羅、拉伯雷、蒙田、伏爾泰，以及義大利作家薄伽丘 (Giovanni Boccaccio, 1313–1375) 和馬基維里的作品。

　　1654 年，他將泰倫斯的喜劇《太監》(L'Eunuque) 改寫為詩篇後，其作品漸為人知。1665 年，他出版一本《童話詩》(Les Contes)，此一著作得自薄伽丘的啟發。1668–1694 年間，拉豐田先後出版《寓言詩》(Les Fables) 共十二集。

　　拉豐田的《寓言詩》多取材於《伊索寓言》和東方傳說。這些簡單的故事經過他仔細加工後，變成意義深刻、生動活潑的寓言。他善於利用巧妙的藝術手法和精練的語言，寥寥數筆就能刻劃出人物的性格。《寓言詩》內容豐富，諷刺尖銳，為當時社會各階層的鏡子，反映時代的思想和政治問題。

　　在拉豐田的寓言中，普通的農民、希臘神話中的英雄，或者故事中經常出現的動物，扮演著各種角色，具有超越時代的意義。寓言深入淺出，以動物代表各種不同類型的人，刻劃得唯妙唯肖。

　　拉豐田的文體流暢自然，優美和諧，為法國詩歌藝術的精華。詩體長短不一，韻律各自有別。他透過音韻的變化和相互作用，使其《寓言詩》獲得抑揚頓挫的藝術效果。社會各階層的語言，從典雅到俚俗，從商人行話到宗教哲學用語，他皆能適當掌握。

　　除了《童話詩》和《寓言詩》外，他有一部以散文和詩混在一起的小說——《普西榭》(Psyché)，以及一些喜劇和歌劇。他博覽群書，吸收了豐富的古代文化遺產，留下大量優秀作品。

貝　羅

　　1671 年，被選為法蘭西學術院院士，貝羅協助建立該院院規。1686 年發表一篇基督教史詩〈諾爾主教聖薄林〉(Saint Paulin, évêque de Nole)。1687 年年初，他在法蘭西學術院發表《偉大路易的世紀》(*Le Siècle de Louis le Grand*) 的詩篇，支持路易十四時代作家較古代作家優越的論點，將莫里哀、馬勒布等當代作家置於希臘、羅馬古典作家之上。此一詩篇將他推上當時文壇「古今之爭」的第一線。貝羅認為文明在進步，文學也應隨之發展，因此古代文學不可避免地較現代文學粗糙低下。作為對一般傳統的反抗，貝羅的立場突破了傳統的束縛，成功地立下了一個新的里程碑。

　　為教育其三個子女，貝羅開始蒐集流行民間的童話，並配合當代的風俗民情加以改寫。首先以童話詩的形式發表《格里榭利第斯》(*Grisélidis, nouvelle, avec le conte de Peau d'Ane et celui des souhaits ridicules*)。隨之以散文形式寫成童話集《寓有道德教訓的往日故事或童話》(*Histoires ou contes du temps passés, avec des moralités*)，其副標題為「鵝媽媽的故事」(Contes de ma mère l'Oye)，此一童話集包括後人所熟知的〈小紅帽〉、〈睡美人〉、〈灰姑娘〉、〈藍鬍子〉、〈靴子裡的貓〉等童話。這些童話文筆簡鍊，毫不矯揉造作，貝羅也因之而得享盛名。

　　散文作家有拉羅什富鉤 (François La Rochefoucauld, 1613–1680)、拉布呂耶爾 (Jean de La Bruyère, 1645–1696)、拉法耶特夫人 (Marie-Madelevne Poche de la Vergne, comtesse de La Fayette, 1634–1693) 和謝維內夫人 (Marie de Rabutin-Chantel, marquise de Sévigné, 1626–1696) 等人。

拉羅什富鉤

　　法國世襲貴族，曾參與投石黨之亂。1656 年重返巴黎後，不再過問政治，以大部分時間博覽群書，同時參加沙龍的文藝活動，與拉法耶特

夫人過從甚密。當時在沙龍中流行一種遊戲，亦即用最簡明尖銳的語言，提出倫理格言❽。他將自己的警句，集結成《箴言錄》(*Les Maximes*)。

　　拉羅什富鈞雖以道德家的傳統寫作，客觀檢視人類行為，並設法透過語言和自覺，將私人的行為轉變成為社會的付出。他對動機的關注更勝於對行為的解釋。《箴言集》提出一種多方面的嘗試，以彰顯隱藏在社會真實表面下動機的神祕，並揭露不確定和錯誤的許多來源。

　　他認為，人的自身是個謎團，不清楚什麼力量在推動他，或什麼原因刺激行動和情緒。懦弱的自我是個空白，受到自愛、情緒、命運或機會的擺布。當情緒或命運統治了世界，最大的主導力量是自愛，亦即自我保存的本能。一個人既無法完全去除，但為削弱貪婪的自利的影響，拉羅什富鈞提出正直、謙恭和端正的世俗倫理學。所謂正直的男人，亦即完美的紳士，擁有性格、智力、誠摯、機智、謙遜，並固守真理的個人特質。

　　箴言具有敏銳、機智、語意煽動和刺激知性的特色，以最精簡的語句表達單一思想，使許多徹底相異的要素同時結合且對立。拉羅什富鈞的箴言展現了所有法國古典文學的特質：複雜、均衡、精簡、明晰和慎重。英國的哈代 (Thomas Hardy, 1840–1928)、德國的尼采 (Friedrich Nietzsche, 1844–1900)、法國的斯當達爾 (Stendhal, 1783–1842)、聖伯夫和紀德 (André Gide, 1869–1951) 皆受其影響。

拉布呂耶爾

　　諷刺文學和道德家，出身巴黎中產階級家庭，曾擔任過律師，後經波須葉主教之推荐，擔任康地親王之孫的家庭教師，後留在康地府邸內任圖書管理員。此一時期，他以敏銳的眼光觀察到金錢在一個道德敗壞的社會中所具有的威力，也看到社會陋習的專橫，以及貴族的惰性、狂

---

❽　山崎正和在其《柔性個人主義》(黃恆正譯，臺北：遠流，1988)，頁 118，提到沙龍也是十分重要的文化生產場所。

熱及其趕時髦的積習帶來的危險。這些觀察彙集在 1688 年開始撰寫的《品格論》(*Les Caractères de Théophraste, tradnits de grec, avec les Caractères ou les moeurs de ce siècle*) 一書。

《品格論》在 1688 年首次出版時，內容只有四百二十條，經過不斷修訂，到 1694 年第八版已有一千一百二十條。此作品中有警語、省思和文學記敘。拉布呂耶爾敏銳觀察，上自君王、教士、貴族，下至中產階級和農民，包括城市、法庭和沙龍等每一個人和每一件事。他認為社會毫無價值，美德無報償，財富即權力。

拉布呂耶爾注重細節的描繪，但僅限於對象的外在，因為他認為這些人毫無內在可言，只會附和別人的意見和價值觀。他為社會普遍的錯誤取向感到痛心。

《品格論》一書，詞彙豐富，變化繁多，技巧掌握很純熟。拉布呂耶爾在陳述時的多樣化，使其諷刺變得更加尖銳，文筆也更加生動。除了文學和道德的價值，《品格論》透過對十七世紀末期法國社會毫不留情的描繪，也成為很有價值的史料。

拉法耶特夫人

與前兩位男性文學家不同的是，拉法耶特夫人以小說為主。1655 年與拉法耶特伯爵 (Jean François Motier, comte de La Fayette, 1634–1693) 結婚後，她住在巴黎，經常與丈夫分離。她常參與文藝界的聚會，並自己主持一間沙龍，拉豐田、拉羅什富鈞、謝維內夫人等為其常客。

她以謝格雷 (Segrais) ❾ 之名發表《孟邦西葉王妃》(*La Princesse de Montpensier*) 和《札伊德》(*Zayde*) 兩部小說。1678 年，其傑作《克萊芙王妃》完成。雖然故事發生在十六世紀中葉，但小說中描繪的習俗卻與作者屬於同時代，它描寫一位貞潔少婦壓抑自己對一位青年貴族的感情。這部小說對話高雅，感人肺腑，且顯示出作者對於未能如願以償的悲劇

❾　謝格雷為其友，亦即詩人 Jean de Segrais。

性愛情這一主題的心理洞察力。

　　拉法耶特夫人死後留下兩部小說、一部有關其密友奧爾良公爵夫人的傳記、一部有關法國宮廷的回憶錄，以及書信集。

謝維內夫人

　　年幼父母雙亡，但在舅父的照顧下，接受良好教育。十八歲結婚，二十五歲變成寡婦後，專心一子一女的教育。她的女兒婚後移居法國南部，讓她覺得非常孤獨，而她最重要的文學成就，即寫給她女兒的信。

　　謝維內夫人在寫信時並無任何文學上的目的或抱負。信中的內容為當時的新聞、上流社會的奇聞軼事和她自己日常生活的細節，如家務、親朋好友、應酬或讀書的感想。敘事風格使這些書簡令人留下難忘的印象。謝維內夫人的文筆節奏明快，暗示性的省略往往造成驚人的效果。她長於辭令，行文和談話同樣引人入勝。因此，其書信在法語和其他語言中均為書簡類作品劃時代的典範。

　　她通信的主要對象，除了女兒外，尚有拉羅什富鈎、拉法耶特夫人、雷茲樞機主教 (Le cardinal Retz, 1613–1679) 和表弟古郎幾侯爵 (Marquis de Coulanges, 1633–1716) 等。她的書信就這樣成為了解當時發生的許許多多事件的重要史料。

藝術的成就

　　此一時期法國的傑出建築師、庭園設計師、室內裝飾家、雕塑家和畫家，幾乎皆與凡爾賽宮的建造有密切關係。凡爾賽宮可說是這些藝術家在各方面成就的體現。羅浮宮和其他宮殿也是藝術家發揮才華的另外一個場所。

　　為獎勵和網羅藝術人才，1666 年在羅馬成立「法國學苑」(L'Académie de France)，法王此後提供十二份生活津貼給在義大利進修的六位畫家、四位雕塑家和二位建築師。為獲得較高的社會地位和較多的自由，

在政府的鼓勵下，相繼成立「繪畫雕塑學院」(L'Académie de peinture et de sculpture) 和「建築學院」(L'Académie d'architecture)。因此，路易十四時代的法國藝術家人才輩出，其風格也逐漸脫離義大利的影響。

在建築方面，勒窩 (Louis Le Vau, 1612–1670)、哈杜安‧曼沙特 (Jules Handouin-Mansart, 1646–1708) 和貝羅 (Claude Perrault, 1613–1688) 最為著名。前二者對凡爾賽宮的建造貢獻最大。

勒窩於 1654 年出任路易十四的首席建築師。他於 1657 年開始為財政大臣福給所建造的城堡，與勒諾特 (André Le Nôtre, 1613–1700) 所設計的花園配合得天衣無縫。國王在參觀該城堡後，興起了建造凡爾賽宮的念頭。

在 1650 年代和 1660 年代，勒窩建造了今日的法蘭西研究院 (L'Institut de France)、萬桑城堡 (Le Château des Vincennes)、拉薩爾倍特里耶醫院 (L'Hôpital de la Salpetrière)、以及一部分的羅浮宮。

1669 年，他受命策劃凡爾賽宮的改建工程。他不但是一位高明的設計家，更是傑出工匠團隊的領導者。凡爾賽宮的大套房和大使階梯 (L'Escalier des Ambassadeurs) 顯示出勒窩在建築景觀方面的偉大才能。

哈杜安‧曼沙特是法國宮廷首席畫家，也是路易十四時代最多產的建築家。他在 1674 年為路易十四情婦孟德斯班夫人 (Marquise de Montespan, 1641–1707) 重建其別墅時已嶄露頭角，早期作品多為私人住宅。1678 年繼勒窩擔任凡爾賽宮的擴建工程。根據勒窩的設計，建造了鏡廳、橘園、大特里亞農，以及凡爾賽宮的南北翼。

哈杜安‧曼沙特一生除致力於此一巨大的建築群外，還設計過不少其他公共建築、教堂和豪宅。巴黎的傷殘軍人療養院 (Les Invalides) 的禮拜堂 ❿ 最能反映出他將古典建築和巴洛克風格融為一體的獨創能力。

貝羅為醫師兼建築師。他曾設計羅浮宮的東立面，在樸實無華的底層上聳立著雙柱柱廊，是路易十四風格最早的範例。他還參與凡爾賽宮

---

❿　拿破崙的紅色大理石棺即存放此處。

的內部設計。巴黎天文臺也是出自其手。

在園林建造方面，勒諾特是此一時期最優秀的造園師。他伺候路易十四達四十年之久，他的父親曾擔任路易十三的杜勒麗宮的花園總管，早年接受過透視和光學，以及建築原理的訓練。1637 年接替父職，重新設計杜勒麗宮，使園景視野開闊。他為傳統設計的花園，從花壇延伸出去的大片樹木，逐次減少株距，增強了透視感。

勒諾特受國王委託設計凡爾賽宮的園林，經他規劃的花園使宮廷建築大為生色。他的雙手觸摸過凡爾賽大庭園的每一角落。放射狀林蔭道，以宮殿為中心射向四方，遠達數公里之遙。走在林蔭道上，無數的庭園、噴泉或花壇，令人目不暇給。廣大的草坪上，豎立著無數著名雕塑家的作品，於樹林中隱約可見。

他的作品還有聖克魯 (St. Cloud) 和向蒂伊宮 (Chantilly) 的花園，聖日耳曼和楓丹白露宮的園林。歐洲各國爭相聘請，先後訪問英國和義大利。他的學生遍布日耳曼、奧地利和西班牙等地，從事庭園設計，將他的風格傳遍歐洲。

勒布朗 (Charles Le Brun, 1619–1690) 為此一時期最重要的畫家。他二十三歲到義大利學畫，曾拜巴洛克畫家普善 (Nicolas Poussin, 1594–1665) 為師。四年後返法，受到路易十四和柯爾白的恩寵。他對繪畫雕塑學院之成立，貢獻良多，並於 1662 年擔任院長。當年還擔任國王專屬畫家。第二年，擔任專門生產刺繡品的苟布蘭皇家製造廠廠長。

勒布朗的技藝精巧熟練，富有組織才幹，執行過許多大型的計畫。在路易十四時代，受委託製作的繪畫、雕塑和裝飾工作，大多由他本人監督執行，因而能創造出一種統一的風格，成為歐洲學院美術和宣傳藝術的典範。勒布朗曾參與傳統的城堡、楓丹白露宮、羅浮宮和凡爾賽宮的裝飾工程。凡爾賽宮鏡廳天花板的繪畫和裝飾即由他負責執行。

在雕塑方面，吉拉爾東 (François Girardon, 1628–1715) 和柯伊塞沃克斯 (Charles Antoine Coysevox, 1640–1720) 兩人最為傑出。

　　吉拉爾東結束羅馬的學習生涯後，於 1650 年返回法國。1657 年成為繪畫雕塑學院院士。吉拉爾東為勒布朗的主要合作伙伴，在勒布朗的指導下，修飾羅浮宮的阿波羅畫廊，並為凡爾賽宮完成許多著名的雕塑作品。他雖是一位巴洛克式藝術家，但在凡爾賽之外的兩件主要作品，卻以寧靜、莊重而體現出濃厚的古典主義取向；一為立在偉大路易廣場❶而在法國大革命期間被毀的路易十四騎馬雕像；另一為在巴黎索朋教堂 (L'église de Sorbonne) 的利希留墓。

　　柯伊塞沃克斯以其凡爾賽宮的裝飾性作品和半身像作品聞名。他於 1666 年成為路易十四的雕塑師，在凡爾賽工作，裝飾了凡爾賽宮的鏡廳、大使階梯，並為軍事陳列館完成路易十四的騎馬浮雕，還為皇家花園完成許多裝飾性雕塑。柯爾白之墓、馬薩林之墓、巴黎聖母院祭壇的路易十四還願群象，以及勒布朗之墓，皆出自其手。他的許許多多半身雕像，不甚拘泥於形式，已有後來形成的洛可可風格的優雅和自然主義的特點。這些作品對十八世紀法國肖像雕塑的發展影響甚遠。

---

❶　La riace Loms-le-Grand，今稱 Place de Vendôme。

第六章　啟蒙運動時期㈠

　　十八世紀為舊制度 (Ancient Régime) 最難整體了解和解釋的時期之一。除了攝政時期 (La Régence) ❶的狂熱時光，或路易十六（Louis XVI, 1774–1792）統治的最後幾年跌入深淵，在大約七十年期間，法國人過著糊裡糊塗但也相當太平的日子。

　　自路易十四去世後，專制主義的式微和啟蒙思想的興起，對法國產生重大的影響。

第一節　政治演變

攝政時期

　　路易十四去世後，法國立即面臨政治困境。路易十五 (Louis XV, 1715–1774) 以五歲之齡繼位。依照路易十四遺囑成立的攝政會議，由奧爾良公爵腓力 (Philippe, duc d'Orléans, 1674–1723) 擔任主席，但實權則交給路易十四的私生子曼因公爵 (duc du Maine, 1670–1736)。

　　然而，太陽王逝世翌日，奧爾良公爵立即要求巴黎大理院宣布國王的遺囑無效。他宣稱它有違王國基本法，並承諾一旦他的要求獲得滿足，他將在中央各部設委員會來處理政務，且同意給大理院諫諍權。被壓制甚久欲重新恢復其重要性的大理院，欣然同意奧爾良公爵擁有組成各部會、指揮軍隊和任命官員的權力。恢復大理院制衡公共事務運作的功能，

---

❶　指 1715–1723 年，路易十五年幼繼位時，由奧爾良公爵攝政。他一改路易十四的專制作風。

對專制主義是一大打擊，之後造成許多意想不到的衝突，也成為 1789 年革命的原因之一。

攝政大臣並未能如此深謀遠慮，他面臨的是解決迫切的內政和外交問題。在外交方面，他採取一種終究會被揭穿的祕密方式；在內政方面，則實行令人頗感意外的激烈改變。

行之有年，且績效卓著的路易十四之政府體制，應無更易的必要，除非不孚人望的攝政大臣有意藉此建立其絕對的權威。他並非更換各部會首長，而是每一部會由一個小型委員會來主導。以往每一部會由一位大臣負責，現在則由多達二十餘位貴族來集體領導。這些貴族十分無能，而效率也很差。自以為是的奧爾良公爵未能見到此一制度的缺失，等到他在 1718 年設法改革，並挑選真正會做事的部會大臣時，大錯已鑄成。

另外，當時財政危機相當嚴重。公債總額龐大，國家稅收僅夠支付公債利息。尋求解決之道勢在必行。財政委員會或許想起柯爾白的方法，因而降低年金，讓某些財主多繳租稅，以及更易租稅承包人。透過這些手法之所得約等於一年的國家預算。財政委員會主席諾艾公爵 (Le duc de Noailles, 1678–1766) 認為這就是一種解決方法。假如在擴張時刻金錢不匱乏，他的說法應該一點不假，而和平狀態的確也有助於繁榮的恢復。在路易十四統治時期司空見慣的錢幣價值變動，已不再是行得通的權宜之計。

在攝政大臣的支持下，蘇格蘭銀行家勞約翰 (John Law, 1671–1729) 採用當時歐洲國家不甚了解的紙幣政策。他於 1716 年 5 月成立一家民營銀行，其紙幣得到公家收支機構的承認。為贏得民眾的信任，勞約翰信守承諾，一直以最初的兌換價格換回紙幣，因而使紙幣較金屬錢幣受歡迎。

隨之，勞約翰成立「西方公司」(La Compagnie d'Occident)，專營與塞內加爾、安地列斯群島、路易斯安那、加拿大等法國殖民地間之貿易，以及發行貨幣，後來又併入一家非洲公司和一家中國公司。1718 年，勞

約翰的銀行變成國營銀行，他也被任命為財政總監。透過巧妙的宣傳，一般民眾瘋狂搶購公司的股票。股票的價格上漲四十倍，而勞約翰對其銀行制度太有信心，大量發行紙鈔，數量之大遠遠超過其銀行實際擁有的資產。

　　由於快速和過分的投機，引起民眾的不安。恐慌為此一制度的致命傷。1720 年 2 月，勞約翰的政敵突然以大量的紙幣向該銀行兌換金屬貨幣，他試圖採取嚴厲的金融管制措施，力挽狂瀾。到了 12 月，勞約翰及其制度宣告徹底失敗。他逃亡國外。勞約翰的貨幣革命，曾刺激了海外貿易的發展，也為法國償還相當可觀的公債，然而法國人民為此產生一種排斥任何紙幣的心理，延遲了法國銀行制度的進步。

　　在宮廷和上層社會，奧爾良公爵以身示範的放蕩生活取代了路易十四時代的樸實無華之風。在家飾、風尚和文藝風格方面，簡便和輕佻取代高貴的對稱和莊重的樸實。

路易十五親政

　　1723 年 2 月，十三歲之齡的路易十五，已經被宣稱成年。12 月，奧爾良公爵突然去世。夫雷祖主教 (l'évêque de Fréjus)，也是年輕國王的老師傅樂理 (André Hercule de Fleury, 1653–1743) 被任命為樞機主教，並擔任國務大臣。直到他 1743 年去世為止，都一直得到路易十五充分信任。

　　這位在受命之時已七十歲的老臣，在各方面採取和緩與平衡的政策。此時，奧地利和西班牙剛簽訂對抗英法兩國的同盟條約，傅樂理盡力與英國首相華爾波 (Robert Walpole, 1676–1745)❷溝通，設法降低敵對的氣氛，並拉攏西班牙。

　　外交大臣秀夫林 (Germain-Louis de Chauvelin, 1685–1762) 利用波蘭王位繼承時機，催促路易十五支持其岳父雷克辛斯基 (Stanislas Leczinski, 1677–1766) 與奧皇親戚和盟友薩克森選帝侯 (l'életeur de Saxe) 腓特

---

❷　華爾波認為英國史上第一位握有首相實權的大臣。

烈・奧古斯都 (Frédéric-Auguste, 1670–1733)❸競爭王位。傅樂理利用法
軍最初的勝利，於 1738 年在維也納簽訂和約，為西班牙的波旁王室取得
那不勒斯和西西里王國，同時為雷克辛斯基取得洛林公國，但在其死後
該公國則歸屬法國。該條約成為路易十五統治時期的最大外交成就。

然而，往後的歐洲局勢變得十分複雜。貿易的敵對在 1739 年引起西
班牙和英國的戰爭，1740 年發生奧地利帝位繼承危機。法國聯合普魯士
和西班牙對抗瑪麗亞・德雷莎。女皇成功地瓦解三國聯盟，且於 1743 年
擊退法國軍隊。

在優越財政總監歐利 (Philibert Orry, 1689–1747) 的輔佐下，厲行節
約，採取保護主義政策，鼓勵製造業和商業，建造道路和運河。1739 年，
財政預算暫時趨於平衡。海外貿易發達，波爾多、南特和馬賽等港口，
也十分繁榮。

在宗教方面，傅樂理採取與攝政大臣奧爾良公爵完全相反的政策。
他禁止詹森主義，以軟硬兼施的手法平息因而引起的不滿和騷動。

傅樂理去世後，路易十五不再設首相一職，決定親理政務，然而君
主政體也日趨式微。

路易十五的聰明才智和勇氣，無人能否認，但由於個性和教育，他
卻是十分冷漠和感覺麻木。他是在恐懼的陰影下長大的，因為經常有人
提醒他，要以其偉大的曾祖父路易十四為典範。不幸的是，他自己和他
所統治的王國，皆未具備成為一位偉大國王或一個偉大國家的必要條件。
路易十五年少時，儀表堂堂，相當有魅力，長大後卻懶散且優柔寡斷。

御前會議讓他覺得很無聊，他較喜愛狩獵、家庭生活，以及和情婦
相伴。他的情婦中以夏多魯女公爵 (La duchesse de Châteauroux, 1717–
1744) 和龐巴度女侯爵 (La marquise de Pompadour, 1721–1764)❹最著
名。前者與國王相處時間約兩年，她曾嘗試鼓勵國王多關心國家利益。

---

❸　他擔任波蘭國王時，稱 Auguste II。

❹　龐巴度女侯爵原名 Madame Lenormont d'Étoiles，出身資產階級。

後者自 1743 年起即受國王的寵幸，影響國王甚深，成為節慶、歡樂和藝術的真正女王。她的作為造成權力解體，其過度浪費加速財政的惡化，且導致國王失去民心。

在國際局勢方面，奧地利繼承仍是問題的焦點。英國、荷蘭和薩克森支持瑪麗亞‧德雷莎，對抗法國、法國所支持的查理七世 (Charles VII Albert, 1697–1745) ❺ 和西班牙。聯軍渡過萊因河，入侵亞爾薩斯。路易十五御駕親征，此時普魯士再度與法國結盟，使雙方軍力旗鼓相當而能阻擋敵軍侵略。儘管普魯士在 1744 年又與瑪麗亞‧德雷莎簽訂和約，法國還是策劃征服荷蘭，並贏得一連串勝利，然而路易十五卻急於在 1748 年簽訂〈艾克斯‧拉‧夏倍爾和約〉。此一為「普魯士國王量身訂做」的和約，對法國民心構成很大打擊。

在財政方面，路易十四時代遺留下來的問題依然嚴重。誠實勤勞的財政總監馬修‧達努維爾 (Jean-Baptiste Machault D'Arnouville, 1701–1794) 試圖整頓國庫，打擊教士階級和貴族階級的特權；徵收「二十抽一」稅 (le vingtième)，以償還公債。大理院和教士階級的抗拒相當激烈。反對者被捕下獄，但是國王向壓力屈服，並於 1751 年下令給予教會免稅權，財稅改革的基礎因而崩解。

在宗教方面，傅樂理樞機主教盡力維持的宗教和平，為 1746 年的「懺悔券」(billets de confession) 事件所破壞。為對抗詹森派異端邪說，某些主教命令其教士在給予臨終塗油儀式前，須要求一張正統的懺悔券。此一要求引起許多抗議和暴動。巴黎大理院藉機對大主教進行干預，甚至向國王提出「大諫書」(Les Grandes Remontrances)。國王首先採取嚴厲措施，將頑抗者拘捕下獄和驅逐出境，後來態度軟化，且要求教宗出面干預，但還是無法平息騷動。1757 年，國王終須妥協，王權開始式微，而強大反對力量的存在也無庸置疑。

此一時期，法國君主政體似乎到處遇到挫折。在艾克斯‧拉‧夏倍

---

❺ Charles Albert 為巴伐利亞選帝侯，在法國的支持下，當選皇帝 (1742–1745)。

爾建立的和平，如同曇花一現。普王腓特烈二世 (Frédéric II, 1712–1786) 擔心被孤立，因而與英王喬治二世 (George II, 1683–1760) 親近，以便使之與奧地利疏遠。1756 年 1 月 15 日，英國、漢諾威（英王領地）和普魯士締結〈白廳條約〉(Traité de Whitehall)，共同對抗俄國和法國。相反地，瑪麗亞·德雷莎卻盡力與路易十五達成協議，而路易十五為免孤立也抓住此一機會與奧地利於 1756 年 5 月在凡爾賽簽訂盟約。腓特烈二世未經宣戰就入侵薩克森，並擊敗其軍隊。被激怒的日耳曼小公侯自動參加聯盟，1757 年的第二次〈凡爾賽條約〉強化了法奧兩國間的協議。因此，七年戰爭的發展對普魯士不利，然而法國正面臨英國海上強權令人不安的競爭，因此對於在歐陸捲入戰爭漩渦則是如臨深淵如履薄冰。

　　但是國王的內政和私人生活卻是引起法國民眾不滿的主要原因。自路易十四去世後，啟蒙思想家作品的流傳，激起法國社會的批判精神。絕對的君主政體不再被認為是唯一可能的政府形態，尤其是當國王的政策和其本人所引起抗議和嘲笑時，更強化此一想法。宣傳手冊、人民的示威不斷出現。

　　皇家政府竭盡心力對付啟蒙思想的傳播。1734 年，巴黎大理院焚燬伏爾泰的《英國書信集》(*Les Lettres anglaises*)，但是在十八世紀中葉，啟蒙思想的傳播遍及整個知識分子圈，而不安的政府當局偶而採取的壓制措施，反而激起更多的不滿。何況，權力核心的態度常自相矛盾，例如《百科全書》(*L'Encyclopédie*) 就能利用龐巴度女侯爵的支持來對抗耶穌會士。

　　1757 年國王遇刺逃過一劫後，政府決定放逐作家或送他們到船上服勞役。龐巴度女侯爵向國王要求撤換馬修·達努維爾等大臣。

　　1758 年 10 月，秀亞舍公爵 (Le duc de Choiseul, 1719–1785) 出任外交大臣，隨之又負責陸軍部和海軍部。在宗教爭端中，他支持大理院和詹森派對抗耶穌會士，並立法譴責耶穌會，驅逐耶穌會士。

　　對外方面，七年戰爭中，法國初期的勝利卻因腓特烈二世的軍事天

才使戰況逆轉。法軍無法有效對抗普魯士軍隊。秀亞舍上臺後，試圖避免在日耳曼地區的戰事擴大，法軍僅對英軍作戰，以奪回漢諾威。因法軍將領的無能和彼此猜忌，使此一目標無法達成。

儘管秀亞舍在外交上的努力不懈，法國在 1763 年終須接受〈巴黎條約〉，割讓許多法國殖民地給英國，以及〈弗伯堡條約〉(Le traité d'Hubertbourg)，重新恢復日耳曼現狀。受到毀滅性的七年戰爭不幸結局的影響，秀亞舍盡全力整頓軍紀，組織經驗豐富的軍官團，加強訓練砲兵。在海軍方面，他建造新的兵工廠，並增加戰船數目。

1766 年，雷克辛斯基國王去世，法國依照以前所訂條約，兼併洛林。然而，1768 年兼併原屬熱那亞共和國 (La République de Gênes) 的科西嘉，則有賴外交大臣的才幹和努力。

在財政方面，財政難題不易解決。秀亞舍指派的財政總監希魯葉 (Etienne de Silhouette, 1709–1767) 試圖課徵財產稅，但因特權階級的阻撓而告失敗。他只能依賴災難性的傳統處方：出賣官職和提高現有稅之稅率。大理院抓住任何藉口，對任何租稅措施或任何改革計畫，提出抗議或諫書。1763 年，巴黎大理院要求召開三級會議。

1765 年，連內發生嚴重暴動。連內大理院的檢察長，反耶穌會士的夏洛跌 (Louis René de la Chalotais, 1701–1785) 與該省區總督，耶穌會支持者葉奇翁公爵 (Armond de Vignerot, duc d'Aiguillon, 1720–1788) 的敵對，導致檢察長的被捕，因而造成連內大理院官員紛紛辭職，隨之又波及其他的大理院。葉奇翁先被撤職並被控訴瀆職，但路易十五禁止其受審。各大理院因而於 1770 年 12 月進行罷工，以示抗議。

龐巴度女侯爵去世後，秀亞舍失去靠山，經常受到耶穌會支持者公開攻擊，終於在 1770 年 12 月去職。隨之，葉奇翁公爵被任命為外交大臣，與掌璽大臣莫貝烏 (René de Maupeou, 1714–1792) 和財政總監迭爾雷 (Joseph Marie, dit albé Terray, 1715–1778) 組成「三巨頭」，治理法國，直到路易十五去世為止。莫貝烏進行對大理院的鬥爭，且不理會其抗爭和

罷工。不斷以流放或沒收職位來對付反抗的大理院官員。不顧親王們的反對，莫貝烏於 1771 年實行「大改革」(La grande reforme)，削減巴黎大理院的職權，取消賣官制。此舉引起激烈的抗議和無數的衝突，但對於如此的敵視深感痛心的路易十五卻宣稱：「我將永不改變」。法國民意對於大理院官員毫不同情，因其排除異己和偏見，早就被啟蒙思想家嚴厲譴責。改革持續進行，而激動的情緒才漸趨平靜。

在財政方面，迭爾雷全力應付過度支出，且試圖以強迫性借貸、減少年金等定期開支、以及停止國家付款等慣用手法，來解決財政赤字問題。這些有失民心的措施，雖有助於財政赤字的改善，然而工業危機和農作物收成欠佳所造成的損失卻無法減輕。人民甚至譴責他以及國王囤積小麥，而他卻希望降低其價格。一再出現的暴動顯示迭爾雷政策的失敗。

在外交方面，三巨頭的外交政策令人十分失望。揭竿而起反抗外國統治的波蘭人民被殘酷地鎮壓。葉奇翁無法阻止奧、普、俄三國瓜分法國的長期盟友——波蘭，的確讓法國人民對路易十五的外交大失所望。法王對於受傷甚深的法國民意，已不再有任何影響。

路易十五最後幾年的統治，可說痛苦不堪。大臣們經常發生衝突，為民所憎的國王，不敢再出現在巴黎。1774 年 4 月底，他因感染天花而去世，人民為此雀躍不已。

路易十六的統治

路易十六為路易十五之孫，登基時已成年。他認真負責，積極推展改革計畫，可惜不夠聰明、膽怯、缺乏果斷，工作經常半途而廢。1770 年與奧國公主瑪麗・安端涅 (Marie-Antoinette, 1755–1793) 結婚。

路易十六的統治以一項堅決而明智的決定開始，亦即解除不孚民望的葉奇翁、莫貝烏和迭爾雷三人的職務，並任命莫雷巴 (Jean Frédéric, comte de Maurepas, 1701–1781) 為國務大臣。聰穎且經驗豐富的莫雷巴，

挑選能幹的外交官維爾簡 (Charles Gravier, comte de Vergennes, 1719–1787) 出任外交大臣；擔任利摩吉 (Limoges) 總督十三年且表現傑出的杜哥 (Anne Robert Turgot, baron de l'Aulne, 1727–1781) 出任財政總監。

學識、經驗皆很豐富的杜哥，有意要減少支出，尤其是宮廷的支出，以及針對所有土地課徵稅捐等方式，重整財政。他寄望財富的累積自然就會增加稅收，而取消勞役、徵用或行政規定等限制則是促進農工業發展，經濟繁榮的有效方法。

杜哥只有兩年來實現其理想。1774 年頒布一項敕令，給予穀類貿易自由，廢除各省區的界限。1776 年 1 月，取消農民的勞役，而以所有地主必須繳納的稅捐取代。同一年，另一項敕令賦予所有行業自由權，不再有行會或師傅等制度。

如同杜哥所預料，朝臣群起攻之，王后抱怨節約措施讓她很困擾，大理院提出諫諍書，原來對他寄予厚望的國王已經退縮。5 月 13 日，杜哥只好下臺。隨他從政治舞臺消失的尚有盡力讓監獄人性化的馬勒厄布 (Chrétien Malesherbes, 1721–1794) 和改革軍事的陸軍大臣聖日耳曼 (Claude Louis, comte de Saint-Germain, 1707–1778)。

在巴黎工作的日內瓦銀行家聶給 (Jacques Necker, 1732–1804) 被國王找來重整預算。他不但是位傑出金融家，也是頗享盛名的大慈善家和人文主義者。他上任後，就運用高明手腕借到足以支付 1778 年介入美國獨立戰爭的費用，但在勢必實施的費用節約方面，卻只敢部分採行。

如同杜哥一般，他也遇到特權階級頑固的阻撓，以及路易十六的軟弱無能。1781 年，他首次辭職，改革的嘗試也告一段落。

法國援助美國贏得獨立，讓法國獲得可觀的軍事和外交威望，但是參與戰爭的費用更加重財政危機。1783 年，卡隆 (Charles-Alexandre de Calonne, 1734–1802) 接任財政總監。他先大量借貸，隨之強調課徵一種同樣涉及特權階級的稅捐。在遭到特權階級的反對後，路易十六於 1787 年 4 月將他辭退。繼任的布里安 (Etienne Charles de Loménie, comte de

Brenne, 1727–1794) 也無法成功。

在 1788 年，法國君主政體已面臨極為嚴重的危機。自 1778 年起，經濟動盪不安波及社會和人心，已是一種預警。此一時期，政治勢力進行重組。這是貴族階級對君主專制報復的良好時機。由國王個別邀請的顯貴會議 (L'Assemblée des notables) 代表，不同意卡隆取消不公平免稅的新稅制；而大理院則拒絕登錄布里安提出的兩道有關稅制改革的敕令，且成為對抗專斷和不孚人望政體的靈魂。

鬥爭變得尖銳化，暴動在各省區爆發。在財政情況絕望之時，路易十六被迫於 1789 年 5 月召開三級會議。國王放棄對抗大理院，並召回聶給，因為只有他能從銀行獲得立即且不可或缺的錢。

如依 1614 年的型態，三級會議將受特權階級的控制，何況第三階級陣營意見分歧，尤其是其中可能成為穿袍貴族的大理院官員，往往還是貴族階級對抗政治或社會改革的工具。然而到了 1788 年，隨著啟蒙思想在資產階級中擴散，自由和平等的觀念成為革命的意識型態❻。穿袍貴族的影響力漸失。

在 1789 年 5 月 5 日召開的三級會議開幕式上，路易十六和聶給皆未提出改革一事。滿懷希望來到凡爾賽的第三階級代表們，很快失去原先的幻想。不滿情緒隨後日漸高漲。原先在 1788 年國王下令第三階級代表名額增加一倍時，並未決定三個階級的代表是如同以往分開討論，或在一起討論。

開幕式後第二天，第三階級代表要求教士階級和貴族階級的代表，與他們在同一會場開會討論。這是一種在實質上廢除階級差別的方法，同時也可以確定第三階級的優勢，因為大多數地位較低的教士和某些貴族準備在投票時與他們採取同一立場。

三個階級的衝突無法解決，導致 7 月 17 日第三階級自己成立「國民議會」，並決定該議會擁有徵稅的事先同意權。國王試圖維持其權威，但

❻　William Doyle, *The Ancient Regime* (London: MacMillan, 1986), p. 36.

終歸無效，因此只好讓步，下令在同一議場以人為單位進行投票。此次議會取名「制憲議會」(L'Assemblée constituante)，著手討論制訂憲法的計畫。

然而路易十六並未承認失敗。他在凡爾賽附近集結兩萬軍隊，並且於 7 月 11 日遣走唯一受人民歡迎的大臣——聶給。議員們激烈反對，但卻無計可施。為拯救議會，巴黎人民群起暴動。

數月來，巴黎居民一直情緒激昂。一般民眾忍受著飢餓，資產階級者眼見租金日益降低，擔心將面臨破產邊緣。當聶給二度被遣走的消息傳出後，整個巴黎處於憤怒狀態。7 月 13 日，一個新的市政府組成。除了原有合法的市長和助理外，另增加幾位巴黎仕紳。隨之，為維持市內秩序，資產階級者成立一支包括貴族和教士的民兵部隊，稱為「國民衛隊」(La Guarde nationale)。

7 月 14 日，受到法國軍隊準備參加暴動的消息之鼓勵，叛亂逐漸擴展。以資產階級者為主的群眾，進攻巴士底獄 (Bastille)，以取得槍枝和大砲。經過四小時的戰鬥，巴士底獄被攻下。

7 月 14 日巴黎人民的勝利，造成整個舊制度的解體。路易十六調走軍隊，重新召回聶給。聶給的三度復出，終究無法改變革命的情勢。所有的法國城市皆以巴黎為典範，各自成立一個新的市政府和一個國民衛隊。各省總督和軍事指揮官，相繼放棄權力。整個王權完全消失。

第二節　經濟發展

人口的成長

1697 年，為路易十四的長孫之教育，博維利葉公爵首次進行法國人口的調查。根據 1707 年公布的結果，1697–1700 年間，在不到五十萬平方公里的國境內，法國有人口一千九百餘萬❼。1785–1789 年間，法國

人口約二千六百萬。

　　法國人口的統計資料來自各教區對受洗（出生）、結婚和死亡的登錄。1750 年以前，人口的成長相當有限，但之後，一切完全改變。受洗的人數遠超過死亡人數。此時，某些傳染病已不存在。整體來看，幾乎經常性的出生人數的超越，足以保證人口以五分之一、四分之一，甚至到大革命前夕，三分之一的速度增加。

　　對於法國人來說，1690 年至 1715 年為史上少見最難過的日子。戰爭幾乎未曾停止過，人員，尤其是馬匹和金錢的徵集；饑荒和瘟疫輪流施展其威力，尤其是 1694 年和 1710 年饑荒的恐怖，令人永難忘懷。在此種惡劣的條件下，人口當然無法快速成長。

　　路易十五統治時期，法國對外戰爭的次數和規模明顯大為減少。1726年至 1740 年間出生的法國人，到了 1750 年至 1770 年間，已紛紛結婚。由於他們維持婚姻關係很久，而且嬰兒的死亡率很低，再加上 1763 年至 1770 年間，法國的經濟非常繁榮，人口當然也隨之大幅成長。

　　1775 年開始，尤其是 1778 年，產品的價格下跌和收入的萎縮，打擊法國經濟，特別是葡萄種植。1778 年至 1787 年間的衰退同樣嚴重打擊法國人數眾多的小農和農業工人。

　　原為經濟快速成長重要因素之一的法國人口的快速成長，在 1770 年以後反而變成十分嚴重的問題。大批已屆婚齡和準備進入職場的年輕人，正遭逢農工業產品價格崩盤、傳統製造業萎縮，以及法國經濟發生危機。在 1725–1770 年，短暫的半世紀，人口成長和經濟成長，彼此相互支撐。隨之，突然間，經濟成長停滯，經濟局面反轉，而人口的增加持續下去，無法遏止。在最貧窮最落後的省區，人口數字直線上升。沒有工作、沒有麵包，有時也沒有住處的年輕人，紛紛湧到道路，湧向城市。這正是舊制度最後幾年流民大增、貧民窟處處的主要原因。它也造成城市紛擾，

---

❼　Fernand Braudel & Ernest Labrousse, *Histoire économique et sociale de la France*, t. 2 (Paris: PUF, 1970), p. 12.

城市和鄉村的不安全和罪惡叢生。非婚生子和棄嬰為數大增。這些悲劇性現象成為法國大革命前大恐慌的原因之一，也與大革命的發生有密切關係。

農村實況

路易十四的法國，甚至路易十五的法國，以農為主。農業活動經常是最主要的活動。在路易十四統治時期，農業占法國總產值的十分之八～十分之九；在路易十六統治時期，其比重顯然少了些。

在路易十四親政初期，國家財政年收入約為八千萬鎊，其中半數為人頭稅，而農民幾乎負擔全部人頭稅，以及一大部分其他的稅。總而言之，農民繳納給國王的稅款至少有六千萬鎊。此外，農民還要繳納至少同等數額的稅款給教會和領主。農民每年要繳納的林林總總稅捐總共有一億二千萬鎊至一億五千萬鎊。對於全國約四百萬戶農村家庭，每戶每年要負擔三十至四十鎊❽。

在十八世紀，領主制度依然存在。對農民來說，領主是主人、法官和收稅官，通常還是村莊和市鎮的主要經濟力。到了1789年大革命發生後，領主稅部分取消，到了1793年才完全廢除。

自路易十四至路易十六統治期間，在資產階級出身的各省總督和包稅人的協助下，領主的角色，在許多省區，日益重要。面對領主的剝削，農民也有一些武器。

最常見，或許也是最有效的武器就是賴帳。在領主遠行、年老、資料未建檔、死亡或其繼承發生問題等等情況下，農民故意忘記要繳納給領主的現金或實物租金，甚至什一稅。他們也「忘記」自己所耕種的土地應屬於那個領主。

在艱苦的日子裡，農民與領主的對抗很尖銳，一切妥協的方式已用盡，所留下的最後武器就是反叛。十七世紀，尤其是1625年和1675年

---

❽　Ibid., pp. 90–91.

的農民反叛，成為大革命前農民反叛和「大恐慌」的序曲。在「大恐慌」時期，農民包圍、威脅和搶劫城堡，以及燒燬其檔案。

在農村土地所有權的分配方面，十八世紀後期，法國農民可以利用或耕種的土地，不到總數的一半❾。貴族階級占四分之一以上，教會的部分約十分之一，資產階級占五分之一。除了法國北部和東北部，教會擁有的領地所占的比率不高。

國內外貿易

自 1660 年至 1789 年，法國農業的演變非常緩慢。在技術和經營方面一直忠於傳統，在新技術的引入和新經營方式的採用顯得小心翼翼。因此，對資本主義結構的上升，農業遠不如工商業和金融業。事實上，自路易十四時代的柯爾白至路易十六時代的卡隆，皆特別重視工商業。

交通與商業的關係十分密切。十七世紀中葉，交通的落後，使法國無法實現一個真正的國內市場。陸路通常以狹窄、路面不平的泥土路為主；水路則以羅亞爾河為主要動脈。因此，農產品的流通很困難，工業的發展受到阻礙，價格和工資因地而有很大差異。

1660 年之後，此一情況漸獲改善。國家的干預為其主因。為了政令的快速傳遞，以利中央集權化，柯爾白制定國家交通政策。他也了解此一政策有助於產品的流通。首先，法國企圖建造運河，聯貫各大河川，進而使之成為一個水路交通網。

城市的成長，人口的增加，引起需求的不斷擴大，而對外關係的發展，使工業活動要求原料和產品的流通更加快速。工商業者對政府施壓，但也全力支持交通新路線的增建。1747 年成立的「工程師學校」(L'Ecole des Ingénieurs) 培養交通建設的人才。法國在橋梁和道路的預算由 1668 年占國家總預算的百分之零點八，到 1670 年的百分之一點八，亦即八十八萬九千五百三十四鎊。1786 年甚至高達九百四十四萬五千鎊。因此，

---

❾　根據法國史家 Georges Lefebvre 之估計，約百分之三十～百分之四十。

法國公路之質量被譽為全歐之冠。

　　在水路方面，建設成果遠較陸路遜色。運河化的偉大計畫未能完全執行。到 1789 年，法國的運河總長約一千公里，可航行的水道估計有八千公里。在整個十八世紀，法國國內航線大噸位的船隻為數漸增，甚至在次要的河川亦復如此。漸漸地，航運業走向集中化，開始具有「資本主義」特性，以適應一種較複雜和快速的經濟活動之需求。政府鼓勵此一演變。杜哥為集中客運業，於 1775 年組成「皇家運輸公司」(Les Messageries Royales)，負責所有主要航道的客運業務。此一嘗試頗受大眾歡迎，1777 年該公司由一些資本家加以重組，並易名為「法國皇家運輸公司」(Les Messageries Royales de France)。

　　法國內河航運活動頻繁。在羅亞爾河上，1678 年經過奧爾良的船隻有四百艘，亦即每日有一艘以上；1780 年由第關 (Digoin) 啟航的船隻有一千六百艘，總貨運量達八萬噸。

　　交通逐漸發達，全國也出現各種產品的大集散中心。然而傳統的地方性市集還是處處可見。這些市集主要是地方性農產品的交易。十八世紀末，此類市集逐漸式微。

　　在海外市場方面，一個世紀內，交易日趨活躍。1704 年，進行國際貿易的商船有六百四十八艘；1743 年，一千九百四十三艘；1791 年，一百噸的大商船有二千三百四十一艘。以商船總噸位來看，1743 年有十八萬五千七百八十四噸；1787 年則達四十二萬六千八百四十一噸。

　　十八世紀大部分時期，法國與地中海東岸的貿易相當穩定。裝載小麥的船隻不算在內，每年自馬賽出發到該地區的商船平均有一百七十五艘。1723 和 1732 年間，來自地中海東岸的船隻每年平均有一百五十三艘。大西洋的貿易也漸發達。1789 年，進行此一地區貿易的商船噸位總數年達三十萬噸。扣除漁船，仍有二十一萬五千噸商船，超過七百艘，航行於法國、印度和美洲之間。

工業的發展

　　1660 年至 1789 年間，法國商業緩慢的成長，只針對與生產部門最直接關連者產生回響。在 1650 年至 1660 年左右，如同整個歐洲大陸的工業，法國工業大部分保留「中古」色彩。然而，自十七世紀初開始，在蘇利、利希留和馬薩林等人的鼓勵下，法國工業已有一些創新。

　　大約自 1660 年起，工業結構的逐漸轉變受到一般經濟的影響，其中包括個人和集體的角色。在個人方面，柯爾白對法國工業化的貢獻非常大。事實上，柯爾白是一個實行家，而非理論家。他的繼承者，同時也是其徒子徒孫，亦復如此。國家政策上的迫切需要，促使這些肩負財經重任的政府官員不得不腳踏實地。自 1660 年至 1789 年，在一百二十九年之間，法國至少有五十四年在歐洲和世界其他各地進行海上或陸上的戰爭。因此，「工業化」政策的實施變成勢在必行。以一種較經濟性的角度來觀察，工業的發展似乎是君王和國家偉大的條件。

　　工業力量確保市場的獲得和財政來源的無慮。它也可以解決失業問題，安定社會秩序。國王經常親自視察主要工廠和造船廠，以彰顯其對工業發展之重視，同時也是一種鼓勵。

　　為促進工業發展，國王和國家是重要的資本提供者和產品消費者，有時還採用保護關稅措施。路易十四在 1667 年和 1683 年間，挹注二十八萬四千七百二十五鎊於玻璃製造業；在 1665 年和 1685 年間，投入四十餘萬鎊於肥皂製造業。一般估計，在二十年期間，他在工業方面的投資超過一千六百萬鎊。路易十四的繼承人在此一方面同樣蕭規曹隨。

　　然而，工業的指導主義卻會危及企業精神，經常違背商人和製造廠商的利益。國家給予工商業太多的「特權」，將會阻礙競爭，且損及品質。此外，國家的財政介入終有其侷限性。在一百四十年期間，官方的投資總額最多不超過一億鎊；而僅 1786 年，法國年收入為二十五億五千萬鎊，工業方面的收入為五億二千四百萬鎊。事實上，國家的資金僅能扮演刺

激者的角色，私人資本的重要性絕對不容忽視。

　　與英國比較，法國工業發展的條件較差。在原料方面，紡織業所需羊毛的價格不斷上揚，生產成本隨之加重，競爭力和利潤也因而降低。在技術部門，法國仍然落後甚多。蒸汽機和多種紡織機器，皆是英國人發明的。然而，「技術革命」的確影響到工業的每一部門，使之產生結構性的改變。

　　法國工業經營型態的轉變十分緩慢。在整個十八世紀，法國的紡織業，尤其是毛紡業，分散在農村。例如在隆多克地區，毛織品的生產分散在幾百個村莊。在市鎮，行會的勢力仍然很大。巴黎在 1672 年行會有六十個，在 1691 年則增至一百二十九個。到了十八世紀後半，行會制度方趨沒落。擁有雄厚資本商人加入競爭，為行會制度衰微的原因之一。這些商人在鄉村雇用大批溫馴、能幹，且工資又低的工人來生產紡織品，其競爭力當然相當大。

　　另外，資本的籌集變得十分重要。投資的增加將造成企業的逐漸集中。在紡織業方面，毛織業仍然是分散的，而棉織業則已出現此一現象。1785 年，在八十七家棉紡工廠中，六十九家年產量少於一萬件；但十一家的年產量在一至二萬件；六家在二至三萬件；一家則超過三萬件。

銀行的設立

　　除了勞約翰瘋狂式的幾年經驗，十八世紀的法國經濟出現近代形態的銀行的時間相當遲。1776 年「貼現銀行」(La Caisse d'Escompte) 的成立，開始確立了民營銀行的勢力。

　　銀行最初由企業資本以公司形態出現，具有發行紙幣和貼現，或者存款和轉帳等功能。十七世紀末，英格蘭銀行以發行紙幣和貼現為主要業務；而歐陸的公營銀行仍然是「匯兌銀行」，亦即處理貿易商的結帳。然而，這兩類銀行皆無法脫離各級政府公權力之控制，而且以不同形式緊密地與公共債務結合。最初勞約翰的「銀行」，以及後來的「貼現銀行」

皆須為法國國家財政服務。

1724 年，巴黎「證券交易所」(La Bourse) 成立。在整個十八世紀，證券商約有四十至六十個。在勞約翰那套制度失敗後，大家都認為最好禁止期貨交易，但事實上卻很難做到。證券交易逐漸取代傳統的匯票交易。

銀行家，至少是大銀行家，其中大多數是新教徒。他們似乎較少依賴老式的農業經濟、舊式君主體制的社會和傳統貴族制度。銀行是一種自由業。銀行家首先經營紙幣業務，其性質是國際的。農業的王國並非其範圍，歐洲的外匯交易場所才是其營業的重點。他們並非「官員」，不在國家體制內。

農業的發展

十七世紀後半期，法國面臨經濟衰退，有人甚至稱之為「悲劇的十七世紀」。到了十八世紀，情況好轉。1726 年 5 月 26 日，政府頒布穩定貨幣的法令，使得幣值平穩。此外，此時國內相當平靜，並無如同十六世紀和十七世紀前半期嚴重的動盪不安。儘管對外戰爭仍然在進行，某些出口農產品如葡萄酒的價格並未受到影響。經濟生活受到的波及亦不嚴重。

1750 年代，重農主義興起，主張以提高農產品價格，使佃農有能力來繳納稅金、租金和支付家庭開支，來鼓勵在之前到處可見的休耕地復耕。重農主義者認為，穀類的昂貴，並不一定意味著麵包的價昂。價格上漲以幾乎感覺不出來的幅度調整。何況，穀類的自由流通將降低饑荒年代價格的波動幅度。然而，到了後來，價格上漲了，甚至麵包的零售價和稅也上漲。

第三節　社會變遷

農業擴張的社會分配

十八世紀法國經濟的發展，尤其是農業的擴張，對農村社會各階層的影響並不一致。在農村社會的最上層，就是重農學派所稱的「地主階級」(Classe propriétaire)，其中最重要的是什一稅徵收者和地產所有人。

此一地主階級具有下列的基本特徵：他們從事地產的投資，而非承租權的投資；他們大多數依賴租金維持生活，為農村社會最富有者，也是主要的納稅人。政府官員挑選自富裕階層，省級重要官員通常為年收入五千至一萬鎊的地主。這些官員皆是無給職。

事實上，地主階級也是一群貴族、教士和資產階級等顯貴的混合。土地為此一時期最重要的生產工具，同時也是衡量財富和榮譽的社會基礎。全國一半的土地掌握在不到全國人口十分之一的人手中。貴族階級擁有全國土地的四分之一；教士階級，十分之一；資產階級，四分之一弱；農民，至少三分之一；社區公有財產約百分之五。

此一時期地主階級中的貴族和教士，總數不到五十萬人❿。因此，占全國總人數不到百分之二的地主階級卻擁有全國三分之一的土地。如果資產階級的人數為前兩個階級的二～三倍，那麼法國人口中的百分之五至百分之八，擁有全國土地資源的半數，以及幾乎全部的佃租、什一稅和各種封建稅。

毫無疑問，地主階級的財產總數大為增加，但其中以資產階級的財產增加最多。在全法國，鋼鐵、採礦和殖民地經營的利潤，遠超過農地的租金。然而，貴族階級在財富方面依然居所有階級之首。

整體來說，農業擴張帶來的經濟繁榮，其分配依社會階層而有所差

---

❿　Albert Soboul 和 Georges Lefebvre 兩人的估計數字，差距不大。

別。地主階級以數量和速度占上風；地產經營商以速度和數量居優勢。與前二類比較，小農和薪資階級，雖不至於更加貧困，且能得到些許好處，但還是算輸家。他們的財富累積，根本無法與地主階級和地產經營商相提並論。

傳統的社會

「舊制度」的法國社會，無論從歷史或從數字來看，皆可謂一個農村社會。一個演進緩慢的農村社會，在十八世紀的情況與十七世紀時相差不遠。約一個世紀以來，舊有的經濟制度持續下去，而社會的演變甚至比經濟更慢。

在農村社會最常見的景象：城堡、其林園和家禽飼養場；教堂、其周圍的墳墓和本堂神父住宅；二或三個大農場，以及幾十間茅草屋；一個路過的乞丐，有時一些無處可居住的家庭暫時在田邊紮營。如果依照傳統的三個階級來分類：一個有勢力的什一稅收稅者，以及地位較低的教區本堂神父，代表第一階級；通常是貴族，或假裝貴族的領主，代表第二階級；其餘的皆歸類為第三階級，幾乎全是農民。

1660 年之後，整個農村社會似乎如同往昔。農村的景觀、作息的習慣，以及宗教信仰，皆未見明顯改變。事實上，此一社會並非全然停滯不前。時間的演變，使農村社會在物質、在心態、在基督教信仰、在習俗等方面，無形中產生變化。

新的社會菁英

在十七和十八世紀的法國社會，與傳統的「階級」和農村社會的緩慢轉變並存的是，「新的菁英」逐漸嶄露頭角。在整個社會中，資產階級不斷地肯定其「年輕」的力量，以及其創造的活力。這不僅是資產階級的現象也成為專制君主政體的一種新事物。一、兩個世紀以來，資產階級者如同鴨子划水般，擴大其影響面，並在整個國家展現其漸增的影響

力。他們曾提供給國王，協辦政務的睿智的國務大臣，以及大筆的金錢。他們曾貸給國王可觀的款項，使之能進行對外戰爭，同時能滿足其對奢侈生活的需求。透過其智慧、努力和財富，他們成為國家最有力和堅固的支柱。

自十七世紀中葉以後，事情的演變更為快速。在大約一百四十年期間，資產階級地位的轉變已對整個社會關係產生很大的衝激。

在路易十四統治末期和法國大革命這段期間，資產階級不斷擴大。在大革命前夕，根據較精確的數據，全法國的總人口約二千六百萬人，其中農民占百分之八十五，約二千一百萬人。工人約有一百二十萬人，占百分之四點六。教士階級，不超過十三萬人，約占總人口的千分之五。資產階級，約二百三十萬人，占法國總人口的百分之八點四。

對於資產階級來說，金錢無疑是提升社會地位最可靠的工具，也是一種無可比擬的力量。出身平民階級的商人、工業家和金融家，為與貴族階級競爭，盡力設法擠進上層社會行列，並終能獲得成功。例如在聖馬羅、南特、拉羅謝爾、波爾多、拜勇、里昂和土魯斯等七個城市，1789年總數五、六千個貴族中，有一千人來自資產階級。

工人階層

十七和十八世紀期間，在此一表面上很平衡的法國社會，農民問題似乎特別尖銳。它對傳統社會結構造成的危險性，引起許多受其影響的人的注意。手工業工人和製造業的勞動者，幾乎毫不受重視，且與居住在城市中的平民混合為一。然而，隨著經濟的發展，工業需要為數愈來愈多的工人，產業逐漸集中，勞動者境遇的問題，以及其在國家中的地位，也隨之受人關注。資產階級新菁英的崛起，「工業大軍」同時開始膨脹。他們成為工業發展不可或缺和足堪畏懼的勢力。他們缺乏組織，有時很激烈但有時卻很冷漠。然而，他們卻較希望向領導集團施加壓力，要求較佳的生活和工作條件。在十分緩慢的無產階級和工人意識的形成

過程中，無疑地，「製造業時代」(Ere des manufactures) 為一重要階段。

　　工人，在十八世紀，為數增加甚快。在 1724 年，盧昂市鎮和郊區有工人二萬五千二百四十人，其中一萬四千九百八十八人從事絲棉混紡的工作。在勒芒 (Le Mans)，1713 年有工人三千人，到了 1750 年則增至六千人。在 1778 年，南特有半數居民在工廠工作。里昂，法國大工業城市之一，或許是其中最大的。里昂的製造業老闆從 1660 年的八百四十一人，到 1786 年增至七千人，增加幅度達百分之七百三十二。在大革命前夕，該城市的居民有十三萬九千人，其中工人有五～六萬人，約占總居民數百分之三十五～四十三。在巴黎，1750 年時的工人不到十萬人，到了 1791 年則超過二十五萬人，約占總人口數的百分之五十三點二。

　　城市的工人數不斷增加，而在鄉間，從事紡織工作的臨時性工人也不少。盧昂一省，在柯爾白時代，有四萬二千九百六十一位男、女和童工從事棉麻紡織工作；到了大革命前夕，從事同樣工作者達十八萬八千人，亦即增加百分之三百三十七。

　　在十七和十八世紀，童工的雇用很普遍。在某些地區的鐵匠鋪，就有七～八歲的男童工。工人工作時間完全依習俗、老闆的裁定和日照來決定，不幸的是，通常是時間很長，夏天比冬天更長。自柯爾白時代開始，國營製造廠起帶頭作用。玻璃製造廠每天工作十二小時。煤礦工人分成兩班，每班工作十二小時。紡織工人的工作時間更長，例如里昂的絲織廠就可能達十八小時。

第七章 啟蒙運動時期㈡
——哲學思想和政治思想

　　啟蒙運動時期的思想文化，為法國歷史中最為輝煌燦爛的一頁。回顧十七和十八兩個世紀的歐洲歷史，法國身為歐洲的一個統一大國，在歐洲文明史上具有重要地位。然而，在這兩個世紀中，法國在歐洲的影響是不同的。在十七世紀，法國影響歐洲的是其強大的政府。法國政府以軍事和外交手段稱霸歐洲，成為歐洲政治的主宰。在十八世紀，法國的絕對專制王權到了路易十五手中，已經逐漸沒落。法國的國力大減，在歐洲已失去昔日的雄風。此時的法國儘管已失去政治影響力，但文化上的優勢仍然存在。富於人性、優雅、較輕鬆的法國藝術和生活情趣，對歐洲其他國家仍然影響很大。由於啟蒙運動在法國的蓬勃發展所產生的順應時代潮流的新思想、新理論，向歐洲提供了從自然神論、泛神論到自由、民主等思想，更是影響了歐洲文明的發展。由此可看出，十八世紀的法國依然是歐洲文明的燈塔和旗手❶。

　　伏爾泰在其《路易十四的世紀》(*Siècle de Louis XIV*) 一書中曾經提到，十七世紀知識的偉大成就，造就了後來的啟蒙運動❷。此一說法很有道理，但並未損及十八世紀的啟蒙運動及其思想家的重要性。在十七世紀初期只是一條小溪，到了末期變成急流，最後到了十八世紀才成為

❶ 徐新編著，《西方文化史》，〈從文明初始至啟蒙運動〉(北京：北京大學出版社，2003)，頁 292–293。

❷ Roland Mousnier & Ernest Labrousse, *Le XVIII Siècle*, L'époque des "Lumières" (1715–1815) (Paris: Presses Universitaires de France, 1967), Introduction.

大河。透過理性主義的信仰，以及對實驗方法的關懷，十八世紀的啟蒙思想已是前二、三個世紀思想的集大成。

　　十八世紀的啟蒙思想家，在繼承前輩思想遺產的同時，進一步高舉理性的旗幟，認為理性的批判不應僅限於哲學領域，而應擴展到宗教、政治、社會等領域。在政治領域，他們要求改變舊封建專制制度，消滅封建特權和不平等；建立新體制，實現民主、自由和平等。在宗教領域方面，他們反對教會權威和宗教迷信，要用人的理性取代神的意志，徹底打破強加在人民身上的宗教枷鎖。在知識方面，他們倡導科學知識，進行科學探索，推動科學實驗和發現，把人民從愚昧無知的狀態下解放出來❸。理性的啟迪、運用與批判是哲學家的重要任務。在理性的引導下，摧毀神權、王權和特權，追求和實現人的權利、自由和平等，是啟蒙運動的主要內容，也是啟蒙的內在精神，同時也成為十八世紀的時代精神。

第一節　哲學思想

　　法國啟蒙運動的思想淵源很深遠。就啟蒙哲學來說，法國唯物主義有兩個派別：一派起源於笛卡爾，一派起源於洛克。十七世紀法國唯物主義，特別是笛卡爾的哲學，是法國啟蒙思想的重要來源之一。笛卡爾是近代哲學理性主義的奠基人，堅持「普遍懷疑」的方法論原則，反對包括經院哲學在內的一切未經理性裁判而因襲的教條和偏見。十八世紀的英國政治革命和啟蒙思想，深深影響著法國的啟蒙學者。法國卓越的哲人學者大都到英國遊歷或居住過，如伏爾泰、孟德斯鳩、盧梭 (Jean-Jacques Rousseau, 1712–1778) 和愛爾維修 (Claude A. Helvétius, 1715–

---

❸　王斯德主編，《世界通史》，李宏圖、沐濤、王春來、盧海生著，《工業文明的興盛——16～19 世紀的世界史》(上海：華東師範大學出版社，2001)，頁 16。

1771)。洛克的經驗論成為十八世紀法國唯物主義的直接理論來源。他的社會契約論，關於自由、平等的思想和君主立憲的論述，為法國啟蒙學者所繼承和發展，從而形成比較有系統的社會政治理論❹。

伏爾泰的哲學思想

伏爾泰出身良好的中產階級家庭，曾在耶穌會所辦的學校接受古典教育的薰陶。他曾兩度因不公正的審判而被關進巴士底獄。1726 年獲釋後，被迫流亡英國三年。在這一段日子裡，伏爾泰考察英國政治制度，研究洛克哲學和牛頓物理學。他的第一部哲學和政治著作《哲學通訊》(*Lettres philosophiques sur les Anglais*)，介紹洛克的經驗論，使之成為法國哲學的重要來源之一。

伏爾泰的哲學思想❺，一方面繼承了貝爾等人的法國懷疑論傳統，以之為武器來批判宗教神學和唯心主義形而上學；另一方面，他繼承了洛克經驗論和牛頓物理學，論述了以自然神論為表現形式的唯物主義思想。

貝爾的《歷史和批判的辭典》及其他著作，尤其是貝爾對教會和對十七世紀形而上學以及一切形而上學的批判，對於伏爾泰思想的形成產生巨大影響。伏爾泰繼承貝爾這位啟蒙運動先驅的懷疑論，對笛卡爾、萊布尼茲 (Gottfried Wilhelm von Leibnitz, 1646–1716)、史賓諾莎的形而上學，進行公開批判。

雖然伏爾泰繼承貝爾的批判精神，而與十七世紀的形而上學展開鬥

---

❹　高九江著，《啟蒙推動下的歐洲文明》(北京：華夏出版社，2000)，頁 15–16。

❺　伏爾泰的哲學並非他自己所創，同時也不深奧，一些研究思想史的學者甚至不承認他是一位哲學家，因為他未形成一個可以解釋宇宙中一切事物的連貫的思想體系。但伏爾泰認為這些體系雖然合乎邏輯，卻不實用。他的思想講實際重實效。

爭，但其理論基礎則是洛克的經驗論。洛克的經驗論注重現實和確鑿無疑的經驗事務，這與形而上學包羅萬象的思辨哲學體系，以及空論和抽象的方法相對立。伏爾泰認為洛克哲學已經窮盡了真理，是無法超越的，所以他自己的哲學只是對洛克哲學的闡釋或具體發揮❻。

伏爾泰懷疑論的對象是十七世紀的形而上學。他認為，形而上學只對「神的宏大」、「無限」等等大發空洞的議論，容易將人類的理智引向歧途。伏爾泰的哲學要求人們以自然界本身為對象，不需要抽象思辨和空洞議論，而是要觀察、測定、衡量、計算，不是從原理出發，而是從事實出發。

伏爾泰哲學思想的批判精神，除了體現在堅持不懈與宗教神學和宗教狂熱鬥爭之外，還集中體現在駁斥已經走向反動的形而上學思辨體系上。十七世紀笛卡爾、史賓諾莎、萊布尼茲等人的哲學，本來就與現代自然科學的萌芽有密切關聯。然而，到了十八世紀，自然科學發展迅速。自然科學的許多部門，包括化學、生物學等，已各自獨立。舊的形而上學失去與自然科學的有機聯繫，蛻化成一種毫無實際價值而且空洞抽象的思辨體系。此時，羅馬天主教會和教會派哲學家也改變策略，對笛卡爾等人的著作由查禁改為利用。因此，舊的形而上學哲學體系已代替經院哲學，為宗教信條作理性辯護。形而上學已經變成新的經院哲學，成為神學的最後支撐❼。

對於伏爾泰來說，笛卡爾所編造的天賦觀念論形而上學體系的哲學，比經院哲學的鬼話還危險。因為經院哲學的鬼話早已被拆穿，已經不能阻止人們到別的地方去尋找真理，但是「一種精巧而大膽的假設乍看起來卻好像是真的」，更能阻礙人類知識的增長，並為神學迷信找根據。

指出天賦觀念論變成教會宣揚宗教迷信的工具這種惡果之後，伏爾泰進而根據洛克的感覺論駁斥了天賦觀念論本身的錯誤。他說，編造天

❻　馮俊，《法國近代哲學》（臺北：遠流出版公司，2000），頁 292–293。

❼　李鳳鳴，《伏爾泰》（臺北：東大圖書公司，1995），頁 112–113。

賦觀念論的人自鳴得意，以為自己給若干被他們假定為人人共有的形而上學觀念說出一番道理，可是事實上，許多人一輩子都沒有一絲一毫這樣的觀念，小孩子也只是在大人告訴他們時才會有這些觀念。這就證明，我們的一切觀念都來自感官對外在世界的感覺，人心裡根本沒有天賦觀念。以人們關於神的觀念而言，人在剛出生時並沒有一個神的觀念，後來也不是人人皆具有相同關於神的觀念。可見天賦觀念論是荒唐的學說。

伏爾泰的世界觀深受牛頓和洛克的影響。他從洛克經驗論和牛頓物理學出發，承認自然界是真實存在的。伏爾泰認為，牛頓以萬有引力規律證實宇宙是一部巨大機器。如果製造一部良好的機器需要良好的機器匠，那麼宇宙這部奇妙無比的機器也就需要極好的機器匠才能製造出來。這個機器匠就是上帝。上帝創造宇宙，制訂宇宙的規律，並給予宇宙第一推動力。伏爾泰的「上帝」並非天主教所崇拜的偶像，而是其機械論必然導致的結果❽。

伏爾泰的機械論借用牛頓力學來解釋世界，所以把物質視為消極被動的，沒有外力的推動，物質自己不會動。因此，他與牛頓一樣，把宇宙視為一座鐘，引力是發條，各部分可以精巧和諧地運轉，但需外力的推動。這推動者就是上帝。整個自然界都證明上帝的存在，萬物都是宇宙中的藝術，而藝術證明造物主的存在❾。

因此，伏爾泰成為十八世紀法國自然神論的代表。他的自然神論就是不公開的唯物主義。他的上帝只是宇宙的第一推動者和自然規律的制定者，而非宗教的人格神。在他看來，上帝在創造了現實世界後，就不再干預世間事務。如同一位建築師，在完成宇宙大廈的建築後，就不再過問這棟大廈的使用。上帝發一次命令，宇宙便永遠服從。我們可以視

---

❽　全增嘏，《西方哲學史》上冊（上海：上海人民出版社，2002 年重印），頁670–671。

❾　苗力田、李毓章主編，《西方哲學史新編》（北京：人民出版社，1990），頁428–429。

上帝為自然立法，使世界機器運轉又不干涉其運轉的幾何學家。伏爾泰雖然從機械論立場出發，把上帝視為宇宙第一推動者和規律的制定者，但他向來否定上帝存在。儘管如此，他卻主張上帝是道德生活和社會秩序的保證者。

　　總而言之，伏爾泰是一位自然神論者，而非徹底的無神論者。他的攻擊目標只是指向天主教會和教士。

孔狄亞克的哲學思想

　　孔狄亞克 (Etienne Bonnot de Condillac, 1715–1780) 是啟蒙時期唯一建構系統知識理論的哲學家。他深受洛克的影響，且有助於將洛克的心理導向引進法國十八世紀的思想中。孔狄亞克出身貴族家庭，畢業於巴黎大學神學院，曾任天主教神父和修道院院長，也是法蘭西科學院和柏林科學院院士。然而，他和教會的公務關係對其生涯並不重要，他將時間投注於哲學短論。

　　孔狄亞克的早期作品——《論人類知識的起源》(*Essai sur l' origine des connaissances humaines*) 與洛克的知識論幾乎完全契合。然而隨著其著名的《感覺論》(*Traité des Sensations*) 出版，逐漸放棄洛克而主張感覺獨自指示心的運作，而且是所有知識的來源。

　　孔狄亞克是十八世紀法國哲學從自然神論過渡到唯物論和無神論的重要人物。他批評笛卡爾等人的唯理論，特別是天賦觀念論。他特別指出，人們的一切觀念皆來自感覺，除此而外沒有其他來源。孔狄亞克也批判了萊布尼茲的單子論 ❿，指出萊布尼茲在單子問題上是「什麼都沒說明」，「他的體系」「完全是兒戲」。孔狄亞克同樣很不滿意史賓諾莎的

---

❿　其實伏爾泰對萊布尼茲也極為輕視。他在《老實人》(*Candide*) 一書中稱萊布尼茲是「那個世紀最偉大的風水先生，但是……卻只寫哲學小說」。見 E. E. Rich & C. H. Wilson 主編，高德步等譯，《劍橋歐洲經濟史》第五卷，〈近代早期的歐洲經濟組織〉(北京：經濟科學出版社，2002)，頁 548。

實體學說。他從狹隘的片面的感覺論出發，認為抽象觀念只是存在於個別感覺觀念之中的東西之總和。它只能說明我們在個別對象上見到的東西，並不能增加我們的知識❶。

在方法論方面，孔狄亞克公開表明其觀點與英國的培根 (Francis Bacon, 1561–1626) 的看法不謀而合，並推崇經驗的分析方法，而與笛卡爾學派哲學家的理性的綜合法完全對立。他的分析法就是按照前後相繼的次序來觀察客體的性質，以便使人的頭腦能夠把握這種性質同時存在於客體中的情況，亦即經過分析之後，要將各種性質重新放在一起，予以綜合。分析的目的在於綜合。沒有綜合，不能判斷性質間的關係，也就不能獲得知識❷。

孔狄亞克遵循經驗主義的認識路線，注意對人在認識過程中的心理活動進行分析，強調運用分析法的意義。他充分肯定人類的認識活動肇始於感覺，又都可以歸結為感覺，成為感覺轉換了的形式。他極力推崇感覺是人類心靈在認識過程中最初表現出來的一種能力，藉以粉碎天賦觀念說，抨擊形而上學者。

在思想體系方面，孔狄亞克將心理學、認識論和文化學熔於一爐，在哲學中注入有關現實生活的思考。他致力研究文化，由需要和欲望談到自由。他認為自由在於決定，而決定以思考為前提。如不思考，則無所選擇；只受制於客體的印象，則無自由。例如，雕像或許有一種需要，卻不知如何予以滿足，又不進行思考，也沒能力思考，從而不能做出決定，它就不自由。要自由，需要思考和抉擇，而實現這種心理活動的必要條件是知識。因此，知識是享有自由的基礎。

在分析心理活動的過程中，除印象、感覺、知覺和注意外，孔狄亞克還談到回憶和記憶。回憶和記憶皆是以過去的知覺為內容而產生的心理現象。時過境遷之後，原來的知覺不復存在，卻又會浮現於人的頭腦

---

❶ 苗力田、李毓章主編，《西方哲學史新編》，頁 459–460。

❷ 馮俊，《法國近代哲學》，頁 342。

中，這就是回憶和記憶。孔狄亞克闡明人類知識的起源和人類獲得知識的過程，有力駁斥天賦觀念說，高唱經驗主義、感覺主義，開啟一代學術新風氣，為思想家開闢一條新的思路❸。

　　語言符號問題是孔狄亞克哲學思想中的一個重要特徵。在他之前，洛克已經意識到符號的作用。洛克認為，符號說的任務在於考察心靈為了理解事物或傳送知識給他人時所採的符號之性質。符號代表觀念，觀念表示事務。歸根究底，符號是人類獲得知識和傳播知識的重要工具。然而，他在語言符號的研究方面不如孔狄亞克深入。孔狄亞克首先探索語言的起源問題。他認為語言是在人類交往中產生的，最初發生的是動作語言，亦即用身體姿勢來傳遞思想或感情的語言；隨之而起的是發聲的語言，亦即有關的器官發出聲音的語言。人類運用語言符號，與生活需要有密切關係。原始人最迫切的需要是狩獵，其次是採果。因此，他們先有獸類名稱，再有果實名稱。這種名稱是語言符號中重要的組成部分。依照孔狄亞克的理解，語言符號與心靈活動是互相幫助，互相推進的。人利用語言符號可以擴展心靈活動的運用，而心靈活動的運用又可以使語言符號更為完善。孔狄亞克將語言符號視為人類交往和傳遞思想的工具。

　　孔狄亞克雖然是一個感覺主義者，但仍尊重理性。他認為理性是一種重要的心理活動，可以在人們處理事務或尋求真理中發揮作用。為讓理性早日來臨，人們要鼓勵孩子從事觀察。

　　孔狄亞克哲學思想的影響很深遠。他為法國啟蒙運動哲學奠定認識論的基礎，開啟法國唯物主義思潮。孔狄亞克的分析法對法國自然科學的發展也有貢獻，如拉瓦錫 (Antoine Lavoisier, 1743–1794) 的化學、卡巴尼斯醫師 (Pierre Cabanis, 1757–1808) 身心關係的研究等等。

---

❸　葛力，《十八世紀法國哲學》(北京：社會科學文獻出版社，1991)，頁 364。

狄德羅的哲學思想

《百科全書》(L'Encyclopédie) 主編狄德羅 (Denis Diderot, 1713–1784) 出身小資產階級家庭，是一個唯物論者。他質問傳統與權威，信仰人的理性，認為理性佐以感官經驗，即可增進人類的知識和幸福。

狄德羅除了致力於編撰《百科全書》外，還完成許多個人的著作，其中有《哲學思想錄》(Les Pensées philosophique)、《供明眼人參考的談視障者的信》(La Lettre sur les aveugles à l'usage de ceux qui voient) 等等。《哲學思想錄》是一本頗有影響力的自然神論警句集；《談視障者的信》則提出哲學的唯物論和上帝存在的問題。

狄德羅哲學思想的發展，從自然神論走向無神論。從他的早期著作《哲學思想錄》中，可以看出他是一位自然神論者。他反對迷信觀念和宗教狂熱，但仍然承認上帝的存在。他和伏爾泰一樣，將自然界視為一部奇妙的機器，有齒輪、纜索、滑車、彈簧和懸擺，認為這部機器的「合理性」和「規律性」證明了造物主的存在。他說，實驗物理學的發展，對自然認識的加深，使人成為真正的自然神論者❶❹。

然而，三年後，在《談視障者的信》，狄德羅借視障者之口指出，如果要一位視障者相信上帝，那就要讓他摸到上帝。此時他已舉起無神論的旗幟，以唯物主義為武器，向宗教神學猛烈攻擊。他發揚梅里葉 (Jean Meslier, 1664–1729) 唯物論的優良傳統，廣泛概述近代自然科學的成果，形成自己以物質和運動學說為核心的唯物主義哲學思想。

狄德羅在臨終前對著聚集於其病榻前的朋友們說，「走向哲學的第一步就是不信神。」❶❺ 他不信神，成為無神論者。對狄德羅來說，整個宇宙是一個大鎖鏈，其中各部分是必要而相互聯繫的。這是建立在牛頓物理學之上的宇宙觀，但是此一宇宙觀消除了牛頓所設想的第一推動者，斷

---

❶❹　李鳳鳴，《狄德羅》(臺北：東大圖書公司，2000)，頁 54–55。

❶❺　葛力，《十八世紀法國哲學》，頁 409。

定宇宙本身有自己的運動和發展的規律，無須宇宙以外的東西插手，完全割斷宇宙與上帝的關係，否定上帝的地位。狄德羅認為上帝的存在是一種由人所作出的推測，然而推測位於宇宙之外的任何存在物是不可能的。

狄德羅從懷疑主義出發，採取世俗的觀點看待事物，愈來愈明顯地表現出無神論的傾向。他相信理性，認為可以信賴的命題必然同直觀和推理所提供的認識相符；否則，無論何種命題，包括有關宗教信仰的命題，肯定是謬論。

邏輯分析是唯理推理方法的一種形式，狄德羅推崇理性思維，很重視這種方法。在《談視障者的信》中，他表明承認上帝是承認宇宙萬物有終極因，終極因就是上帝，使人無窮追溯，毫無意義。消除終極因的概念，就自然本身而論自然，從而否定上帝的存在，是狄德羅哲學思維中的重要契機。

在《談視障者的信》之後，《對自然的解釋》(*Les Pensées sur l'interprétation de la nature*)，是狄德羅哲學走向成熟的著作，系統地表述了其唯物主義世界觀，以及觀察、思考和實驗三者結合的認識論。《拉莫的侄兒》(*Le Neveu de Rameau*) 這部哲理小說被譽為辯證法的傑作。《達朗貝爾❶和狄德羅的對話》(*Entretien entre d'Alembert et Diderot*) 與《達朗貝爾的夢》(*Le Rêve de d'Alembert*) 兩部著作，則是以一種文學形式生動活潑地闡述狄德羅的唯物主義思想，深化和發展其哲學的一些基本概念。《關於物質和運動的哲學原理》(*Les Principes philosophiques sur la matière et le mouvement*) 對於唯物主義的物質定義、物質和運動的關係、運動的絕對性和靜止的相對性、物質世界的普遍聯繫和相互作用以及當時科學難題慣性和重力、能和力的相互作用等問題，都有精闢的論述和深入探討❶。

---

❶ 達朗貝爾 (Jean Le Rond d'Alembert, 1717–1783) 為《百科全書》的編輯和撰稿人。

　　物質論是狄德羅哲學思想的重心。他認為，自然、物質是唯一真實的客觀存在。物質是永恆存在的，而運動則為其本性固有的。空間和時間是物質存在的形式。在自然界中，時間是活動的連續性，空間是幾個物體同時活動的並存。狄德羅指出，宇宙或世界的統一性就在於它的物質性。為闡明此一觀點，他依據當時剛萌芽的生物進化論，提出物質普遍具有感受性的想法，明確肯定思維是大腦的屬性，從而肯定了思維和意識對物質的依賴性。感受性是物質的普遍和基本的性質。他把感受性分成兩種：遲鈍的感受性和活躍的感受性。無生命的物質，如大理石雕像，只有遲鈍的感受性；而人、動物，也許還包括植物，則具有活躍的感受性。

　　狄德羅主張將哲學建立在自然科學的基礎上。首先，他認為自然是元素的組合。所謂元素就是異質物質，也稱分子。它們的數目無限，性質也各自不同。由於元素在本質上是多種多樣的，數量上是無限的，所以才能組成紛繁複雜的自然界。在他看來，人是由元素組合的；如果硬說上帝是存在的，那麼這個上帝一定也是由元素組合的。

　　其次，狄德羅認為物質與運動是不可分割的。運動是物質的本質屬性。他根據物質自行運動的原則，批判了十七世紀唯物主義者把物質看成是僵死的、被動的形而上學觀點。狄德羅指出物質運動的形式是多樣的，但基本上可分「移動」和「激動」兩類。所謂「移動」，就是物體之間相互吸引的力，也就是分子外部的力；所謂「激動」，就是作用於分子內涵的、固有的、內部的力。從物質運動是永恆的觀點出發，狄德羅認為運動是絕對的，靜止是相對的。最後，根據運動是絕對的原則，狄德羅論述了自然界是處於不斷發展的觀點。很明顯的，他的此種思想是受到十八世紀法國生物學家畢楓 (Georges L. Leclercq, comte de Buffon, 1707–1788) 的進化論思想的影響。此種思想也為科學進化論思想提供了哲學上的理論根據❸。

---

❼　馮俊，《法國近代哲學》，頁 496。

在認識論上，狄德羅堅持唯物主義的反映論，提出觀察、思考和實踐結合的認識方法。他認為，物質是感覺的對象，感官是一切認識的來源。在論證知識起源於經驗的原則時，他並未將全部認識歸結為感覺。要解釋自然就不能停留在感覺的範圍內，而是借助理性，根據事物的現狀，推論它的過去和未來，從事物的秩序中推出一些抽象的一般結論。

在十八世紀法國唯物主義者中，狄德羅比其他人更注重美學和藝術理論的研究。這是他的哲學思想的一個重要組成部分。狄德羅認為，美的觀念就是對事物本身真實關係的感覺，它同人們具有的長寬深等幾何學觀念一樣實在、真實、清晰和明確。他以此批判當時流行的唯心主義美學觀點。他說，否認存在著客觀事物之美的唯心主義者，將美視同冷、熱、甜、苦等觀念一樣，是人們主觀心靈的感覺，從而否認美的客觀來源。

狄德羅提出藝術要仿傚自然的現實主義藝術理論。基於此一理論，一位藝術家要創作一件完美的藝術作品，就必須學習和了解自然，深入生活❶。

拉美特里的哲學思想

出身資產階級家庭，曾接受神學教育而後轉學醫的拉美特里 (Julien Offray de la Mettrie, 1709–1751) 為物理學家和哲學家。他應用其徹底的唯物論來考察人性。他從「人是機器」的觀念出發，強調人類的心理狀態和生理狀態決定於生理所受的刺激。

拉美特里直接繼承和融會笛卡爾的機械唯物主義和洛克的唯物主義經驗論，將唯物主義發展到極其典型的形式。他的唯物主義觀點，開闢了一條從生物學和心理學角度重新評價人的途徑。

拉美特里是一位無神論哲學家。他明確表示，他所討論的唯一哲學

---

❶ 全增嘏，《西方哲學史》上冊，頁 718–722。

❶ 苗力田、李毓章，《西方哲學史新編》，頁 482–483。

是人體的哲學。他的哲學主旨就是闡明心靈對肉體的依賴。他從出版《心靈的自然史》(*L'Histoire naturelle de l'âme*) 開始登上哲學舞臺，公開倡導唯物主義。《人是機器》(*L'Homme-machine*) 為其著作中思想最激進的。

拉美特里與其他法國唯物主義者一樣，積極發揚和傳播唯物主義思想。然而，妨礙他們的觀念散布於公眾之間而發揮作用的是宗教神學和教會。宗教中的基本信條是神的存在，這個神在基督教信仰中是上帝。拉美特里反宗教、反基督教，勢必否認上帝的存在，論證上帝無足輕重。他表面上承認上帝存在有其或然性，但是他認為即使上帝存在，那也只能是理論上的真理，實際上毫無用處，沒有對祂加以崇拜的必要。而且，宗教信徒不一定循規蹈矩，忠誠老實，而無神論者也不一定不守規章，不誠摯可靠。很顯然，他是主張無神論。

他還明確表示，應該研究現實的事務，不要追究無限的東西，上帝就屬於無限的範圍。他想將上帝存在與否的問題擱置在一邊，告誡人們不要在這個問題上白白浪費時間和精力，因為那是不可理解的。他就這樣間接地、含蓄地否定了上帝的存在。

不僅上帝的存在是人們不能認識的，是否相信上帝對於人的生活和幸福沒有任何好處，而且相信上帝與否也不能成為道德評判的標準。那些在心裡存在著迷信和神的人，註定只能崇拜偶像，不能感覺到道德。他將自然法則理解為道德感，並指責教士們為騙子和偽君子[20]。

拉美特里是典型的機械唯物論者。他利用機械力學解釋人體的行為，認為人不過是一個巨大的極為精巧的鐘錶，是一部聰明的機器，只不過比最完善的動物多幾個齒輪和彈簧。人體和心靈的一切活動都只是機械運動的一種表現。人臨深淵時而縮身，受寒冷時而抖動，這些都是機械的活動[21]。

根據當時醫學所提供的大量資料，拉美特里證明人的心靈活動完全

---

[20]　馮俊，《法國近代哲學》，頁 448–449。

[21]　王德勝，《科學史》（瀋陽：瀋陽出版社，1992），頁 268。

取決於機體的組織和狀況。他說，有多少種體質，便有多少種不同的精神，不同的性格。如果脾臟或肝臟有一點故障，靜脈裡有一點阻塞，就可使勇敢的人變成畏葸怯懦的人。如果讓人吃生肉，人也會像野獸一樣變得凶暴。他還指出，各式各樣的心靈狀態都與腦子的組織結構有密切聯繫。從比較人體的體積來看，在所有動物中，人的腦子最大，表面的皺紋也最曲折。因此，人是一切動物中最聰明的。白癡和瘋子並非沒有腦子，而是腦子有毛病。拉美特里從心靈依賴身體，思想依賴腦子的觀點出發，嚴厲批判宗教神學關於靈魂不死的謬論。

拉美特里是一位唯物主義經驗論者。他繼承和發展洛克的經驗論，堅持唯物主義反映論的路線。他強調感覺經驗是人們一切認識的來源。然而，感覺不是主觀自生的，而是客觀對象作用於感官的結果，所以感覺是對客觀對象的一種反映。人之所以能產生感覺，正是由於人的感官受到外部對象的刺激而形成的。他宣稱，感官是他的哲學家。沒有感官，人們就不能產生感覺；沒有感覺，人們就不能對外界對象有所認識。

談到人們知識的形成，拉美特里認為，人們透過感官獲得感覺，傳達到大腦形成觀念，依靠記憶保留觀念。因此，頭腦裡就有各種觀念，這些觀念的比較，就會產生判斷和推理，從而形成各種知識。人的認識既非神的指示，也不是與生俱來，而是後天獲得的。

愛爾維修的哲學思想

出身醫師世家且曾就讀過耶穌會學校的愛爾維修，是一位唯物主義哲學家。他的《精神論》(De l'esprit)，論述其唯物主義和無神論的思想，並批判封建專制及其教會的罪惡，將道德貶為私利行為。《論人及其智力和教育》(De l'homme, de ces facultés intellectuelle et de son education)，則系統性論證社會政治論理學說。

愛爾維修認為一切精神活動都可歸結為感覺。他繼承英國的唯物主義經驗論，尤其是洛克的經驗論原則，認為人的認識來自於感覺。感覺

是自然事物作用於感官的結果。人的五種感官，猶如五道大門，各種思想都是經由它們而達到靈魂深處。愛爾維修反對笛卡爾的天賦觀念說，認為新生兒沒有什麼「天賦觀念」。嬰兒透過聽覺、味覺、觸覺、嗅覺以及靈魂的所有門戶，才逐漸獲得各種觀念。愛爾維修不同意洛克所謂的「內省經驗」。他認為「內省經驗」作為一種獨立的認識來源是不存在的，一切認識都來自感覺。由感官所獲得的感覺是可靠的，因為感覺是對客觀對象的映象。如果人的感覺非外界對象的映象，那麼對同一個對象就會產生不同的說法。

愛爾維修認為，認識固然首先要有客觀對象的存在，但仍須主體有接受對象作用的能力。否則，認識就不可能發生。他提出人身上有兩種能力：一種是接受外界對象在人身上造成各種映象的能力，即「肉體的感受性」；另一種是保存外界對象在人身上造成各種映象的能力，亦即「記憶」。但他認為，事實上，記憶只不過是延續或減弱的感覺，或者是感覺的一個結果。認識主體的兩種能力，是以有機體的物質組織為基礎，並非獨立的精神實體或靈魂的自我活動。

愛爾維修認為，自然是一切事物的總合，只有自然界才是客觀存在。一切事物都是自然界的組成部分，人也是自然界的組成部分。除了自然界之外，再也沒有其他東西。超越自然界之上的上帝是不存在的。他說，物質與運動是不可分的。物質具有自己運動的能力，運動也不能離開物質而獨立存在。運動並非實體，而是物質存在的形式。由於物質自己運動，所以整個自然界是處於永恆的運動之中。然而，愛爾維修所理解的運動，主要指作用與反作用、引力與斥力，以及數量上和位置上的變化等。因此，愛爾維修仍然是機械論唯物主義者❷。

霍爾巴赫的哲學思想

出生於日耳曼地區，後來歸化為法國公民並繼承長輩的爵位和巨額

❷ 全增嘏，《西方哲學史》上冊，頁706–707。

財富的霍爾巴赫 (Paul Heinrich Dietrich, Baron d'Holbach, 1723–1789)，是
十八世紀法國最激進、最徹底的唯物主義者和無神論者。在狄德羅主編
的《百科全書》處於最艱難的時刻，許多學者紛紛退出《百科全書》的
陣營，只有霍爾巴赫始終與狄德羅站在一起，患難與共。他發揮自己精
通多種外國語文，以及化學、地質學和冶金學等方面最新科技成就的特
長，向《百科全書》提供三百七十六個條目 ❷（譯自德文），大部分論述
化學或與化學有關的各門學科。

霍爾巴赫著作的內容包括三方面：第一方面是翻譯介紹國外先進的
自然科學成果，以及為《百科全書》撰寫自然科學方面的條目；第二方
面是批判基督教的無神論著作，為了防備教會和政府的迫害，大都假託
他人之名、匿名或從國外翻譯而來；第三方面是他建立自己唯物主義哲
學體系的著作。

作為十八世紀法國唯物主義的最後代表，霍爾巴赫利用自己廣博的
科學知識，總結前人的成就，把法國唯物主義加以系統化，形成較為完
整的機械唯物主義，即所謂的「自然的體系」❷。他論述唯物主義對自
然的基本思想。對他來說自然是唯一真實的客觀獨立的存在。它既沒有
開端，也沒有終結。它永恆存在，永遠運動。

霍爾巴赫認為，自然是物質和運動的總匯。人只因為對自然缺乏認
識才成為不幸者。自然是由不同的物質、不同的配合，以及人們在宇宙
中所看到的不同運動的集合而產生的一個大的整體。整個自然界可以歸

---

❷ 1987 新編《大不列顛百科全書》（中文版）第七冊（臺北：丹青圖書公司，
1987），頁 110；馮俊《法國近代哲學》，頁 451 提到「近四百個條目」與全
增嚴《西方哲學史》上冊，頁 740 提到「約四百個條目」，均為合理。然而
Encyclopedia Americana, volume 14, p. 286 所提到的 "some 1,100 articles" 則
似乎太離譜。

❷ 霍爾巴赫有一著作為《自然的體系，或物質世界和精神世界的法則》(*Système
de la nature, ou des Lois du monde physique et de monde moral*)。

結為物質和運動的總匯。由於不同物質不同比例的配合就能組成自然界的多樣性。礦物、植物或動物，皆由物質原素的不同配合所組成。人也是由物質原素的不同配合所組成。不過，人是特殊物質之特殊配合，從而使之能感覺和思維。

霍爾巴赫認為物質是永恆存在的，因而它不是被創造出來的。他強調，物質能自己運動，運動乃是物質的存在和本質。因此，運動在物質之內自行產生，自行增長，自行加速，並不需要任何外因幫助。如果把物質當作僵死的，沒有運動的，那麼毫無疑問，人們將不得不在自然之外去尋找運動的原因，乞靈於超自然的力量。在他看來，正因為運動是物質的本性，因此宇宙就是一個永恆運動的整體。

因果學說是霍爾巴赫自然體系的一個重要內容。他認為，自然界中存在著一種直線因果鏈，一切皆按著因果關係必然出現。他否認偶然性，認為一切都由必然性決定的。他指出，宇宙中的一切事物都是互相關聯，自然本身不過是自然原因和結果的無窮的鎖鏈，必然性就是這條鎖鏈中決不會錯和不會變的聯繫，一切原因都必然產生確定結果，前因後果，分毫不差。自然界中一時出現的混亂現象也都是原因產生的必然結果❷⑤。

談到人的靈魂，霍爾巴赫說，靈魂是人的某種機能，也是人有別於和高於一切動物的重要標誌。靈魂、感覺、思維等精神活動就是肉體的某些作用或機能。因此，靈魂和肉體共生共存，是不能脫離肉體而獨立存在的。他還指出，靈魂是大腦的屬性。借助於大腦，人們才能進行思維、判斷和推理等活動。因此，精神和靈魂是大腦的產物。他從世界的物質統一性出發，肯定精神、思維只是物質的一種能力，否定有所謂獨立於物質之外的精神實體的存在。

由此，霍爾巴赫嚴厲批判靈魂不死的謬論。他指出，如果人死後，靈魂不朽，那就是可以把肉體與靈魂分割開來，可以把人和腦子分割開來。這顯然是很荒唐的。因此，人們不必憂慮人死後的靈魂會遭到種種

---

❷⑤ 王德勝，《科學史》，頁 268–269。

可怕的苦難，也不必害怕僧侶們的種種恐嚇。

在認識論方面，霍爾巴赫以唯物主義解決身心關係的思想為基礎，來探討人的認識問題。闡述唯物主義經驗論的內容，批判天賦觀念論。他分析由感覺到思維，經驗到理性的過程。他首先肯定感覺能力是物質具有的普遍特性。感覺能力是人的第一個能力，一切由它所生。只有透過感官，事物方為人們所認識，或在心中產生概念。認識遠非只局限於感覺、知覺和觀念。大腦還有思維能力。大腦不僅接受從外界得來的變化，同時也考察自身的變化和運動，這就是反省。霍爾巴赫把記憶、想像、判斷和意志等視為思維能力的種種具體體現。作為產生認識作用的思維能力，就是理解力。

霍爾巴赫是個鮮明的無神論者。他留下大量批判宗教神學的無神論著作，如《揭穿了的基督教，或對基督教的原則和影響的考察》(*Le christianisme dévoilé, ou examen des principes et des effets de la religion chrétienne*)、《袖珍神學，或簡明基督教辭典》(*Théologie portative, ou Dictionnaire abrégé de la religion chrétienne*) 和《神聖的瘟疫，或迷信的自然史》(*La Contagion sacrée, ou Histoire naturelle de la superstition*) 等。

霍爾巴赫認為，人們為了幸福必須認識自然，為了認識自然必須批判宗教，驅散宗教的煙霧和怪影。他從唯物主義世界觀出發，批判上帝存在和靈魂不滅等宗教教條，並分析宗教起源。他指出，作為一切宗教基礎的上帝不過是人們想像出來的虛構物。神是人按照人的形象、人的特性加以美化，誇大而捏造出來的。所謂「上帝」根本不存在。

霍爾巴赫分析宗教產生的根源，認為對於自然的無知和恐懼加上欺騙造成了神。由人的無知和想像創造出來的神，又因騙子的欺騙而變得嚴峻可怕。

達朗貝爾的哲學思想

達朗貝爾是十八世紀法國著名的數學家、力學家、哲學家和《百科

全書》副主編。他的主要哲學著作有《文學、歷史和哲學論文集》(*Mélanges de littérature, d'histoire et de philosophie*) 和《哲學要素論》(*Essai sur éle-ment de philosophie*)。

　　在知識論方面，達朗貝爾將知識的考察轉換為追溯觀念的來源及其發展過程的問題。一切觀念起源於感覺，人類的一切知識都是從人的生存、人的肉體需要的滿足、趨利避害、趨樂避苦等感性的活動中產生。人的生理需求是科學探索的基礎。為防止疾病對身體的威脅或治療對身體造成危害的疾病，遂有農業和醫學的研究。對於宇宙天體的發展，乃因其激發了人的興趣和好奇心。好奇心、求知慾、不可滿足的感情，成為人類獲取知識的動力。知識的獲得能令人愉快，因此追求知識也是趨樂的一種表現。

　　實際效用也是人們進行探索的一個重要原因，物理學就因而興起和發展。抽象的數學，推動人們的認識，而數學的應用證明抽象數學在生活中用途很廣。

　　有關人文科學的形成和發展過程，達朗貝爾認為，人們透過擴展自己的思想領域而得到好處，因而認識到，如果將取得知識和交流思想的方式結合為一種藝術，那將會很有用。他們終於找到此種藝術，並稱之為邏輯。他強調，邏輯是一種依照適當的次序來組織自己的思想，亦即推理的藝術。這是獲得知識的藝術或方法，因為人們的一切知識皆是來自自己的感覺。

　　達朗貝爾認為，人類的知識分為歷史、哲學（科學）、美術三大類，而與之相對應的則是人類擁有的記憶、推理和想像力等三種認識能力。人的這三種能力是相互聯繫的。對於感覺對象的記憶是人們進行推理的基礎，而想像力在進行創造之前，必須理解它之所知和所見。記憶和推理是創造性想像的基礎。

　　至於達朗貝爾的感覺論，則繼承培根、洛克和孔狄亞克的思想路線，堅持一切觀念都是來自感覺這一經驗論的原則，認為感覺是人們全部知

識的基礎。感覺告訴人們的第一件事，就是思維主體自身的存在。感覺
給予人們的第二個信息是外部客觀的存在，包括自己身體的存在。由於
肉體的趨利避害，感覺同時也是認識的能力。因此，達朗貝爾認為，透
過感官得來的直接知識是其他一切知識的基礎。

他否認有脫離感覺經驗的天賦觀念或理念存在，反對用任何形而上
學的假設去認識自然。對於自然的認識不是靠模糊的、任意的假設，而
應該以對自然現象的觀察，以事實為依據。達朗貝爾認為，科學的哲學
的任務是以一種系統的方法去描述現象，而不是在形而上學的意義去解
釋現象。科學不需要隱密的質和實體，也不需要形而上學的理論和解釋。
哲學和科學一樣，只關心現象，它以感覺經驗為基礎，形成明確的定義，
推演出一些可證實的結論。他還認為，人能形成一些或然性的理論，這
些或然性理論被細心地研究證實後，也能成為真理。此一思想成為後來
實證主義哲學的理論來源[26]。

盧梭的哲學思想

盧梭出生於日內瓦的一個法國移民的鐘錶匠世家，祖父和父親皆從
事此一行業。母親因生他而難產，而父親在他十歲時逃離日內瓦。這些
不愉快的成長經驗，影響其心理和人格。

盧梭的哲學思想是複雜的，既有唯物主義因素，又染有唯心主義色
彩。整體而論，唯心主義的道德觀念和濃厚的宗教思想，籠罩著他整個
世界觀。盧梭對哲學抱有成見，尤其不滿意十七世紀的哲學。牽涉到人
的問題時，他特別輕視哲學家。他讚揚野蠻人的判斷能力，貶低哲學家
的作用。然而，他自己是哲學家，且為政治哲學和社會哲學寶庫增加豐
富的內容。盧梭將自己視為一個純樸而誠實的人，熱愛常識和真理。他
反對過去的一些哲學，證明他渴望獲得智慧，積極陳述自己的哲學思想。

在本體論方面，盧梭表現一定的唯物主義思想，承認客觀世界的獨

---

[26]　馮俊，《法國近代哲學》，頁518–525。

立存在，肯定世界的本源是物質。他透過感覺，認識自己的存在，也能感覺到其他事物的存在。然而，感覺的產生和消滅不能由人作主。因此，他清楚地理解感覺和產生感覺的原因並非同一。感覺產生於主體內部，產生感覺的原因卻獨立於外部。他將那產生感覺的原因，對感官發生作用的東西稱為「物質」。物質的分子是「物體」，物體組成實體，實體是由物質分化出來的。綜合起來，物體和實體皆為物質。物質存在於宇宙之中，如果宇宙不存在，物質也不可能存在❷❼。

　　盧梭懷有唯心主義的道德觀，不贊成唯物主義，認為唯物主義聽不到內在的聲音，聽不到人的心靈呼聲。這種聲音和呼聲，告訴人們除了物質，尚有精神的存在。在人性中，除了自然的欲望以外，還有道德感和正義感。

　　在認識論方面，盧梭肯定洛克和孔狄亞克的貢獻，並受到他們的影響，尤其是在感覺論方面。盧梭承認感覺是知識的原料，亦即知識的來源。感覺是人類認識活動的一種形式，產生於認識主體內部，它的根源在於作為認識客體的外部事物。必須內外結合，主體與客體相互作用，才能出現感覺。感覺之呈現並非自發的，而是受到外界事物影響的結果。

　　在各種感覺中，盧梭認為觸覺最重要。觸覺是人體接觸外界物體時所獲得的一種感覺，是人類認識客觀的具體事物的重要通道，它能提供人類保存生命所需的直接知識。然而，觸覺有其局限性，只能接觸人體周圍的一些事物。相形之下，視覺具有優越性，它能夠延伸到很遠的地方，涉及的範圍廣泛，而且很快發揮作用，所以它在人類認識世界的過程中承擔重要職責。但是，視覺容易發生錯誤，這就需要各種感覺相互發生作用，以一種感覺糾正另一種感覺。

　　除了視覺和觸覺外，盧梭還論述聽覺、味覺和嗅覺。很特別的，他提出第六感覺的概念。所謂第六感覺是由其他的感覺配合良好而產生的，可以稱之為共通的感覺。這種感覺能夠綜合事物的種種外形，使我們把

❷❼　葛力，《十八世紀法國哲學》，頁 298。

握事物的性質。第六感覺只存在於人的頭腦裡，完全是內在的，可以稱為「知覺」或「觀念」。觀念是複合的感覺。

同感覺和知覺相比，判斷是更高一層的認識活動。然而，判斷必須以從感覺和知覺中獲得的材料為前提，沒有這種材料，無法進行判斷。盧梭認識到判斷含有能動性因素，由此可見他在認識論上並非機械唯物主義者。

在盧梭的認識論中，人與事物之間有價值取向關係，強調主體的重要作用。主體與客體之相互作用，是認識論中的重要問題。客觀世界中的事物是認識客體，在人們認識以前，這種客體只是自在的存在物、潛在的客體，只有透過人類認識，才能變成真正現實的客體。

人類的認識活動是複雜的，既含有理性因素，也包容超越理性的成分，例如感情和意志等。這些因素和成分，指引著人類的認識活動，是人類活動的基本動因。感情和意志等是屬於個人的，充分表現為個人特殊的主體性。盧梭認識到此種主體性，把它展示在人們面前，作為他給認識論提供的新觀點。

盧梭認識論中的一些論述，基本上體現了唯物主義感覺論的觀點，但其中的唯心主義因素也是顯而易見的。他的濃厚宗教意識始終糾纏著他的心靈，其所關懷的一直是統御宇宙萬物的主宰者，以及這個主宰者所安排的社會秩序。

狄德羅摒棄終極因的觀念，從自然神走向無神論，成為一個徹底的唯物主義者，而盧梭的意識結構是複雜的，在表面的層次上有唯物主義的因素，在更深的層次上占統治地位的是宗教感情。

第二節　政治思想

伏爾泰的政治思想

在政治體制方面，伏爾泰反對神權政治，亦即僧侶政治。在這種政治統治下，社會和國家融為一體，社會可以殺人來祭神。他認為這是殘酷的。屬於神權政治的政府愈被稱為神聖，則愈殘酷和腐敗。

伏爾泰痛恨專制主義，反對階級制度和貴族特權，要求平等自由，主張實行英國式君主立憲制度。他的政治思想歸結為平等、自由、法律、王權和政府等五個基本概念。有關平等和自由方面，他的出發點是「自然法」理論。自然法理論也稱為自然秩序論。此一觀點從抽象的人性出發，一方面主觀設想原始人類的生活景象，亦即所謂原始社會的「自然狀態」和「自然秩序」；另一方面脫離人的社會性和階級性來談所謂人的「自然權利」，追求一種「合乎自然」的理想社會原則。他指出，法律是自然的女兒，每一精神健全的人心裡都有自然法的概念，那就是正義❷❸。

伏爾泰首先確定他對平等的理解。對他來說，平等意味著反對階級制度和封建特權。他認為人生而平等，揭露階級制度和貴族特權違反自然法。他考察社會不平等現象，認為其產生原因是貧窮和暴力。如果人們沒有需要，那就必然人人平等。使一個人從屬於另一個人的，是與人類分不開的貧困。這種從屬關係就是人類不平等現象產生的原因。他還指出，能力和機遇不同，也造成人們之間事實的不平等。

他所謂「人生而平等」，指的是人身平等、機會平等和權利平等。伏爾泰主張廢除階級制度和貴族特權等封建藩籬，強調人們在法律面前一律平等，但認為經濟（財產）的不平等是無法避免的。在他看來，下層群眾超越法律面前人人平等這個根本原則而追求財產公有或財產平等，

❷❸　李鳳鳴，《伏爾泰》，頁 125–127。

是不合理的。

「自由」是伏爾泰反覆談到的另一個概念。他指出，自由是人人享有的天賦人權，不應受到侵犯。他將這種自然權利分成個人自由、思想自由、言論和出版自由、信仰自由，以及勞動自由等五種。個人自由即人身自由。奴隸和農奴沒有人身自由，所以伏爾泰痛斥奴隸制度和農奴制度違反自然法，譴責直到十八世紀法國的某些地方仍然保留著中古時期的農奴制度。

伏爾泰認為，思想自由是一種自然權利。統治者總是害怕人們獨立思想，認為如果每個人都自己思考，就會擾亂社會秩序，產生一片混亂，特別是會危害基督教。事實上，基督教本身就是思想自由的產物。如果早期基督教徒沒有思想自由，就不會有基督教。如果羅馬帝國長期禁止思想自由，基督教教義也就無法建立。

言論和出版自由是其他自由的保證。他對十八世紀的法國沒有言論和出版自由早有切膚之痛。因此，他宣稱，發表自己思想的自由是公民的自然權利。伏爾泰為爭取和維護信仰自由奮鬥終生，他的大多數作品申明的都是此一主題。至於勞動自由，伏爾泰認為對於農民和其他窮人來說，自由並不意味著擁有財產，而是能夠自由地出賣勞力。

伏爾泰的法律和法律改革思想的中心內容，是他極力主張限制教權，反對教會勢力凌駕國家法律之上。巴黎大理院有政治機構的性質，又執行宗教裁判所的職權。在法國的封建關係中，巴黎大理院代表貴族利益，是貴族和宗教勢力勾結而與王權抗衡的陣地。伏爾泰曾為文揭露和抨擊巴黎大理院頑固維護封建特權、推行教權主義的種種倒行逆施。他還堅決主張教會和教士必須納稅。他在法律方面所關注的另外一個問題，是法律必須保護公民的財產私有權和繼承權。

伏爾泰曾經分析專制政體和共和政體各自的特點，認為專制政體的根本缺陷是專斷，國王為所欲為，常常為虛榮而犧牲繁榮，扼殺自由，把人民拖入苦海。他認為共和政體由於崇尚平等和自由，可以避免君主

專斷而橫暴的統治。然而，伏爾泰擔心共和制度會造成無政府狀態和不斷產生騷亂。在他看來，最好的政治制度是英國式的開明君主制度或君主立憲制度。

伏爾泰政治思想的最後一個基本概念是「政府」。他所謂的政府，並非指一個國家內負責行政事務的當局，而是泛指整個國家的政治制度和權力結構。他十分推崇英國人建立的君主立憲制度和法治社會。英國的憲法和法律至少在下列三方面發揮作用：

　　1. 限制王權和貴族的勢力。

　　2. 憲法保障議會的權力。

　　3. 法律保障資產階級的私有財產❷❾。

孟德斯鳩的政治思想

十八世紀法國偉大的啟蒙運動思想家中，潛心研究政治兼及法律而堪稱為政治哲學家的，除了盧梭以外，應該首推孟德斯鳩。作為一位政治哲學家，他的思想清晰，高瞻遠矚，能夠透視當時法國的政治情況，進行縝密研究，分析各種政體，包括古代和當代的政體，以便從中吸取經驗教訓。

孟德斯鳩出身波爾多地區的一個貴族世家，曾任吉岩大理院的顧問和院長。他對這些行政事務興趣不大，反而對物理學和自然歷史等科學研究相當投入，因而成為波爾多學術院 (L'Académie de Bordeaux) 院士。後來他又成為法蘭西學術院 (L'Académie Française) 院士。1726 年，他出售吉岩大理院院長的職位❸❶。之後，他到處旅遊，並在英國停留二、三年。在英國停留期間，孟德斯鳩被推選為英國皇家學會會員 (Fellow of the Royal Society)。英國讀者以極大的興趣閱讀其作品，因為孟德斯鳩對英國政治體制的讚揚，讓英國人與有榮焉❸❶。

---

❷❾　同前書，頁 145–146。

❸❶　在「舊制度」時期，一般官職或行政職位是世襲的，且可買賣。

　　《波斯人書簡》(*Les Lettres Persanes*) 為孟德斯鳩首部重要著作。本書用筆流暢、主題嚴肅，為十八世紀罕見的經典之作。孟德斯鳩在序言中，用書信體形式將哲學、政治學和倫理學結合在一個故事裡，同時用一條「祕密鎖鍊」貫穿全局。《波斯人書簡》假藉一些造訪法國的波斯人與家鄉親友通信的方式，透過對比交代孟德斯鳩自己的哲學思想，並深入批評法國和波斯兩地的信仰、風俗和政治社會體制。

　　《波斯人書簡》雖以匿名出版，但因其中充滿對當時的政治和社會嚴厲批判的詞句，諸如：

> 君主政體是一種經常導致專制或共和的可怕制度；權力永遠無法由人民和君王共享，平衡太難維持。
> 國王偏愛幫他卸妝或遞送毛巾的人，而非為他攻城掠地或打勝仗的人。
> 教宗是一個人們習於供奉的老偶像。
> 大理院如同被人踩在腳下的大廢墟 ㉜。

　　在《波斯人書簡》一書中，孟德斯鳩提出一連串政治和道德問題的省思。這些主題，他在後來的《論法的精神》(*De l'Esprit des lois*) ㉝ 中大部分均加以發揮 ㉞。

㉛　Maurice Cranston, *Philosophers and Pamphleteers, Political Theorists of the Enlightenment* (Oxford: Oxford University Press, 1986), p. 34.

㉜　Marcel Prélot & Georges Lescuyer, *Histoire des idées politiques* (Paris: Dalloz, 1986), p. 466; Nannerl O. Keohane, *Philosophy and the State in France, the Renaissance to the Enlightenment* (Princeton, N.J.: Princeton University Press, 1980), pp. 401–402.

㉝　*De l'Esprit des lois* 亦有人譯為《法意》。

㉞　J. H. Brumfitt, *The French Enlightenment* (London: The Macmillan Press Ltd., 1972), p. 73.

　　由於《波斯人書簡》直接，至少是很明顯地攻擊法國的宗教和政治體制，有些學者認為該作品的毀滅性效果較伏爾泰的《哲學通訊》為大 **❸❺**。

　　1734 年孟德斯鳩出版《羅馬盛衰原因之省思》(*Les Considérations sur les causes de la grandeur et de la décaelence des Romains*)。此一著作為孟德斯鳩在英國考察其政治制度返回法國之後的成果，可視為《論法的精神》提前發表的一個獨立章節。此書顯示出孟德斯鳩對共和時期的羅馬的評價遠高於西羅馬帝國，更高於東羅馬帝國 **❸❻**。《羅馬盛衰原因之省思》盛讚共和時期所有的美德和自由，並描述戰爭的勝利反而導致其政府體制的腐敗與帝王專制的興起。孟德斯鳩在書中明確指出，擁立暴君的御林軍勢力之崛起、公民權的賦予資格太寬鬆 **❸❼**，以及生活太奢侈，成為羅馬帝國衰亡的主要原因。

　　在《羅馬盛衰原因之省思》中，孟德斯鳩第一次概括地闡述自己的社會史觀，探索社會歷史演變的基本原因。在他看來，羅馬之所以興盛，在於建立共和制度，嚴於法紀，統治者賢明，每個公民享有國家政治權利，民風淳樸，戰士勇敢，人人都關心國家的命運。而羅馬之所以會衰亡，其原因則反之。透過羅馬興衰原因的闡述，他說明社會歷史的發展是受因果制約的，有其客觀的必然性。此外，他也是為藉古喻今，宣揚其政治主張，進而達到反專制暴政的目的 **❸❽**。

　　孟德斯鳩在此書中運用理性主義觀點解釋政治制度的演進。他認為，人類政治制度的變化是有規律可循的，這就是物質環境和道德規律。他在《羅馬盛衰原因之省思》中十分重視道德因素的作用。他以羅馬為例，

---

❸❺　Ibid., p. 74.

❸❻　東羅馬帝國亦即拜占庭帝國。

❸❼　212 年的皇帝卡雷卡拉（Carecalla, 211–217 年在位）為團結整個帝國，賦予帝國境內各省區絕大部分居民羅馬公民權。「公民」的榮譽感和價值大為降低。

❸❽　張廣智，《西方史學史》（臺北：五南圖書出版公司，2002），頁 217。

警告統治者絕對不要無視民眾的心理。與伏爾泰不同，孟德斯鳩沒有把理性和非理性明顯分開，而是認為非理性因素，如感情、忠誠、愛情、仰慕等等都是組成環境的因素。因此，他警告政治家不要隨意廢除人民喜愛的習俗 ❸。

1748 年，孟德斯鳩完成其鉅著——《論法的精神》，並於兩年後寫了《論法的精神之辯護》(Une Défense de l'Esprit des Lois) 作為增補。《論法的精神》有三十一冊，每冊又分十五至二十章。詹內 (Paul Janet) 視之為十八世紀最偉大的著作，唯一堪與亞里斯多德的《政治學》(La Politique) 相提並論的作品 ❹。

孟德斯鳩嚴厲批判專制主義。他指出，專制制度是一種完全由君主一個人獨斷專行，藐視任何法律的政治體制。在專制國家，君主完全依照一時的與反覆無常的意志行事。因此，專制國家不需要法律，有法律也形同虛設。專制君主不僅是暴君，而且是只知道縱慾享樂的寄生蟲。他們往往不親自執掌國政，而把行政委託給宰相。宰相則是君主的第一個奴才。

在他看來，專制制度不僅是產生暴君的土壤，也是孕育官僚階層的溫床。為了維護專制統治，專制君主總是把自己的權力授予阿諛奉承的大大小小貪官污吏。宰相變成專制君主的化身，而每個官吏又變成宰相的化身。由於在專制國家是無法可循，而法律又僅是君主的意志而已，因此官吏們無法遵從一個他們所不知的意志，也就只好遵從自己的意志。如此一來，大大小小的官吏就變成大大小小的暴君，而有多少官吏就有多少法律。官吏本身就是法律，廣大人民就成為「什麼都不是」的奴隸 ❹。

孟德斯鳩指出，專制國家雖然形式上也有法律，但由於這些法律往往不完備，其條文經常含糊不清，所以會有許多流弊。他舉中國封建時

---

❸　楊豫，《西方史學史》（南昌：江西人民出版社，1993），頁 203。

❹　Marcel Prélot & Georges Lescuyer, *Histoire des idées politiques*, p. 468.

❹　侯鴻勳，《孟德斯鳩》（臺北：東大圖書公司，1993），頁 56–57。

代為例子。他說，依照當時中國法律的規定，任何人對皇帝不敬就要被處以死刑。但由於法律沒有明確規定什麼叫不敬，所以任何事情都可以拿來作為藉口去剝奪任何人的生命，去滅絕任何家族。使許多人受到株連，受到史無前例的恐怖迫害。因此，孟德斯鳩一再強調，「專制政體原則是恐怖」 ❷。

孟德斯鳩指出，貪污是專制國家的必然現象。在專制國家裡還存在貧富懸殊等不合理的社會現象。他在描述專制制度下知識分子的可悲遭遇時表示，宮廷學者是暴君的奴隸，只能寫些為國王和其奴僕歌功頌德的東西。如果他們在思想中有高尚的成分，在感情上有正直的成分，敢於直書，描寫真實，敢於替人民說話，那就要遭到迫害，被送進巴士底獄。然而，他卻認為「言語並不構成『犯罪』」 ❸。

在批判專制制度的同時，孟德斯鳩也批判法國專制制度的精神支柱天主教。他指出，沒有法律的專制國家，宗教是專制國王的衛道士，教會是其保衛機構。專制國家的原則是恐怖，而在專制國家裡，宗教的影響比什麼都大。它是恐怖之上再加恐怖。孟德斯鳩主張宗教寬容，要求允許不同教派的存在。這無疑反映了新興資產階級對天主教居於國教地位，以及對新教的迫害的不滿 ❹。

關於政體和三權分立的理論，孟德斯鳩認為，在世界歷史上存在三種政體，亦即共和政體、君主政體和專制政體。共和政體的性質是人民全體或一部分人民握有最高權力；君主政體的性質是君主握有最高的權力，但是他依據既有法律行使此一權力；專制政體的性質是一個單獨的個人，依據他的意志和反覆無常的愛好治理國家。每一種政體都有各自的動力原則。共和政體的原則是「品德」，君主政體的原則是「榮譽」，專制政體的原則是「恐怖」。孟德斯鳩在《波斯人書簡》和《羅馬盛衰原

❷　同前書，頁 60–61。

❸　葛力，《十八世紀法國哲學》，頁 128。

❹　苗力田、李毓章，《西方哲學史新編》，頁 417。

因之省思》中是擁護共和政體的，後來在《論法的精神》中則贊同君主政體。然而，他始終對專制政體懷有極大的惡感。

在英國的考察和研究，使孟德斯鳩擺脫了那種認為政治自由取決於只有古羅馬人才有的美德，而且只有在城邦中才能實現的成見。因此，他主張按照英國的模式，在法國建立君主立憲制。

他的實際目標是批判專制制度，分析自由賴以存在的體制條件，尋求恢復自由的手段。為此，他提出了政治自由的主張，繼而提出權力分立的思想。孟德斯鳩的三權分立學說是洛克分權學說的繼續和發展。

洛克主張把國家的權力分為立法權、行政權和對外權。立法權應由民選的議會行使；行政權應由君主根據議會的決定來行使；對外權與行政權是聯合在一起的，因此它也交給君主行使。

孟德斯鳩的分權學說，正是由於他親自考察英國的政治制度和直接受到洛克分權理論的影響而形成的。他認為，政治自由是透過三權的分野而建立，亦即必須使立法權、行政權和司法權分掌在不同的人、不同的國家機關手中。如此，方能使三種權力互相制約，又可以使這三種權力保持平衡，從而使這三種權力有條不紊地、互相協調地行動，並最終建立起真正的法治國家。

如果不實行三權分立制度，公民的政治自由就得不到任何保障。因為，當立法權和行政權集中在同一個人或同一機關手中，這個人或這個機關就可以用暴力方法來執行自己制定的法律。如果司法權不與立法權和行政權分立，自由也就不存在。如果司法權與立法權合而為一，則將對公民的生命和自由施行專斷的權力，因為法院就是立法者。在他看來，有些君主國的人民享有自由，有些君主國的人民則沒有自由，其關鍵就在這些國家是否實行三權分立制❹。

---

❹　侯鴻勳，《孟德斯鳩》，頁 161–163。

盧梭的政治思想

在《論人類不平等的起源和基礎》(*Le Discours sur l'origine et les fondements de l'inégalité parmi les hommes*) 中，盧梭研究「人類社會」，並且為強者的暴力和弱者的受壓迫感到震驚。他認為，不平等是在人們的同意下確立的，或者至少是在人們的同意下得到認可的。不平等體現在某些比別人更富有、更尊貴、更有權勢的人所享有的各種特權之中，這些特權是損害他人利益的 ❹ 。

《論人類不平等的起源和基礎》是盧梭社會政治學的起點。他以自然法理論為基礎，揭示人在自然狀態下的平等，私有制產生社會的不平等，社會的進步和發展又使不平等加深和惡化。封建制度是不平等的頂點，從而提出從不平等走向新的平等的要求。

盧梭認為，要研究人與人間不平等的起源，必須從認識人類開始，而人本身所固有的一切會因環境和社會的改變而改變。人的研究最為重要的是，必須將人在原始狀態下所固有的東西，與因環境和人的進步所添加和改變的東西區分開來，必須在人的現有性質中辨別出那些是原始的，那些是人為的。只有對人類的自然狀態形成一種正確觀念，方能對人類現在的狀態作出正確的判斷。

在自然狀態中，每一個人的自我保存並不妨礙他人的自我保存，這是一種最適合人類的和平狀態。在自然狀態中沒有法律，而只有兩種天然情感：自愛心和憐憫心。自愛心使人熱烈關切自己的幸福和自我保存；憐憫心則是人在見到自己的同類遭受滅亡和痛苦時，會感到一種自然的憎惡。這兩種感情對人類全體的相互保存很有幫助，因此在自然狀態中代替著法律、風俗和道德 ❹ 。

---

❹　薩爾沃‧馬斯泰羅內著，黃華光譯，《歐洲政治思想史——從十五世紀到二十世紀》（北京：社會科學文獻出版社，1998），頁 166。

❹　馮俊，《法國近代哲學》，頁 322–326。

然而，因為人類有一種獨特的能力，亦即「自我完善化」的能力，所以人類才沒有永遠停留在自然狀態而步入文明社會，從平等過渡到不平等。人與禽獸的區別，在於人類本身有一種能夠維持自己生存，滿足自己需要，趨於完善和向前發展的能力。因此，自然人具有理性、文明、語言、社會生活、道德與進步的潛在能力。動物只能服從自然唯一的支配，就像一千年後的貓仍然和一千年前一樣。

人的「自我完善化」能力為人類進入社會狀態提供可能性，但仍須各種客觀條件的綜合作用使這種可能性變為現實。成為人類不平等根源的私有制之產生，是人類「自我完善化」能力的必然結果，而冶金術和農業則引起此一變革。土地的耕種必然引起土地的分配。花在土地上的勞動首先使人擁有對土地產品的權利，然後使人擁有對土地本身的權利。從此以後，平等就消失了。由於私有制的產生，人類從此由自由平等的自然狀態，陷入沒有自由平等的社會痛苦之中。

然而，盧梭卻沒有想要從消除私有制來恢復人類平等。在他看來，私有制是文明社會的基礎，而人類是不可能重新回到自然狀態。因此，私有制是不可能消除的，只能對它加以限制和約束❹。

盧梭認為，人類有兩種不平等，一種是自然的或生理上的不平等；另一種可稱為精神上或政治上的不平等。不平等在自然狀態中人們幾乎感覺不到，它的影響也幾乎等於零。人與人之間在自然狀態中的差別要比在社會狀態中的差別小很多，自然的不平等在人類中由於人為的不平等而加深。

私有制的產生是文明社會的開端，是一切社會發展的基礎。這些社會發展的基本後果，就是社會不平等的產生和深化。社會不平等的發展過程分為三個階段：法律和私有財產權的設定是不平等的第一階段；官職的設置是第二階段；最後一個階段是合法的權力變為專制的權力。在私有制的基礎上，人類文明每前進一步，都伴隨著不平等的深化和普遍

---

❹　苗力田、李毓章，《西方哲學史新編》，頁 440–442。

的道德墮落。社會進步完全改變人的本性。人類不平等在專制制度下達到高峰。然而，這種極度不平等正是新的平等的起因。既然暴君只依靠暴力而成為統治全體臣民的主子，既然表面「公正」的政府已被破壞殆盡，那麼，人們對他已毫無義務可言。以絞殺或廢除暴君為結局的起義行動，與暴君前一日建議處理臣民財產的行為是同樣合法❹。盧梭的此種說法對法國大革命有相當大的激勵作用。

　　為救治文明社會的種種人為弊端，盧梭在為《百科全書》所寫的〈政治經濟〉條目中，提供一個清晰綱要。他認為，如果能夠創立一個人人都是真正公民的真正社會，就能克服分裂和疏離，個體自我昇華為集體自我或公共人格，以便他們能將其自身與社會融於一體，並將整體利益視為其自身的唯一利益。透過與身體的類比，盧梭堅信，整體的願望終將成為所有部分的真正願望。它在法律中得到表現，異議不會被允許去分裂整體或個體的統一。自由和良心並沒有被拋棄，而是透過文化的人為，透過對自然獨立性的克制和「個人自我」與「公共自我」的認同，將它們轉化為較高層次的形式。所有個人權利被放棄於「社會契約」，但又在社會或社會正義之謹慎控制的公共意志參與下，得到恢復。

　　完成此一宏偉計畫需要：1.新人，亦即培養改變自然屬性的人；2.正確的政治態度。這些都在盧梭的著作中得到充分的論述。

　　1.只讓人們遵守法律是不夠的，必須掌握他們的心靈和意志。〈政治經濟〉、《新愛洛綺思》(La Nouvelle Héloïse) 和《愛彌爾》(Émile)，充分闡述這種「行為工程」的方法論。用欺騙的方式和訓練，兒童必須被塑造成所需要的模式，讓他們被控制著而以為是自由的，防止他們在成長過程中受到社會中傳統教育的虛偽腐朽的污染。

　　2.正確的政治制度結構在《社會契約論》(Le Contrat social)❺和其他的論文中有充分闡述。

---

❹　同前書，頁 442–444。

❺　Le Contrat social 有人譯為《民約論》。

　　盧梭所設想的透過社會契約建立的國家，是以人民主權為基礎的民主共和國 **❺**。他認為，社會契約產生一個道德的、集體的共同體，形成一個公共的大我，一個公共的人格。人民是國家的主權者，每一個人既是主權者的一個成員，也是國家的一個成員。主權的行為不是上級和下級之間的一個約定，而是共同體和其各個成員間的一種規定。

　　主權和國家是以公意為基礎，受公意指導。公意是主權和國家的靈魂，國家的主權不外是公意的運用。公意不但是國家和主權的靈魂，同時也是立法的基礎。法律體現了公意。主權最主要的就是體現為立法權。人民是主權者，因而人民就應該是法律的創造者。立法權屬於人民。服從法律的人民本身就是法律的創作者。

　　法律是全體人民公意的體現，而非某一個人的個別意志的體現。盧梭反對君主以個別意志代替法律。只有代表全體人民意志，由人民直接贊同、親自批准的才能成為法律。一切立法體系最終目的是全體的最大幸福，這就是「自由和平等」。盧梭反對君主專制，堅決擁護共和。他認為，凡是實行法治的國家都是共和國，一切合法的政府都是共和制。專制政府是不合法的政府。

　　主權是至高無上的權威，是神聖不可侵犯的。他認為，主權有下列幾個特點：

　　1.主權是不可轉讓。轉移了主權就意味著出賣生命和自由。政府並非主權者，只是主權者的執行人。人民將權力委託給政府，只是一種任用，而非將主權轉讓給它。只要主權者高興，他就可以限制、改變和收回此一權力。

　　2.主權是不能分割。主權不可分割乃因公意不可分割，公意被分割就不再是公意。被分割的公意就變成是一種個別意志，或是一種行政行

---

❺　盧梭心目中的「民主共和國」是以他所熟知的喀爾文教徒在瑞士日內瓦所建立的共和國為典範。Marcel Prélot & Georges Lescuyer, *Histoire des idées politiques*, p. 500.

為，或是一道命令，而非法律。盧梭反對孟德斯鳩和洛克的三權分立學說，認為這是對於主權的割裂。

　　3.主權是不可代表。盧梭主張直接民主制，反對英國的代議制。他認為，主權在本質上是由公意構成的，而意志又是絕不可能代表的 ❺❷。

　　盧梭將政府分成君主政府、貴族政府和民主政府等三種形式。政府的出現，乃因主權者或國家，為實行公意和施行法律，不得不有代表者來執行實務。代表者或稱為權力受託者的數目愈少，政府的權力就愈大；數目愈多，政府的權力就愈小。君主政府的權力當然最大，但其最大目標，未必能與公共的幸福一致。國王只顧自己的強大，常有使人民失去反抗能力的野心，而且所任用的人員，也必然以狡猾者居多。民主政府理論上是最理想的政府，但相對的要受限於疆域、人口、氣候等條件。與一般人的想法相反，盧梭並非民主政府的擁護者 ❺❸。他比較贊同中間的政府形式，亦即貴族政府。

　　盧梭所謂的貴族政府就是一個民主國家的政府只屬於一小撮人。他認為貴族政府有三個好處：其一為立法權和行政權的區分明顯；另一為貴族政府的制度可以在少數人中選出政府成員，實際運用上確保選舉能順利運作；最後一個貴族政府的好處就是政務可以充分討論，執行時會較秩序井然和較勤奮，國家聲譽也因而較能提升 ❺❹。

狄德羅的政治思想

　　狄德羅對專制制度十分痛恨。在《拉莫的侄兒》中，他對貴族與教士的腐敗糜爛生活和醜惡本質進行無情的揭露和鞭撻。他指出，在這種制度裡，許多毫無才能而且道德敗壞的人過著榮華富貴的生活，而大多數正直的人卻難以溫飽。正如在自然界中，所有動物互相吞噬一樣，在

---

❺❷　馮俊，《法國近代哲學》，頁 339–341。

❺❸　Marcel Prélot & Georges Lescuyer, *Histoire des idées politiques*, p. 497.

❺❹　Ibid., pp. 499–500.

社會中，各種地位的人也互相吞噬，而且比狼更貪婪，比虎更殘忍❺❺。

　　他運用自然法理論，借用孟德斯鳩的學說，透過對各種政體特點的分析和比較，揭露專制制度的不合理。他運用「自然權利」說和「社會契約論」來批判違反人類理性的專制制度從而論證資本主義制度的合理性和永恆性。

　　狄德羅認為，人類最初是生活在自然狀態中，人人自由平等。自由是天賜的東西，是每個人的天賦權利。每一個同類的個體，只要他具有理性，也就享有自由。任何人不得支配他人，因為沒有一個人從自然得到支配他人的權利。在自然狀態中，如果有某種權威的話，那就是自然所樹立的父權。父親有權支配其子女，但是父權是有一定限度的。一旦子女長大能獨立生活時，這種權威也就結束❺❻。此外，自然沒有樹立任何權威。因此，其他任何權威，全部來自一種異於自然的來源。如果追溯其來源，或者出於暴力，或者出於契約。

　　狄德羅認為專制統治是依靠暴力剝奪和踐踏人類的天賦權利，是不合理的。政治權力只有建立在契約的基礎上才是合理，因為這是以人人自由平等為前提。在他看來，政權應該屬於人民所固有，君主的權力來自人民和契約，不能任意使用權力，任意處置臣民。如果君主破壞契約，違反臣民的意志，臣民就可以剝奪他的權力❺❼。

　　狄德羅說，一切專制制度都是與自然法和社會契約精神背道而馳。不僅純粹的君主制是一種壞的統治形式，即使是開明的君主專制也是壞的，開明君主專制的「優點」也許是最危險、最有害的誘惑。他認為，專制統治的特徵不在於君主個人的特性，不在於君主個人性格是開明、

---

❺❺　全增嘏，《西方哲學史》上冊，頁 735-736。

❺❻　Merle L. Perkins, *Diderot and The Time-space Continuum: His Philosophy, Aesthetics and Politics* (Oxford: The Voltaire Foundation at the Taylor Institution, 1982), p. 91.

❺❼　全增嘏，《西方哲學史》上冊，頁 737。

仁慈或是暴虐、兇狠，而在於他的權力範圍和治理國家的專橫方式。專制統治下沒有公民只有臣民。公民服從法律，臣民服從君主個人。

狄德羅認為，唯有民主政體才能與自然法和社會契約的原則相適應，因此是唯一合理的政治體制。因為只有在民主政體下，人民才能感覺到自己是國家的主人，由此激發起保衛國家和勇於犧牲的熱情，形成勤勞、勇敢、友愛、善良的高尚品德。他所謂的民主政體，並非專指共和體制。雖然在批判愛爾維修時，他提過共和體制是最理想的政治體制，但是更多的時候，他所說的民主制度是君主立憲制。在此一問題上，他的思想與伏爾泰十分接近。

事實上，狄德羅曾多次闡明君主立憲制優越性的思想。他認為，只有當人民本身是法律的創造者時，人民才會熱愛和尊重法律，才會服從它，並像保護親生子女一樣地保護它。不是君主的專橫命令，而是採取一致決定的千萬人的意志，才是法律的基礎。君主放棄的那一部分權力，亦即立法權，應當歸人民代表會議。公民的意志應當經過條理化和經過深思熟慮後表達出來，因此只有那些文化程度較高和比較關心公共事務的公民，才能充當代表。他還設想人民代表會議開會時，要討論君主是否遵守法律，如果他破壞法律，就做出懲罰他的決定，並通過延長君主權能或罷黜君主的決定。他還主張，組成人民代表會議的代表，必須有「財產」或「地產」。事實上，這是有資格限制的代議，窮人被排除在外❺❽。

愛爾維修的政治思想

愛爾維修認為，法律和政治制度決定某個民族精神面貌。歷史證明，許多民族的性格和智能，隨著其政體的改變而改變。由於政體不同，同一個民族的性格時而高尚，時而低賤，時而堅定不移，時而反覆無常，時而英勇，時而膽怯。由於國家執行各種獎懲的法律，能自然引導人民。因此，在專制國家裡，人們只能按照統治者的意志行事，一些既無才又

---

❺❽　李鳳鳴，《狄德羅》，頁 112–114。

缺德的人，專門靠向專制君主奴顏婢膝，阿諛逢迎和吹牛拍馬而獲得高官厚祿。在這種政治制度下，只能形成最令人憎惡的品性，人們變成膽怯、虛偽和陰險❺❾。

「自愛」是愛爾維修倫理學說和政治觀點的基礎。他以此為出發點，說明利益、正義、美德等範疇的含義，回答人們思想、行為的動機，以及社會契約等問題。利益就是指一切能夠使人幸福的東西。人的行為受利益支配。人們為了保障自己的生活，不致被野獸吞吃，弱者不受強者欺凌，於是聯合起來，相互訂立契約，組成社會和國家。

在愛爾維修的利益學說中，關於正確理解個人利益，把個人利益和公共利益結合起來的論述，具有十分重要的地位。他認為，從個人來說，只有把個人利益和公共利益結合在一起，他的行為才是正直的，靈魂才是高尚的，精神才是明智的。整個國家則是繁榮昌盛的，對外是強大的。反之，如果個人利益與公共利益分離，就會出現有些人不幸有些人幸福，整個國家也就不安寧。要使個人利益和公共利益結合，從國家來說，需要有良好的法律，讓人們順著自己要求的個人幸福，自然而然地被引導到公共幸福上去。

愛爾維修指出，追求幸福是人的本性，與此相聯繫，人們也就產生對獲得幸福的力量和手段——生命、自由和財產所有權的愛。它們是最根本最神聖和不可侵犯的。然而，在君主專制政體和貴族專制政體下，人們獲得幸福的這些手段都因國家被一個人或少數人統治，以及沒有法律而喪失殆盡。相反地，在民主政體，亦即全體人民統治下，國家權力被同等分給全體公民，也就保證每一個公民獲得幸福的手段和力量，保證人人都同等享受幸福。他說，由於民主制國家實現「公共利益是最高法律」的原則，國家所要求的也只有公共幸福，所做的也只是為公眾服務。從個人來說，他服從的法律就是為保障自己利益而制訂的法律，遵循它的指導，能夠把自己的利益與公共利益結合起來。愛爾維修據此認

---

❺❾　全增嘏，《西洋哲學史》上冊，頁713–714。

為這種政府形式是「最好的形式」❻。

　　愛爾維修是一個懷有改革思想的哲學家，他認為宗教與政治有千絲萬縷的聯繫。宗教散布邪說怪論，蒙蔽人們的才智，是給封建特權塗上一層靈光的黑手，是維護統治階級權勢的靠山。有關宗教的組織和機構，已經成為封建制度的組成部分。他認為，宗教是政治制度，是封建社會中的上層，是統治階級用以控制人民的一種工具。這就去除了宗教的神聖性，徹底暴露其神祕外衣下的政治內涵。

　　宗教和專制政體都需要人們盲目順從，只是採取的手段不同而已。宗教以神祕的說教蠱惑人心，而專制政體則直截了當運用高壓政策，二者沆瀣一氣，目的都是要維護封建特權。

　　愛爾維修探討國家的起源，目的是要理解國家的演變，為人民爭取合理的政治環境，享受怡然自得的生活。他的觀點與十八世紀流行的社會契約說是一致的。因此，他認為，人們不得不脫離自然狀態，締結契約，捨棄一部分自由，換取安全和幸福的保障。

　　談到國家的職責，愛爾維修表現極其鮮明的自由思想。他說，政體的形式能規範一個人的發展，決定一個民族文化的風格。各個民族在才能智慧方面本來是平等的，沒有優劣之分。一個民族之所以創造比另一個民族高的文化，顯示出非凡的優越性，完全依賴這個民族選擇了合理的政治道路，創造合理的政體。

　　在愛爾維修看來，政體實際上只有好壞兩種❻。好的政體尊重人民的權利，人民的財產，保障個人的利益，並使個人利益與公共利益和諧一致。它的政策能夠體現民主精神。共和政體是好的政體，由它組成的政府可以實現人民的理想。他贊成瑞士聯邦式共和政體。

　　與共和政體相對照，愛爾維修嚴厲抨擊專制政體。他認為專制政體

❻　苗力田、李毓章，《西方哲學史新編》，頁 468–471。
❻　愛爾維修反對孟德斯鳩所謂的三種政體，亦即共和政體、君主政體和專制政體的論點。

是要鉗制人民口舌，使他們愚昧無知，以便比較容易統治。

愛爾維修斷言，人有自然權利，此一權利使每一個人關注自己的安全、財產的保存和最重要的廣泛的自由。這種自然權利是符合自然法的。這種自然法統御關係到人道的一切事物的原則，是神聖的法律。

他還提到自由選舉的觀念。愛爾維修說，一切合法的主權都來自選舉和人民的自由選擇。最高行政長官，不管人們怎麼稱呼他，只是民族的第一個受委託者。然而，沒有一個受委託者有權締結違背其委託者的條約。社會本身總是在任何時候都可以拒絕執行自己的任務，如果此種任務過於沉重的話❷。

孔多塞的政治思想

孔多塞 (Jean-Antoine-Nicolas Caritat, Marquis de Condorcet, 1743–1794) 為百科全書派傑出成員中最年輕者。他是自由主義與人道主義的護衛者，曾積極參與法國大革命。

孔多塞出身世襲貴族之家，很早即表現出數學方面的才華。二十二歲發表首篇微積分文章；二十六歲獲選進入科學院；三十八歲成為法蘭西學術院院士。在達朗貝爾的提攜下，孔多塞在科學界大放異彩。他隨之追隨杜哥在仕途上發展。孔多塞此時的著作，與杜哥類似，主張貿易自由和中央集權的王權政府。然而，大革命爆發後，他變成十分突出的支持革命的狂熱分子，積極推動民主政體和全民選舉。

孔多塞一直相信他所謂的理性主權。在法王路易十六逃亡到瓦連 (Varennes)❸之前，孔多塞認為法王在法國理性政府的計畫中應有一席之地；之後，他開始設計一部共和政府的憲法。早在 1770 年代，孔多塞已注意到美國共和政府，並與許許多多的美國朋友討論一部共和憲法的形

---

❷　葛力，《十八世紀法國哲學》，頁 595–599。

❸　瓦連事件發生於 1791 年 6 月 20 至 21 日夜晚。參閱吳圳義，《法國史》（臺北：三民書局，1995），頁 223–225。

式。他所設計的憲法受美國憲法影響甚深❻。

　　在自由的觀念方面，孔多塞與盧梭類似。盧梭認為如果法律能自我發揮作用，法律就能讓人們自由的說法，孔多塞是同意的。然而，兩人之間的主要不同點就是，孔多塞相信人民的主權並非由一般意志而是由「公共理性」(public reason) 來表示。孔多塞的「公共理性」觀念來自杜哥。他們兩人主張，政治機構將代表理性而非意志，因為人的理性比意志更能接受真理。他全心全力設計的新政治體制，乃因深信這些政治體制能夠做出「正確」的決定，而非只是反映人民的意見。如果應用到實際的政治上，此一理論的實踐似乎需要由最有知識的人來壟斷所有權力。

　　杜哥和孔多塞皆不建議國王應成為一位「開明專制君主」。他們相信，國王的權力來自人民，因此只能代表人民去執行此一權力。他們也認為，大理院只代表一部分人的利益，因此與公共利益有差別。由於缺乏一位能代表公共理性的哲人王 (philosopher-king)，孔多塞建議設立代議機構，只要這些機構的決議是正確且可靠的。他了解菁英的必需性，但菁英集團必須受人民議會之節制。

　　另一方面，孔多塞並不贊同民主政治。他說，很顯然地，給予未開明的人民一個民主機構，那是危險的。事實上，一個純粹的民主政治只能給予那些較開明，較能避免偏見的民族。他認為一個擁有殘暴法律的共和政體，遠不如一個君主政體。為此一緣故，他認為教導選舉人固然重要，建立一套能產生「真理」的選舉機制也是同等重要❻。

　　孟德斯鳩自以為能制衡君主專制的貴族政體，孔多塞則認為，那只會導致租稅特權、財富不均、鼓勵奢侈、蔑視私德，以及傷風敗俗。此外，此一政體只會讓貴族維持其特權，支配人民而非盡保護人民之責❻。

---

❻　Maurice Cranston, *Philosophers and Pamphleteers*, pp. 140–141.

❻　Ibid., pp. 144–145.

❻　Keith M. Baker, *Condorcet, From Natural Philosophy to Social Mathematics* (Chicago & London: The University of Chicago Press, 1975), p. 260.

第八章　啟蒙運動時期⤀
——經濟思想和社會思想

第一節　經濟思想

重農學派 (The Physiocratic School)

重農學派是十八世紀中葉盛行於法國的一個經濟學派,到了 1760 年代末期,其影響力開始衰微。1770 年後,仍然有重農主義者,但他們很快就被孤立;仍然有重農主義理論,但卻逐漸被忽視。此時,無論如何已經沒有所謂重農主義運動❶。

在路易十四時代,柯爾白的重商主義以犧牲農業來發展工商業。禁止農產品出口,以人為方式壓低農產品價格,加重農業稅收,並把這些稅由徵收實物改為徵收貨幣,透過從農業中搜括到的收入,用來補助對外貿易和興建皇家手工工場,使本來在封建剝削下已毫無生氣的農業,更加凋敝不堪。

法國農業的衰弱,影響到工商業的不振和對外貿易實力的削弱,因而使法國的整個國民經濟瀕臨絕境。勞約翰財政改革的失敗,使法國的經濟更加惡化。重商主義政策的失敗,才使得農業受到重視❷。

---

❶ Ronald L. Meek, *The Economics of Physiocracy, Essays and Translations* (Cambridge, Massachusetts: Harvard University Press, 1963), p. 31.

❷ 吳忠觀主編,《經濟學說史》(四川:西南財經大學出版社,1994),頁 92–93。

　　布瓦斯吉葉貝的《法國現狀》(*Detail de la France sous le régime présent*) 和窩班的《皇家什一稅計畫》，皆論及農業稅收問題，可視為重農學派的先驅❸。

　　重農學派深受啟蒙運動思想家，如伏爾泰、狄德羅、孔多塞和盧梭等人啟發性的思維和著作所影響。法國的經濟思想融合他們求變、希望和改革的觀念，然而也強烈且正確地反映當時主要的既得利益。其中心思想是：農業是一切財富的來源。商人居於次要地位。農業古老的尊榮獲得肯定，且居於主導地位，崇高無比。但同時，社會大眾認為當時經濟和政治結構積弊已深，已到了非痛下針砭加以改革不可的地步。改革融合對土地傳統價值的肯定和其相關的政治權力與社會優越感。改革被認為是保住傳統制度生機的必要手段。

　　重農學派是一群由奎內 (François Quesnay, 1694–1774)、杜哥和杜邦 (Pierre Samuel du Pont de Nemours, 1739–1817) 等人緊密結合的團體。他們的許多觀念並不是由個人提出，而是共同的立場。這是史上第一次可以以一個名詞稱呼一群經濟觀念相同的人。

　　重農學派的宗旨是，經由改革而保留具有土地優勢和特權的古老社會，並避免重商主義的浮誇和猖獗，以及革除目無法紀、冷酷醜陋的工業氣息。該學派的中心理念是自然法則。他們認為所有經濟和社會行為最後都回歸自然法則。國王和立法者所訂的法律，只有符合自然法則或在自然法則下有限延伸，才能被容許接納。財產的存在和保護，符合自然法則；買賣的自由和確保領土安全的必要措施，也都符合自然法則。在符合自然動機和規範的情況下，讓事情獨立自主的運作，就是智慧。立法部門和政府部門共同的行事圭臬應該是「任其所為，任其所行」(laissez faire, laissez passer)。

　　自然法則衍生對抗重商主義的理論。代表商人利益的種種立法規範，

---

❸　L. H. Haney 著，臧啟芳譯，《經濟思想史》(臺北：教育部，1959)，頁127–129。

諸如穀物的壟斷獨占，限制國際貿易的保護性條款，沿襲多年的商人同業公會，顯然都違反自然法則 ❹。

重農主義的基本經濟思想有四：

1.反對封建的、重商主義的，以及政府的經濟干涉。

2.提出淨產品 (net product) 概念。重農學派認為資本主義的歷史任務在於製造並擴大生產剩餘，而生產剩餘僅存在於農業，因而在農業生產上才有資本主義存在的意義。土地或自然財富的泉源，只有與自然結合的生產活動才能生產財富或淨產品。

3.重農主義者根據淨產品的概念，把社會區分為生產階級、不生產階級和地主階級。向地主階級租地耕作個農，因為能生產淨產品，故稱為生產階級。工匠的產品價值等於原料加上維持生活所需之費用，商人出售商品的價值等於購進商品價格加上維持生活所需之費用，兩者皆無淨產品，因此不能列入生產階級。

4.重視資本的總體經濟分析。重農學派研究淨產品的生產、流通和分配。他們視淨產品的生產為資本的函數，投入資本量愈大，所能生產的淨產品愈多，這與近代總體經濟分析的研究課題類似 ❺。

奎內的經濟思想

奎內為重農學派創始人，父親是律師。曾在巴黎大學研究農學，同時學習化學、植物學、哲學、數學等。後來成為路易十五 (Louis XV, 1715–1774 年在位) 的御醫。他是龐巴度夫人 (Jeanne Antoinett Poisson, marquise de Pompadour, 1721–1764) 的保護者 ❻，也是杜邦、米拉波侯爵

---

❹　John Kenneth Galbraith 著，徐鋒志譯，《另眼看經濟：看大師與鉅著如何扭轉人類歷史》(臺北：智庫股份有限公司，1997)，頁 50–54。

❺　林鐘雄，《西洋經濟思想史》(臺北：三民書局，1990)，頁 30–31。

❻　龐巴度夫人備受路易十五寵倖。她是當時巴黎社交界最美麗和最有氣質的女人之一。她很照顧文人和藝術家。

(Victor Riquetti, marquis de Mirabeau, 1715–1789)❼的好友。

　　奎內在六十歲左右才開始研究經濟問題。他在《百科全書》發表〈穀物論〉(Grains) 和〈農民論〉(Fermiers) 等文章，以及《經濟表》(Le Tableau économique)、《農業王國的經濟行政箴言》(Les Maximes générales du gouvernement économique du royaume agricole) 等著作。

　　奎內的《經濟表》發表後，在他周圍很快有一批追隨者，對奎內的思想加以宣傳、研究和系統化。奎內和其追隨者定期集會，討論即將發表的論文和主張，逐步形成一個基本見解一致的學派，這就是後人所稱的重農學派。在其追隨者中，米拉波侯爵是重農學派的積極組織者，其《農村哲學》是第一本重農學派教科書，其中包括對《經濟表》的解釋。杜邦則把奎內的論文收集成冊，編成《重農主義》(La Physiocratie) 一書，使重農學派的思想得以普及。

　　對於奎內來說，「自然秩序」既是一種思想理念，也是一種研究方法。他認為，理性思維是研究經濟運動的自然規律的主要方法。理性的作用，就是認識自然的規律。然而，只有理性，人並不能很好地控制自己的行動，人必須依靠理性獲得自己所必要的知識，再運用這些知識來正確行動，以及獲得自己所必需的財貨。從國家的角度來說，只有依據理性的力量，才能遵循自然規律，妥善組織和安排全國的經濟活動❽。

　　由奎內與法國皇太子的下列對話，可以了解重農學派對自然秩序的重視。皇太子問奎內：

---

❼　米拉波侯爵為一經濟學家，重農主義者之一。他廣為宣傳重農主義理論，著有《稅賦原理》(Théorie de l'impôt)、《農村哲學》(Philosophie rurale)、《經濟學》(Les Économiques) 等。他有一位在法國歷史上名氣比他更大的兒子——米拉波伯爵 (comte de Mirabeau, 1749–1791)，是一位雄辯家和政治人物，在法國大革命時期扮演相當重要的角色。

❽　葛揚、李曉蓉編著，《西方經濟學說史》(南京：南京大學出版社，2003)，頁 96–97。

「如果你是國王，你會怎麼做?」

「什麼也不做。」

「那麼誰來管理呢?」

「自然法則 (La Loi)」 ❾。

　　在奎內的著作中，可以看出他有關農業和自由放任政策的主張。在〈農民論〉，奎內討論農民階級貧困的原因。他認為這種貧困是由於農村青年拋棄鄉土、苛捐雜稅影響農業安全，以及穀物貿易的限制等所造成。他指出，農業為一國最基本的產業，一切原料皆來源於此，而原料乃一國之原始財富，是全體人民生活的基礎。然而農業要得到發展，有兩個重要條件，亦即自由與安全。

　　在〈穀物論〉，奎內著重闡明如何使穀物生產增加，以促進國家的繁榮。他認為，資本主義的農業經濟是一國經濟繁榮和人口繁殖的真實基礎，但是必須貫徹穀物自由貿易政策，才能激勵農業經濟的發展。

　　在《農業王國的經濟行政箴言》，奎內說，欲發展工業，首先必須扶植農業，以增加原料的生產。捨此而去專門講求工業獎勵政策，必然遭到失敗。他批判重商主義的觀點指出，追求貿易順差，既不代表貿易利益，也不代表新的財富的增加，因為由出超所帶回的貨幣，是用等價的而且在使用價值上比貨幣更有用的商品換回來的。所以，順差並非貿易有利的標誌，更非國家財富的源泉。他還說，假如所有金銀集中在某一國家，其他各國無力向該國購買商品，終必造成輸出停止。金銀增加的結果，勢必導致通貨膨脹，物價高昂，不得不向他國進口，而大量輸出金銀。奎內也反對保護關稅政策，認為這種政策，將造成進口商品的價格提高，加重消費者的負擔。何況它不可避免地要引起實施報復關稅，結果本國產品的輸出，亦蒙其害❿。

❾　E. E. Rich & C. H. Wilson 主編，高德步等譯，《劍橋歐洲經濟史》第五卷，〈近代早期的歐洲經濟組織〉(北京：經濟科學出版社，2002)，頁 551。

　　奎內的賦稅理論以其淨產品學說為基礎，將淨產品視為一切稅收的源泉，主張直接向淨產品的擁有者，亦即土地所有者徵收。在他看來，只有淨產品是財富的增加，從而是唯一可供分配的新財富。因此，無論是徵收直接稅或間接稅，無論是向那個階級徵稅，它總是落在同一的源泉，因為總是靠土地收入來支付。基於此一認識，奎內主張向淨產品的占有者徵稅，其數額應與土地所有者階級的收入成正比。

　　他反對向租地農場主徵稅，因為租地農場主的收入是用來補償生產中所耗的資本。如果對此課稅，將破壞一國財富的源泉。奎內認為，對其他階層的人可以徵稅，但比例應適度。商人和手工業者在農村中為數不多，對他們可以採用按地區徵稅的形式，但這種稅不能使小商人負擔過重。對農民、雇工和短工的徵稅也應適度，對農村的下層徵稅不要過分，要使他們對賦稅的數額能放心。總之，對小生產者徵稅不能過重，否則會影響再生產的進行。對工資收入者徵稅，將使僱傭工人的必要生活物資水準降到最低。最好的辦法還是實行單一的土地收入稅。由此可知，奎內是主張直接稅，反對間接稅[11]。

　　《經濟表》是奎內對政治經濟學最傑出的貢獻。它是經濟思想史第一個明確而系統地對社會資本的再生產和流通過程進行理論研究。奎內用一張表來分析總結一國社會資本的再生產和流通。

　　《經濟表》是以奎內的「純產品」學說為基礎。社會財富是在社會的三個階級之間流通。他用幾根粗線條來說明一個國家一年的全部生產品如何在三個階級之間流通，從而使再生產得以周而復始地繼續進行。要使再生產能夠持續不斷年復一年的進行，就必須既要考察它的價值補償，也要考察自然形態的物資替換。奎內的《經濟表》就是按這個要求進行。

　　奎內的《經濟表》是對社會總資本的簡單再生進行分析。此一分析是建立在下列假設的基礎上。

[10] 趙崇齡，《外國經濟思想通史》（昆明：雲南大學出版社，1991），頁 87–88。

[11] 胡寄窗，《西方經濟思想史》（臺北：五南圖書出版公司，1996），頁 75–76。

1.全社會普遍實行大規模農業，亦即資本主義的農業經營制度，而將小農經濟忽略掉。

2.三個階級之間進行交換時，假定價格不變，等價交換。

3.撇開各階級內部的流通，只限於考察國內三個階級之間的流通，因而對外貿易也略而不談。

4.假設各階級一年內的交換額合成一個總數，一次交換完成。

5.社會上只存在三個階級，生產階級和不生產階級間所進行的是簡單再生產。

《經濟表》是以一年生產出來的總產品，亦即上一年度的終點為流通的出發點。在終點之後，開始新的經濟年度。在流通的出發點上三個階級的狀況為：

1.生產階級——它在生產過程中投入的原預算為一百億鎊(livres)❷，每年有十分之一用於折舊，亦即十億鎊計入生產費用；年預付二十億鎊全部計入生產費用；上述投入，使生產階級在年終獲得價值五十億鎊的年產品。在這五十億鎊年產品中，十億鎊要用來補償消耗掉

奎內《經濟表》算學範式分析

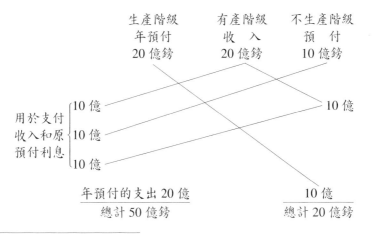

總的再生產，50 億鎊

---

❷ 鎊 (livre) 為法國舊的記帳單位，約等於五百克白銀的價格。

的原預付（折舊），二十億鎊補償年預付。剩下的二十億鎊為「淨產品」，由生產階級轉化成貨幣後，作為地租等交給有產階級。這五十億鎊的總產品，在物質形態上包括四十億鎊的糧食和十億鎊的工業原料；在價值形態上包括原預付折舊的十億鎊、年預付二十億鎊和純產品二十億鎊。相當於年預付的二十億鎊的糧食，留在生產階級手中補償經營資本而不參加流通；投入流通的三十億鎊產品，在物質形態上包括二十億鎊的糧食和十億鎊的工業原料，在價值形態上包括十億鎊的原預付和二十億鎊的純產品。

2.不生產階級——它在流通開始時，已有加工出來的價值二十億鎊的工業產品，其物質形態為十億鎊的生產用品和十億鎊的生活用品；其價值形態為十億鎊的經營資本（購買原料的預付）和十億鎊該階級在生產期間所消費的生活用品的價格。

3.土地所有者階級——它持有以地租形式從生產階級手中取得的二十億鎊資金。這二十億鎊資金在將要開始的流通中起槓桿作用，為國內流通所需的貨幣總額。

《經濟表》中的全部流通過程，包括商品和貨幣流通在內，可歸納為五種行為：

1.土地所有者階級用十億鎊向生產階級購買糧食用於個人消費，結果十億鎊資金流入生產階級手中。

2.土地所有者階級又用剩餘的十億鎊向不生產階級購買生活用品，用於個人消費，結果十億鎊資金流入不生產階級手中。

3.不生產階級用所得的十億鎊，向生產階級購買糧食用於個人消費，結果十億鎊資金流入生產階級手中。

4.生產階級用流回到手裡的十億鎊，向不生產階級購買生產用品用作生產資材，以補償「原預付」的消耗，結果十億鎊資金流入不生產階級手中。

5.不生產階級又用所得的十億鎊，向生產階級購買工業原料，以補

償生產工業品所用原料或經營成本,結果十億鎊資金流入生產階級手中。

通過上述一個經濟年度的整個經濟活動,又回到這年度開始時三個階級的狀況,而在下一年度,同樣的經濟活動又繼續下去❸。

《經濟表》所顯露的創造性和天才思想,米拉波侯爵在奎內的葬禮上譽之為人類繼文字和貨幣發明後的第三大發明。杜邦則稱政治經濟學自《經濟表》發表以後,才成為一門精密的科學。由於《經濟表》是對一定時期內社會商品流通總量和貨幣流通總量、對社會總產品和總收入,以及對工業和農業這社會生產兩大部門之間的交換關係,作了宏觀靜態分析,因此,西方經濟學界有人把奎內稱為凱因斯 (John M. Keynes, 1883–1945) 式宏觀經濟學的先驅❹。有些學者認為,在國家生產、國家會計和財富的流通等問題,奎內的《經濟表》仍然影響今日的經濟學者和高級政府官員❺。或許奎內的最大成就,就是在沒有其他模式可供參考時,他自己發展一套模式。一套模式的創立,可視為一種知識的大躍進,且是經濟思想史上最顯著的進步之一❻。

杜哥的經濟思想

杜哥是十八世紀後半期法國古典經濟學家,重農主義的重要代表人物。他出身巴黎的一個諾曼貴族家庭,原先擔任教會職位,後來改從事政治,曾任巴黎大理院顧問等官職。在往後數年期間,他與百科全書派和重農學派經常來往,曾為《百科全書》寫過幾篇文章❼,但他似乎與

---

❸　葛揚、李曉蓉,《西方經濟學說史》,頁 100–102。

❹　同前書,頁 102。

❺　Ernest Labrousse, *Histoire économique et sociale de la France,* tom 2, *1660–1789* (Paris: Presses Universitaires de France, 1970), p. 378.

❻　Steven Pressman, *Quesnay's Tableau Économique, A Critique and Reassessement* (N.J.: Augustus M. Kelley, 1994), p. 182.

❼　杜哥為《百科全書》寫過的文章有:〈詞源學〉(Étymologie)、〈存在論〉(Existence)、〈膨脹性〉(Expansibilité)、〈市集和市場〉(Foires et Marchés) 等。

奎內為首的經濟學家們聚在一起，才更顯得暢意自在。

　　1761 年，杜哥被任命為里摩吉 (Limoges) 的總督 (Intentant)。里摩吉為法國當時最貧窮的地區之一，他於任內進行多項改革，如改善徵稅制度、修築道路、實行以貨幣納稅代替徭役制、准許境內穀物自由流通等。這些改革使他贏得很高的聲望。

　　路易十六登基後，杜哥出任財政大臣。此時，法國財政窘困。杜哥拒絕採用前人已經喪失信譽的政策來整頓財政，企圖在不增稅和不舉債的原則下，解決財政問題。他反對國家干預經濟的種種措施，主張取消一切特權，並試圖以包稅制度代替賦稅管理制度，撤消穀物貿易限制，准許糧食自由買賣，實行以賦稅代替徭役。隨之，他又降低糧食輸入城市的稅率，並把這種稅首次推行到特權人物身上。

　　此外，對各特權階級還課以道路稅，取消徵自農民的道路勞役。後來，他又頒布許多法令，解散行會組織，恢復工商業自由經營，廢除對工商業發展有妨礙的苛捐雜稅二十三項，實施酒類貿易自由，從而使釀酒的領主失去一項重要專利權。種種改革措施，激起既得利益者群起抗爭，甚至連王后也對他不滿。杜哥於 1776 年 5 月被迫去職。此後，他致力於理論制度的研究。

　　離開公職那一年，杜哥發表其代表作──《對財富形成和分配的省思》(*Réflexions sur la formation et la distribution des richesses*)。此書內容極為豐富，有一百多節。前七節專門討論農業為增加國家財富的唯一泉源，工商業皆仰賴農業的發達。最後數節認為土地收入為國家正當稅源。其餘諸節大多討論錢幣和資本 ❶⑧。

---

❶⑧　L. H. Haney 著，臧啟芳譯，《經濟思想史》，頁 145；Ronald L. Meek, translated & edited, *Turgot on Progress, Sociology and Economics, A Philosophical Review of the Successive Advances of Human Mind on Universal History, Reflections on the Formation and Distribution of Wealth* (Cambridge: At the University Press, 1973), pp. 119–135.

　　杜哥闡述的經濟思想，基本上與重農主義經濟理論一致。農業仍被
視為一國財富的唯一泉源；農業階級支持和餵養著社會所有其他階級；
農場主的經營被視為一國經濟發展的原動力；製造業者的活動僅限於改
變物品的用途❶；自由放任主義、「純產品」學說和土地單一稅主張等❷。
然而，杜哥並沒有死抱住重農學派這些基本理論體系，而是在這個基礎
上進一步發展，對重農主義作重要的補充。

　　在社會結構的經濟分析方面，杜哥對資本主義社會的社會結構比奎
內有較深刻的了解。在奎內的階級劃分的基礎上，杜哥進一步把生產階
級和不生產階級，各劃分為兩個對立的階級，即資產階級和工人階級，
並說明前者為企業家、製造業主、雇主等資本擁有者，後者則是除了雙
手以外，一無所有。

　　他敘述階級分化過程。社會首先被劃分為兩個階級：一個是土地耕
種者階級；另一個是包括鐵匠、車匠、馬鞍匠、織工等薪資階級，又稱
工匠階級。前者為整個社會提供生活物資和原料；後者將其勞動出賣給
前者，換取生活物資和原料，專門從事原料的加工。兩個階級皆為辛勤
的勞動者。然而，根據生產與不生產的觀點，他把這兩個階級，劃分為
生產階級和不生產階級。

　　隨著社會的進步，一切土地都有了主人。土地所有者開始把耕種勞
動交給他所雇用的耕種者來負擔。此時，社會再被劃分為土地耕種者階
級、薪資階級和土地所有者階級。後來由於資本的累積與擴大，在土地
耕種者階級和薪資階級中又出現階級分化。土地耕種者階級再分化為租
佃土地耕種的農業資本家和單純的農業工人；薪資階級再分化為獨立的
企業資本家和單純的產業工人❸。

　　在純產品論方面，儘管杜哥仍受奎內的純產品是自然恩賜的影響，

---

❶　葛揚、李曉蓉，《西方經濟學說史》，頁 103。

❷　趙崇齡，《外國經濟思想通史》，頁 106。

❸　同前書，頁 106–108。

但他已強調「純產品」是土地對農業勞動者的勞動的賜予，是農民勞動利用特殊的自然生產力的結果。奎內所說的「純產品」，到了杜哥，已經變成由農業勞動者生產出來的剩餘勞動生產物。因此，杜哥認為，要增加純產品，增加財富，就必須在生產中使用更多的勞動者，並使他們發揮更好的作用。

有關收入分配方面，杜哥劃分資本主義社會的基本收入為工資、利潤、利息和地租。他舉出資本的五種使用方式：買進田產、租用土地、從事工業、製造業生產、經營商業和放貸。雇用工人只限給予他維持最低生活所需的工資，而土地所有者和農業家、工業家、商人和放貸者，也應依其資本使用方式，各自獲得相應的收入。杜哥認為，放貸者應取息，工商業資本家也應與農業資本家一樣得到利潤[22]。

有關貨幣方面，杜哥認為，每種商品都具有貨幣的兩種基本屬性，即衡量一切價值和代表一切價值的屬性。因此，每種商品都是貨幣；反過來說，一切貨幣也都是商品。所有商品都可以互相作為價值尺度，每種商品在其所有者手中，都成為取得其他商品的一種工具。然而，並非任何商品都具有貴金屬這樣的便利條件，能充當一般等價物。價值尺度的任務只能由貴金屬來承擔。因為貴金屬的質量便於鑑別，數量最易分割，能永久保存而不變質，而且運費低廉。這些是其他商品所不及的[23]。

孔狄亞克的經濟思想

《商業與政府》(*Le Commerce et le Gouvernement*) 一書出版時，孔狄亞克已六十歲，而且是早已享有盛名的哲學家。這是一篇真正的經濟學論文，決非經濟和政治建言，以及倫理和法律的混合體。此一著作為重農主義理論做了重要補充和修訂，尤其是在價值和工資兩項理論。

「價值」被視為科學的基礎，而重農主義者在這方面的研究卻很落

---

[22]　葛揚、李曉蓉，《西方經濟學說史》，頁105。

[23]　趙崇齡，《外國經濟思想通史》，頁112。

後。價值本身被認為是以效用為基礎，並被賦予一項科學涵意。價值並非一種物質的象徵，而是代表人們對其效用的感覺。此一效用與人們的需求有關。價值的增加或減少，依照人們需求的擴張或萎縮。這就是價值的心理理論的基礎。

然而，孔狄亞克清楚了解，效用並非決定價值的唯一因素；數量，亦即匱乏或充沛，也會產生重大影響。他很技巧地將兩個因素連結在一起，並指出，如果數量會影響效用對需求的強弱發生作用，數量才會影響價值。

在此一新價值理論之後，就是「交易」的討論。假如價值只是需求的滿足，那麼交易在同時滿足兩個需求時，它就創造兩個價值。交易的特性就是兩方各自拿出其多餘的，以換得其所需的。那捨棄的是多餘的、無用的，因此也就是無價值的；那所需求的則有較大效用，因此也就較有價值。兩人到市場，各帶一件無用的東西，但各換回一件有用的東西。由此看來，重農學派說，交易意味著對任何人皆無所獲，或者至少說一人之所得只是補償他人之損失等等皆完全錯誤。

此一理論應已讓孔狄亞克往前跨一大步，而且有助於重農學派修正有關生產理論的錯誤。由於人們的努力，讓物質轉變，且成為有用。生產意味著給予物質新的形式。假如此一說法成立，那麼農業生產和工業生產也就毫無差別，因為二者皆使已經存在的東西發生轉變。

孔狄亞克對於工資所下的定義，雖然句子很短，但其意義卻很深遠。他說，工資代表生產的一部分，它是來自作為合夥人的工人。換句話說，賺取工資的人，由於缺乏意志或力量，無法對其工作提出合理的要求，只能將這些要求換取金錢，亦即工資。孔狄亞克並未談到工資的一項鐵的法則，只認為工資由需求和供給的力量決定。然而，他也暗示在資本和勞動之間存在著絕對的關聯。從實際的觀點來看，孔狄亞克對勞動自由的支持和對行會的譴責，立場比重農主義更為明確❷。

---

❷　Charles Gide & Charles Rist, translated by R. Richards, *A History of Economic*

馬布利的經濟思想

　　馬布利 (Gabriel Bonnot de Mably, 1709–1785) 是政治家和哲學家，為孔狄亞克的哥哥，很早就擔任教會職務。他在《對經濟哲學家的質疑》(*Doutes proposés aux philosophes économistes*) 盡量給予奎內的著作正確評價。馬布利譴責經濟的不平等，提出私有制是一種違反自然的秩序。他認為，為了擺脫貧困和壓迫，各國人民應當建立社會公有制。只要確立地位的平等，就能為人類幸福奠定基礎。

　　在馬布利所闡述關於經濟平等的主題中，對經濟不平等的譴責，壓倒了對社會不平等的譴責，並設想出每一個人都能達到幸福的政治願景。由此產生了一種「烏托邦」。這種烏托邦從取消所有權的前提出發，按照理性的標準組織新秩序。換句話說，只有取消所有權，才能實現人類幸福，而且人類應該根據理性來生活和行動 ❷❺。

孟德斯鳩的經濟思想

　　孟德斯鳩認為，勞動是財富的來源。對人民徵收較少的稅，對於窮國來說，往往利多弊少。因此，政府的政策應該減輕賦稅，先富民，後富國，從而達到民富國強。在稅的類別方面，他主張課徵貨物稅，而非人頭稅 ❷❻。

　　孟德斯鳩重視發展農業和手工業。在他看來，手工業在國民經濟中比農業重要。工藝的收入比農業的收入高出許多。因此，一個國家如果只注重農業，不注重手工業，那這個國家只能成為世界上最貧困的國家

Doctrines, from the Time of the Physiocrats to the Present Day (London: George G. Harrap & Co., 1956), pp. 64–67.

❷❺　薩爾沃・馬斯泰羅內，《歐洲政治思想史》，頁 176。

❷❻　Jerome-Adolphe Blanqui, "History of Political Economy from Antiquity to Our Days", from *Early Histories of Economic Thought 1824–1914*, vol. II (London & New York: Routledge, 2000), p. 410.

之一。在他看來，農業只能解決人民群眾的溫飽問題。然而，除了溫飽外，人民還有更多的生活需要。只有手工業才能滿足他們各種物質文化需求，讓他們過著豐富多彩的富裕生活。

孟德斯鳩提倡勤勞、儉樸，反對好逸惡勞、奢侈浪費。他還認為，法律應規定把父親的遺產平均分給所有子女。如此作法，無論父親曾有多大的財富，他的子女都不能像他那樣富有，因此便不得不避免奢侈，像他們的父親那樣辛勤工作。

在貨幣理論方面，孟德斯鳩也有相當貢獻。他是「貨幣數量論」的代表人物之一。他認為，貨幣是一種標記，代表一切商品的價值。貨幣的總量對於商品的價值有決定性作用。物價的建立基本上總是依據物品的總數和貨幣的總數的比例。他反對銀行發行紙幣擴張信用❷⃝。

孟德斯鳩很重視商業問題。他認為商業的自然結果就是要邁向和平。兩個一起做貿易的國家，會使之相互依賴。假如一個有意要買，另一個則有意要賣，那麼所有的結合皆以相互需要為基礎。這就是孟德斯鳩為商業所下的定義。國家在其海關和商業之間，必須中立，而且必須如此做，以免二者發生衝突。如此，人民就享有商業自由❷⃝。

第二節　社會思想

伏爾泰的社會思想

伏爾泰的社會思想以人性論、自然權利和自然理論為基礎。他以人性論為基礎，提出他的社會起源說。他認為，人類的本性既不善也不惡。人天生就有一種自然的合群性，就要過社會生活。人與人之間有一種自

---

❷⃝　侯鴻勳，《孟德斯鳩》，（臺北：東大圖書公司，1993），頁 192–197。

❷⃝　Jerome-Adolphe Blanqui, "History of Political Economy", from *Antiquity to Our Days*, p. 411.

然的愛慕，此種自然的情感為其在社會生活中聯繫的紐帶，仁慈、憐憫、公道正義等社會道德也是從此種情感中派生出來的。更為重要的是，每一個人都具有理性，有思想和語言，能夠認識世界，同時還有一雙勤勞的手，按照理性去改造世界。人類的理性能力和理性原則是上帝和自然賦予的，具有普遍性和自然合理性。由於人類的這些本性，使人類社會不斷改善，不斷發展進步。

在自然法則理論方面，伏爾泰認為自然即理性。自然就是一種連貫的秩序和自然規律，這只有理性才能認識和把握。任何事情愈合乎自然、愈合乎理性，也就愈好。順乎自然，應乎理性，才是至善之道。理性成為人類衡量一切事物的標準，衡量社會制度和法律的尺度。自然法則就是要保障人的自然權利，而最基本的自然權利就是自由和平等。

所謂自由就是意志自由，思想能力和活動能力的自由。平等則是人的自然權利，人人在法律面前平等，所有人都有同等的公民權利。然而，伏爾泰認為，自然的平等是一回事，現實的平等又是一回事。由於社會的需要和人性的局限性，使平等在現實上是不可能的。不僅自然的平等和社會生活中事實的平等是兩回事，而且人格的平等與地位的平等和財產的平等也是兩回事。人的天性的尊嚴和人的自尊心使人認為每個人在人格上都是平等的，但這並不能改變人們之間社會地位高低貴賤之分。更重要的是，伏爾泰強調的平等絕對不包括財產的平等。私有財產是神聖不可侵犯的，他反對任何損害私有財產的企圖❷。

伏爾泰會竭力支持私有財產制度，那是因為他認為，任何分工合理之社會，不能沒有多數有用之人，也不能不保有產業，否則許多種類的工作就無人問津。他主張土地私有，但應加以限制。在他看來，財產是必需的，不但是為了合理的社會秩序，而且對於人類自卑感之補償也有助益。因為財產的擁有，可以提高個人自尊心。然而，他對私有財產制所產生的弊端也極為重視，主張將財產作廣泛分配，藉資補救❸。

❷　馮俊，《法國近代哲學》（臺北：遠流出版公司，2000），頁301–305。

孟德斯鳩的社會思想

身為一位傑出的社會學家，孟德斯鳩非常重視現實關係。他對社會歷史問題的分析都是以大量現實的和歷史的事實材料為依據。在《羅馬盛衰原因之省思》一書中，他第一次比較系統地闡述自己的社會學理論和歷史觀。他力圖擺脫中古時期的思想家和歷史學家用宗教神學來解釋社會歷史的傳統觀點的影響，盡量根據業已記載下來的歷史事實，來解釋人類社會歷史，分析它，並從中找出社會歷史發展的規律。

在孟德斯鳩看來，人們的思想和理性為社會歷史發展過程的決定性的動力。可見，他的社會歷史觀就是一種從社會意識決定社會存在出發，將人的思想動機，亦即理性，視為社會發展的根本原因，將全部歷史歸結為少數英雄人物的唯心史觀。

然而孟德斯鳩的社會史觀卻含有合理要素，其中最有價值的就是關於人類社會歷史發展的規律性的思想。在《論法的精神》中，孟德斯鳩已從尋找社會發展的某些「一般原因」進一步發展成為力圖建立某些「原則」，力圖「從事物的性質推演出」某些「原則」。他力圖建立的「原則」，就是能主宰一切和支配一切的理性法則，亦即理想的法律原則。他希望用一種理想的法律來改變人類社會歷史的發展進程。他認為凡是根據理想的法律原則建立的社會制度和國家都是正義的，反之則是不正義的。資本主義的社會制度和國家乃是建立在這些原則之上，因此是正義的。封建的社會制度和國家則建立在違反理性的原則上，因而是非正義的。

孟德斯鳩認為，規律是由事物的性質產生的必然關係。他不僅將人類社會的發展視為一個有規律的過程，而且將這個社會發展規律看作不是從外部強加給社會，而是社會本身所固有，亦即客觀存在的。社會規律如同自然規律一般，是客觀的，是不以人們的意志為轉移而在社會歷史中發生作用。人類能夠發現和認識這些規律，並利用它們來為社會謀

---

❸ 龍冠海、張承漢，《西洋社會思想史》(臺北：三民書局，1994)，頁 255。

福利，卻不能改變規律，廢除規律，並隨心所欲創造新的規律❸。

孟德斯鳩一直被視為啟蒙運動的第一位，也是最偉大的社會學家。他使用了比以前的社會學說更為豐富、詳實、廣泛和系統的歷史分析法，把社會定義為一個整體結構。他試圖找出不同社會現象的具體原因。社會的各種法律雖然是人類理性的體現，但必須根據自然條件和社會制度而因地制宜。他對法典和慣例的探討是從它們和社會結構關係的角度來著手的。他認為，從表面看來，社會是混亂的，但其外表下卻存在著一定的結構，包括各種行為準則、制度和法律。社會制度是一定物質條件的產物，可以透過經驗的歷史分析而發現。

孟德斯鳩認為，任何社會結構並非取決於單一因素的作用，而是取決於許多因素的共同作用。社會是許多因素平衡的產物。社會的發展逐漸削弱純物質因素的影響，而使精神因素的影響得以加強。根據他的社會觀點，個人只是歷史變遷的工具，個人在一種被設想為精神力量與物質力量無休止地相互作用，最終形成國家精神的系統中，純粹是消極被動因素。美德、榮譽和畏懼的作用，則在於創造社會統一，維持社會秩序❸。

孟德斯鳩認為，人類社會的結合，係受四種自然法則的影響。這四種自然法則是：

1.和平 (Peace)。這是基於人類恐懼的心理。原始人不能在戰爭中生活，為避免互相攻擊的危險，只有和平相處。

2.自養 (Hunger)。人為了生存的需要，而自己不能滿足，所以必須與他人共同追求。

3.性吸引 (Sex attraction)。異性之間的自然接觸，使人彼此結合，得到快樂。

4.社會欲望 (Social desire)。人有生活於社會中的必要，所以群居乃

---

❸　侯鴻勳，《孟德斯鳩》，頁 103-109。

❸　Alain Swingewood 著，彭懷恩等譯，《社會學思想史》(臺北：風雲論壇出版社，1995)，頁 9-13。

屬天性。

前三者是人獸共有，而第四法則是人類獨具者。他說，人比禽獸優越，因為人有習得的知識，所以有新的團結動機，也就是心靈的結合。由此可知，原始人的結合是由於人性的需要，非以自願的契約為依據。社會的起源是由於自然演化，而非由契約所形成❸。

巴貝夫的社會思想

巴貝夫 (François-Noël Babeuf, 1760–1799) 未受過正式教育，曾隨父親接受粗淺的教育，但他自己苦讀，不斷充實學識。十五歲開始自謀生活，當過地政事務所的檔案管理，發現貴族階級霸占產業的醜陋祕密，並開始對社會問題產生極大興趣。他認真研究盧梭和馬布利的著作。

1789 年以前，巴貝夫只是檔案管理員和土地測量員，而在革命一開始，他即一躍而為自由的宣傳者和被壓迫人民的維護者。他向立法議會提出《永久地籍簿》(Le Cadastre perpétuel) 此一論著。在該論著中，他提出平等和民主的訴求，主張廢除封建土地所有制，將土地平均分配，終身享用❸。後來他又闡述其理念，使之成為依賴土地改革的共產主義，亦即土地共同管理，共同耕作，共同享用。

巴貝夫的財產公有，就是他所追求的平等。他認為，土地不是個人的私產，而是屬於所有人的。總之，一切東西，包括各式各樣的手工藝品，都是公有財產。在未來的社會裡，每個人在政治上和經濟上絕對平等。除了年齡和性別的差異外，人與人之間絕對平等，沒有剝削與被剝削。勞動品透過分配，人人皆能享用，但皆得擔任不同的勞動❸。

---

❸　龍冠海、張承漢，《西洋社會思想史》，頁 246。作者上述之論述，大都引自嚴復的譯作《法意》。

❸　Filippo Buonarroti, *Conspiration pour égalité, dite de Babeuf*，陳叔平、陳木美譯，《為平等而密謀》(北京：商務印書館，1997)，頁 239–240。

❸　楊碧川，《歐洲社會主義運動史》(臺北：前衛出版社，1992)，頁 40。

　　在巴貝夫看來，消費品的分配是一切社會問題中最重要的。這對於形成他的以消費共產主義為特點的烏托邦理論產生重大影響。

　　1795 年 10 月，巴貝夫的烏托邦社會主義思想已經形成，尤其是以武裝起義推翻資產階級統治的思想已經成熟。1796 年 3 月，正式成立了七人為核心的平等派密謀組織。「平等派」是一個組織嚴密的革命先鋒隊，其領導機構是中央委員會。在中央委員會的領導下，巴黎每一區設一個聯繫人和五位軍事代表，還在工人群眾和巴黎的國民衛隊中成立祕密工作小組。為準備武裝起義，巴貝夫等人還建立軍械庫。兩個月後，此一組織被當時的督政府破獲，巴貝夫因而被處死。

　　巴貝夫革命活動的最終目標，是實現社會平等。他首先揭露社會不平等的種種事實，不僅痛斥舊的封建地主用骯髒手段霸占土地壓榨農民，而且控訴新興的資產階級殘酷剝削工人和其他勞動群眾，特別痛斥投機商和工場主掠奪窮人大發橫財的無恥行徑。

　　他不僅指出工人勞動群眾經濟上備受剝削的社會不平等現象，還揭露政治上工人也毫無權利可言。他指出，工人群眾幫助推翻一個暴君的統治以後，並沒得到預期的解放，反而被迫接受另一群暴君的統治。這批人更是不人道，更為凶殘[36]。因此，巴貝夫強調，至今革命沒有為「窮人階級」做任何事情，並且堅持必需實行「農業法」。同時他要求取消實行財產限制的選舉制度，要求立法議會每年進行改選[37]。

　　巴貝夫透過對社會不平等的揭露，得出了必須消滅私有制的結論。他指出，私有制是社會不平等的根源。正是財產私有制度造成一小撮掠奪者，同時也造成無數失業者，和被剝削的勞動群眾，使他們備受壓迫，生活在飢寒交迫之中。

---

[36]　何寶驥主編，《世界社會主義思想通鑑》（北京：人民出版社，1996），頁 121-122。

[37]　Filippo Buonarroti, *Conspiration pour égalité, dite de Babeuf*，陳叔平、陳木美譯，《為平等而密謀》，頁 241-242。

　　巴貝夫的階級和階級矛盾的思想，以及進行暴力革命的主張，是他的平等觀的另一項重要內容。他看到，法國革命雖然基本上消滅或趕走教士和貴族的勢力，第三階級獲得勝利，但是富人和窮人的對立不但沒有消失，反而更為突出。他反對資產階級所謂第三階級利益一致的欺騙宣傳。在他看來，社會上出現利益完全對立的兩個集團：一個集團由「上層一百萬人」組成，他們是富人、剝削者、壓迫者、掠奪者或占有者階級；另一集團由「下層二千四百萬人」組成，他們是窮人、被剝削者、被壓迫者、被掠奪者或非占有者階級。這兩個集團由於經濟利益完全相反，在政治上也是針鋒相對。

　　面對階級矛盾和社會不平等現象，巴貝夫得出的結論是革命不可避免。他指出，當大多數人民的生活狀況已經惡劣到再也忍無可忍的時候，被壓迫者就一定要奮起反對壓迫者。因此，他號召工人和其他勞苦大眾，為真正平等和財產問題展開鬥爭。

　　巴貝夫密謀的目標是要建立勞動群眾的「平等共和國」，實行工人和其他勞動群眾的革命民主專政，繼而逐步建立、推廣和普及巴貝夫的理想「國民公社」社會組織。建立一個規模不大的政社合一的「公社」作為社會的單位，是許多烏托邦社會主義者的主張，巴貝夫也是這種公社制度的倡導者。因此，他用以改造社會的「國民公社」並非只是一種生產或消費性組合，而且還是社會基層組織。依照他的想法，國民公社以財產公有和人人平等為基礎。公社實行義務勞動，除老幼殘病者外，一切成員都必須勞動。公社組織以農業為主，也從事各種手工業，所有勞動者按工種分成小組，由公社成員集體管理。公社則保證其成員的衣、食、住、醫各方面的生活需要和子女的教育。由於國民公社的優越性和共和國制定的有利於公社發展的各項優惠政策，會使私有者放棄私有土地而參加公社。如此，由點到面，公社制度將在全國普及，私有制將全部消滅 ❸❽。

---

❸❽　何寶驥，《世界社會主義思想通鑑》，頁124。

盧梭的社會思想

在《論人類不平等的起源和基礎》中，盧梭批判現存社會秩序包含人類最嚴重的不平等 ❸。他認為，人在自然狀態中，是自由自在的野蠻人，以本能為嚮導，無憂無慮，只顧自己的福利。此時人是純良的，快樂的，是人類生存最快樂的時期。

然而，在《社會契約論》中，他所描述的人類自然狀態，基本上是野蠻的、不安全的，除非改變生活方式，否則人類便會毀滅。事實上，只有進入文明社會，人才能正式成為人，具有人性，有自制力。他認為這才是真正的自由。

盧梭反對當時法國社會的極端不平等，但他也十分了解權貴在近代世界不斷發生的財富轉讓過程中，本身也會成為犧牲品。盧梭還公然反對那些使社會變成一種自然事實的人。在未發表的《社會契約論》第一個版本針對〈政治體制〉(Les Institutions politiques) 的那一章，盧梭特別攻擊狄德羅與其在《百科全書》有關「自然權利」的文章。狄德羅主張人類存在著群居的本性，並解釋社會是由針對同意社會生活的自然法則而訂立的條約組成的。盧梭仍然肯定人類之間根本沒有自然的社會。

此一對社會自然主義的反對，同樣也針對重農主義。在他看來，在社會中人的關係與自然現象毫無共同點，因為那是「道德」的關係，其中加入了人的意識。它並非一種自然事實，而是一種精神事實。

盧梭除了批判社會自然主義外，還肯定社會主義。依照他的看法，人類與動物的差別就在於人類具有在各種可能的行動中，做出抉擇的能力。由於原始人各自獨立生活，無拘無束，他們有自己決定其行動的充分自由。但是盧梭完全無意讓人類回歸原始。那麼生活在社會中的文明人又如何能夠保持其自由？為解決此一問題，盧梭認為，每一個人必須同意一項契約，但並非為維持所謂的自然權利，而是為將每一參與者的

❸　Henri Denis, *Histoire de la pensée économique* (Paris: PUF, 1966), p. 236.

所有權利讓與整個共同體。

因此，原始的、自然的自由消失，而為一種同樣好的「文明的自由」所取代。所有人完全放棄其自然的自由，沒有任何人能迫害另一個人。沒有任何人須服從另一個人。所有人只服從法律，亦即「公意」的表示。由此可見，盧梭似乎已是近代社會主義的奠基人之一。

為實現財富的平等，盧梭並不建議取消私有財產，但要採取一連串「社會主義」的措施來加以限制❹。

杜哥的社會思想

杜哥強調人性在生物上的固定性與人體上的一致性，但整個人類社會歷史的發展，並無顯著的同一性的單調重演，其主因是個人和民族能力的不平等。不平等則適合自然分工，自由競爭可使人依其才智而獲得適當的社會地位。他反對一切干預個人自由的社會制度。良好的社會組織和社會秩序，在於充分維持個人之間與階級之間的公平。公平關係是社會安定的條件，而不公平則是革命的來源。他還指出，家庭是社會的基本制度。

他深信人類知識的累積與智慧的發展，將繼續不斷糾正人類的錯誤，發現真理，這就是社會發展的主要原因。雖然各民族由於境遇不同，在社會發展的速度有快有慢，但從長期觀點來看，整個或個別的社會均有進步。人類社會發展的工具，在於人有語言，而語言是知識和觀念之累積的主要原因。人類知識的累積，造成社會的進步。在他看來，一個國家或民族，或整個人類的進步，並非直線上升，而是時斷時續，間歇前進❹。

孔多塞的社會思想

很少有歷史人物如同孔多塞那樣，與一本書和一個觀念融為一體。

❹　Ibid., pp. 236–241.

❹　龍冠海、張承漢，《西洋社會思想史》，頁 229–230。

他的名字會讓人聯想到一個東西，那就是《人類精神進步的歷史概述》（*L'Esquisse d'un tableau historique des progrès de l'esprit humain*）。此一書名又傳達一個觀念，那就是進步的觀念。該著作篇幅雖少，但卻影響著下一世紀的知識歷史。實證主義社會學受其影響甚深。孔德 (Auguste Comte, 1798–1857) 即不斷提到他對孔多塞虧欠甚多 [42]。

《人類精神進步的歷史概述》敘述孔多塞對人類精神發展的觀點與對人類未來的期望。書中他將人類歷史區分為十個階段，最後階段描述人類未來可能的進步情況，例如打破國家、階級間的不平等，以及消除每個人知識、道德、身體上的差異。

他認為，國際間的不平等，將完全消滅。各國均有絕對的自由，同等的權利，化干戈為玉帛，不再相互侵略。國際爭執將由國際會議裁判。各階級間的不平等將被取消。各階級間的教育和財富的不平等將陸續被取消。教育機會的均等，是各階級中每個人的權利。教育平等則個人的社會地位，亦將作適當安排。財富均等，尚難實現，不過由於教育平等則貧富懸殊將不如從前之嚴重。個人在各方面的發展，均將達到至善的境界。無論智力、道德或身體均將有完善的發展。由於文化的進展，知識益見累積。又因為教育機會均等，每個人皆可獲得知識，都有同等機會發展其智力。因此，個人的智力將無限進步。在道德方面，由於以往經驗的教訓，讓人明瞭道德的重要，進而遵守道德，發展道德。最後在身體方面的發展，也將隨著整個文化的進展而臻於完美境界 [43]。

梅里葉的社會思想

梅里葉出身織工家庭，受過教會學校教育，畢業後在鄉村當神父。他謹慎含蓄，和藹文靜，與教區居民，尤其是農民，往來密切，樂善好

---

[42]　Keith Michael Baker, *Condorcet, From Natural Philosophy to Social Mathematics* (Chicago & London: The University of Chicago Press, 1975), p. 343.

[43]　龍冠海、張承漢，《西洋社會思想史》，頁 235。

施，得到群眾的愛戴。梅里葉稟性坦率，剛直不阿，深藏於心靈中的內驅力使其思想轉化為行動，針對強暴採取公開鬥爭的姿態。

梅里葉的思想體系涵蓋於其《遺書》(*Mon testment*)❹中。此書是他在 1720 年代撰寫的，是他感到生命即將結束時留給信徒們的遺言，是對抗宗教和封建制度的檄文。它的目的在於揭露他所認識的謬誤、偏見、虛偽、幻想、狂妄和暴行，引導人們掌握真理，推翻一切不合理的制度，建立理想的社會。

十八世紀法國的經濟生產方式與交換方式，是向資產階級制度發展的。投射在梅里葉的意識上，構成其反對封建社會制度，嚮往創制理想的社會制度的心理動因。作為法國烏托邦社會主義先驅，梅里葉之所以要求社會制度必須變革，使人民享有幸福的生活，與他對人類的不平等有所認識分不開。

為了由不平等轉為平等，他首先建構基本的普遍原則，用來衡量現實的社會現象，制定理想的社會藍圖。梅里葉心目中基本的普遍原則，包括自然權利、自然正義和自然秩序等觀念。他與其他啟蒙運動思想家一樣，以自然為師，依託自然來論證自己的觀點。他的自然權利觀念就是這樣衍生出來的。

自然權利即天賦人權，是人類本來應該享有的權利，是與梅里葉所謂自然秩序相應和，是自然秩序的重要內容。自然秩序是他使用的另一術語，用以維護和支持自然權利。

與自然權利和自然秩序相聯繫，梅里葉還提出自然正義的概念。他感嘆大理院❺在執行司法權方面不是公正無私，而是曲意逢迎。自然正

---

❹　《遺書》在 1740 年代開始秘密發行，甚至有人還以為是伏爾泰的傑作。直到 1864 年才首次在阿姆斯特丹完整出版。全書分三卷九節。

❺　巴黎大理院最早設立，後來隨著王國版圖的擴張，先後又在其他城市設立大理院：Toulouse (1443); Grenoble (1453); Bordeaux (1462); Dijon (1477); Rouen (1499); Aix-en-Provence (1501/02); Rennes (1553); Pau (1620); Metz

義不復存在，大理院的光榮時代已一去不復還。在他看來，自然正義是一個規範概念，是各大理院遵照執行的基本普遍原則。但是這種原則在現實中並不存在，只是由人在思想意識上建構的。它的價值在於能夠產生一定的實際效用，引導司法人員據以進行活動，調節自己的行為。

梅里葉建構自己的社會哲學，突出和利用一系列概念，除了自然權利、自然秩序和自然正義之外，還標榜自由和平等。自由是一個規範概念，希望人民借此而有所企望，採取行動，改革現存政體，來實現此種企望。平等是梅里葉意識形態體系中另一個規範概念。他認為人民應該享有自由，同時人人天生也都是平等的。人人同樣有權在地上生活，同樣有權享受天賦的自由和在世間的福利。

自由、平等，以及自然權利、自然秩序和自然正義，是梅里葉烏托邦社會主義意識結構中的重要概念。他總結法國反專制政體的各種形式，特別是農民鬥爭的經驗，提出「推翻」的概念，鼓勵人們推翻現存的政治體制。希望在封建專制政體的廢墟上建立理想的社會❹。

梅里葉認為封建制度造成下列六大社會弊端：

1.人類不平等現象。這是世界上一切罪惡和暴行的源泉或原因。人們之間的不平等並非由於他們自己的功過造成的，因而極不公正。由於這種不平等，不僅可能助長一些人的驕傲自大，追名逐利，愛好虛榮，而且還會助長一些人的仇恨、嫉妒、憤怒和報復等情感的發生，因而種下人類彼此永遠爭鬥的禍根。

2.有一大批只會掠奪和壓迫別人的寄生蟲的存在。這些寄生蟲不僅包括不肯從事任何正當有益勞動的貴族、司法人員、軍人、包稅人、鹽

(1633); Besançon (1674); Douai (1713); Trévoux （1762，但 1771 年併入 Parlement de Dijon）；最後是 Parlement de Nancy (1775)。然而，巴黎大理院的轄區約占全國的一半。

❹ 葛力，《十八世紀法國哲學》（北京：社會科學文獻出版社，1991），頁 89-97。

煙專賣官員等富有的懶人，而且還包括大批無用的教士和閒逸的修士。
這些人對社會沒有任何好處，完全沒有存在的必要。

　　3.一些人將土地資源占為私有，從而產生許多不幸和災難。土地私
有制使一些人富，一些人窮；一些人吃好的穿好的，一些人吃不好穿不
暖。可見人與人之間的不平等和人與人之間的怨恨和爭鬥，以及社會上
寄生階級的出現，皆由土地私有制產生。

　　4.不同家族間不平等的不公正現象。這是一種封建的宗法關係和門
閥觀念，彷彿一些人天生比別人優秀，比別人高貴。這就使不同的家族
間互相鄙視，互相侮辱，甚至互相拒絕通婚。

　　5.封建的婚姻關係。從一而終，不能解除的婚姻造成許多家庭的不
幸。這種不幸還留給子女。

　　6.大人物的暴政。這就是幾乎統治整個世界，對其他一切人有無限
權力的國王和公侯的暴政。

　　梅里葉對封建制度的批判，基本上是從道德原則出發。他的道德原
則基本上是以自然法則為根據，符合人類自然本性的才是道德的，封建
制度則違背人的本性。

　　封建社會是一個「不正常的」社會，他要建立一個「正常的」社會。
他所描繪的未來理想社會，首先是人人平等；其次是在這個社會裡不應
存在任何寄生蟲；第三，必須消滅私有制，土地和財富為人們所共有，
按需要分配；第四，應消除家族間的尊卑等級區別。彼此互相視為兄弟
姐妹，任何人都不會認為自己是特殊人物；第五，婚姻完全自由。男女
皆依自己的喜好來自由結合，如果不再相戀相愛，就可以自由分離，各
自去尋找自己的幸福；第六，沒有暴君和專制統治❼。

　　梅里葉的未來社會的基層單位是小教區公社。每一個小教區的全體
男女居民都像兄弟姐妹一樣和睦，人人勞動，互助互愛，大家共同享用
同一種食物，有同樣的衣服，同樣的住處，還有同樣的靴子。他也期待

❼　馮俊，《法國近代哲學》，頁248–254。

透過良好教育，培養兒童成為善良且有一技之長的人，使這個社會沒有忌恨，沒有欺瞞，沒有盜竊及謀殺，人人安居樂業。梅里葉充分反映均產主義的理想❹。

摩萊里的社會思想

摩萊里 (Abbé N. Morelly) 生平不詳，曾在 1743–1778 年間匿名發表過六本以上的哲學著作。

在其《自然法典》(*Code de la nature*) 中，摩萊里強調符合自然和理性的社會狀態，是人類歷史的起源。理性即「神性」，他要求人們按照自然規律行事。他認為私有制破壞了自然，成為一切罪惡之母，帶來壓迫、貪慾和道德的頹廢。他更痛斥特權階級壓迫窮人。摩萊里提出的理想社會藍圖，只強調消滅私有制、建立勞動權，以及依需要分配的社會❹。

馬布利的社會思想

馬布利認為私有制破壞社會的自然狀態，造成貧富懸殊，而且使人們再也不能指望這個社會會有什麼公正和誠實。為了消除人類一切苦難，使人們得到最大快樂和幸福，馬布利設計出一個「完美的共和國」，其基本原則是：人人都是富人，人人都是窮人，人人平等，人人自由，人人都是兄弟。在這理想國裡，第一條法律就是禁止財產私有。對當時的社會，他也提出改革方案，包括取締豪華奢侈，禁止經商，改革稅制，制訂土地的最高占有量❺。他還主張制訂繼承法，以利財產的分配。

馬布利認為，隨著上述改革和法律的實施，人類就能逐步接近和最終實現人人幸福的公有制社會❺。

---

❹　楊碧川，《歐洲社會主義運動史》，頁 35–36。

❹　同前書，頁 36–37。

❺　同前書，頁 37–38。

❺　全增嘏，《西方哲學史》上冊（上海：上海人民出版社，2002 年重印），頁 781。

第九章　啟蒙運動時期㈣
──文化成就

第一節　文化生活中心

沙龍 (salons)

　　在十七～十八世紀，法國資產階級和貴族談論文學、藝術或政治問題的社交場合──沙龍，是實際上的文化和知識中心。路易十四去世後，攝政時期的自由突然取代老國王的專制主義，的確為法國的知識生活開啟一個新時代。

　　此時，沙龍的性質發生變化，情況也有所不同。沙龍的主持人是聰明機智、雍容華貴並有高度文化修養的貴婦。然而，她們往往只周旋於賓客之間，盡主人的責任，並不介入談話或爭論。她們邀請作家、學者、藝術家、政治家，以及在巴黎逗留的外籍人士等各方面傑出人物在私邸交際、會晤，讓他們聚在一起討論各種問題，各抒己見。與會客人除討論文學藝術外，還熱衷於討論各種政治和社會問題。甚至婦女們也參加討論社會、哲學、政治或經濟等原來只有男人感興趣的題目。沙龍性質的變化，反映當時人們對現狀的不滿，熱衷於探索社會改革的道路。持不同見解的人可以成為同一沙龍受歡迎的賓客。

　　十七世紀末成立，且自 1710 年起經常賓客盈門的朗貝爾侯爵夫人 (Thérèse de marguenat de Courcelles, marquise de Lambert, 1647–1733) ❶

的沙龍，客人幾乎都是知名文化人。她也分別接待各階層人士。她的沙龍以討論文學為主，兼及科學。豐德內、孟德斯鳩、聖·彼耶爾 (Charles Irénée Castel, abbé de Saint-Pierre, 1658–1743) ❷ 常在其府邸聚會。

朗貝爾夫人去世後，她的沙龍由堂珊夫人 (Claudine de Tencin, 1682–1749) ❸ 主持。豐德內、孟德斯鳩、馬蒙德爾 (Jean-François Marmontel, 1723–1799)、馬利佛 (Pierre Carlet de Chamblain de Marivaux, 1688–1763) 常為其座上客。堂珊夫人還接待修士、金融家和在巴黎的英國人士。她的沙龍經常討論哲學問題。在十八世紀後半葉，政治形勢與十七世紀有所差別，哲學家們感到壓力很大，這個沙龍就成為他們聚會的主要場所。

杜德芳侯爵夫人 (Marie de Vichy-Champrond, marquise du Deffand, 1697–1780) 出身貧窮的貴族家庭，才華出眾，文化素養很高。少女時期心情陰鬱，悲觀厭世，曾在巴黎一所女修道院學習。1718 年與杜德芳侯爵結婚。雖然後來分居，但在丈夫去世後仍繼承可觀的財富，並讓她主持的沙龍成為巴黎社交中心之一。杜德芳侯爵夫人與伏爾泰通信四十三年，所寫書信才思敏捷，識見過人。除了伏爾泰之外，她也結識了達朗貝爾，並對之愛慕有加。為討好達朗貝爾，她開始接待孟德斯鳩、豐德內和《百科全書》的主要作者群。與其競爭對手吉歐夫蘭夫人 (Marie-Thérèse Geoffrin, 1699–1777) 不同，她並未有與其賓客分享新觀念的熱烈

---

❶ 朗貝爾侯爵夫人曾為教育其小孩而寫了兩本著作：《一位母親給兒子的意見》(Avis d'une mère à son fils) 和《一位母親給女兒的意見》(Avis d'une mère à sa fille)。

❷ 聖·彼耶爾為法國哲學家，出身貴族家庭。他擔任狄隆 (Tiron) 修道院院長，並被推選為法蘭西學術院院士。他的著作有烏托邦色彩，對當時政治、法律和社會制度批評尖銳。孟德斯鳩和盧梭受他的影響很大。

❸ 堂珊夫人被家人強迫當修女，後來私生活糜爛，又被迫還俗。情夫很多，私生子也不少，著名哲學家達朗貝爾即為被她遺棄的私生子。主持沙龍後，曾撰寫一部半自傳體的小說《康敏伯爵回憶錄》(Les Mémoires du comte de Comminges)。

情緒。五十六歲時，雙眼失明，但仍在雷斯畢納斯小姐 (Julie de Lespinasse, 1732–1776) 的協助下，繼續接待賓客。1764 年，兩人分手，雷斯畢納斯小姐獨自主持另一家沙龍，並帶走大部分舊交和常客。

　　吉歐夫蘭夫人的父親為皇太子的侍從，十五歲嫁給一位富有的玻璃商人，但很早就守寡。她漂亮又聰穎異常，但思想偏於保守，脾氣相當古怪。五十歲起主持沙龍，不久成為十八世紀最有影響力的沙龍之一，甚至引起鄰近國家知識界的注目。

　　她每週兩次在府邸舉行晚宴招待文人、學者和藝術家。吉歐夫蘭夫人支持百科全書派，且為《百科全書》的出版還曾捐出三十萬法郎巨款。然而，由於對宗教的虔誠，她不允許在其府邸聚會時攻擊天主教。參加其沙龍的外國賓客有加利亞尼 (Fernando Galiani, 1728–1787)❹、華爾波 (Horace Walpole, 4ᵉ comte d'Orford, 1717–1797) ❺ 和波尼亞多斯基 (Stanislas Poniatowski, 1732–1798)❻。

　　波尼亞多斯基視吉歐夫蘭夫人如母，登上王位後，邀請她到華沙。她過境的所有國家的君王皆對她十分禮遇。另一方面吉歐夫蘭夫人曾成立一個重要畫廊，且特別照顧范盧 (Carle Van Loo, 1705–1765)、維爾內

---

❹　加利亞尼為義大利經濟學家，長期擔任駐巴黎大使館祕書，與百科全書派關係密切。他攻擊重農學派的系統理性主義，主張經濟體制的相對性，著有《貨幣論》(Della moneta) 和《談小麥貿易》(Dialogues sur le commerce des blés)。他對詩和歷史同樣感興趣。

❺　華爾波為英國名政治家羅伯·華爾波 (Robert Walpole, 1ᵉʳ comte d'Orford, 1676–1745) 之後裔，1741 年當選國會議員，但很快放棄政治生涯，並在其漂亮府邸設一印刷廠，專門出版他與友人的著作。1765 年到巴黎旅遊時，與杜德芳夫人結緣，隨後一直有書信往還。他有許多歷史、考古和藝術評論的著作，還有一部名為《歐特朗多的城堡》(The Castle of Otranto) 的小說。

❻　波尼亞多斯基到俄國旅遊時，曾為俄國未來女沙皇凱薩琳二世 (Catherine II, 1762–1792 年在位) 的情夫。她讓波尼亞多斯基先擔任波蘭駐聖彼得堡大使；登基後又促成他登上波蘭王位。

(Joseph Vernet, 1714–1789) 和羅伯 (Hubert Robert,1733–1808) 等畫家。

1760 年以後，沙龍極為流行，數量愈來愈多，對文學和藝術的發展影響很大。在沙龍中，思想家們各自闡明自己的觀點，爭取知識界同行的支持，交流思想，進行辯論。這些皆有助於新思想的傳播。當然，沙龍的作用也不宜誇大，許多有才華有見解的知識分子不參加沙龍聚會。在少數沙龍裡，不著邊際的空談，漫無目的的遊樂，所占的時間大大超過政治、經濟、社會、哲學、科學、文學和藝術等方面的嚴肅認真討論或評論。有些沙龍更只是青年們聚會或調情的場所，對於社會的進步和發展，根本毫無作用可言❼。

咖啡館 (Les cafés)

咖啡館和沙龍是十八世紀社會生活的主要特色，也是傳播新思想的兩大渠道。

在十八世紀，咖啡館發展迅速。咖啡館是公共場所，無拘無束，氣氛輕鬆。人們在這裡討論問題時，可以提高嗓門，激烈爭吵。除作家、藝術家外，收入有限的市民和勞動者、販賣禁書的小販、傳播小道消息的好事者，也都到咖啡館來消遣、閒聊、辯論、交換信息。思想激進的人也常在這裡聚會。然而唯一要提防的，就是注意是否有「蒼蠅」，亦即警方的眼線在場❽。

在這些聚會，以及在新觀念的同情者中，常常可以發現一些有名望的學者，例銘文學術院 (L'Académie des Inscriptions) 的院士布安丹 (Nicolas Boindin, 1676–1751) 和佛雷雷 (Nicolas Fréret, 1688–1749)、文法學家杜馬雷 (Dnmarais)、皇家學院 (Le Collège royal) 教授趺拉松 (L'abbé Terasson)、奧拉托利會會員 (oratorien) 米拉薄 (Jcan-Baptiste Mirabaud) 或

---

❼　陳振堯，《法國文學史》（臺北：天肯文化出版公司，1995），頁 224–225。

❽　Jaques Roger, *Histoire de la littérature française*, t. 2, *Du XVIII siècle à nos jours* (Paris: Librairie Armand Colin, 1970), p. 530.

科學學術院 (L'Academie des sciences) 院士多爾杜 (Jean-Jacques Dortous de Marian)。

　　光顧咖啡館者尚有大貴族如諾艾公爵和史賓諾莎信徒的布蘭維利葉伯爵 (Henri, comte de Boulainvilliers, 1658–1722)，也有高級行政官員 ❾。

學術院 (Academies)

　　學術院是一種比沙龍更嚴肅和更男性化，或許多少專屬男性的文化界人士的聚會場所。它們或許比沙龍更為成功，也很顯然地更具特色。1715 年之前，各省區已經成立許多學術院；但是在 1750 年代，每一個人口在二萬人以上的城市，皆有其學術院。柯爾白創立的科學學術院的一些分院，例如蒙柏利葉分院，提供研究成果給巴黎的學術界；其他分院則只努力於改善法國語文在該地區的運用，以及發展文學和科學。亞眠 (Amiens) 分院宣稱，盡量從各方面尋求能改良語文和培養品味的方法。

　　然而，學術院的基本工作還是科學的研究及其應用。科學向來被視為能給予人們快樂的工具。談到「夾層俱樂部」(Le club de l'Entresol) 時，阿將松侯爵 (René Louis, marquis d'Argenson, 1694–1757) 即使用此一詞彙。此句話也顯示著「科學」已走向「技術」。這一大步，在十七世紀時則尚未能跨過。有關生理學、物理學、採礦學問題的論文和討論，幾乎占滿了會議的所有議程。天文學也很受重視。

　　由於慷慨贊助者的捐助，使這些學術院能擁有雄厚的基金來舉辦論文比賽、學術研究，以及文藝性的遊戲。各城市引以為傲的學術院，鼓勵作家和學者發表學術性著作，提升創作水準。盧梭能在法國文化思想史上占重要地位，第戎學術院 (Academie de Dijon) 的確功不可沒 ❿。

---

❾　Ibid.

❿　G. Duby & R. Mandrou, *Histoire de la civilisation française*, t. 2, *XVII–XXᵉ siècle* (Paris: Armand Colin, 1968), p. 120.

圖書館

與學術院類似，通常擠滿有強烈求知慾的人。公共圖書館有些是由富有的個人如第戎大理院院長布衣葉 (Bouhier) 出資創立的；有些是經一位哲學家發起而由公眾認捐設立的，如格勒諾勃 (Grenoble) 的嘎農 (Henri Gagnon)。

圖書館在各地紛紛設立。在十八世紀末，土魯斯 (Toulouse) 引以為傲的是該市擁有四個漂亮且藏書豐富的公立圖書館，其藏書有前一世紀的神學著作、本篤會修士的研究成果，以及最近出版的最新書籍。

圖書館也具備廣泛的研究工具，蒐集科學研究成果和大詞典。圖書館還發行各種刊物，如《學者日報》(Journal des Savants)，以及其他歷史性和政治性的報紙，讓省區居民也能隨時了解巴黎發生的新鮮事。這些圖書館出借藏書，提供一個閱覽室，以及一個聊天室，讓那些愛講話的人，能夠如同在學術院或在咖啡館那樣，交換自己的看法、討論和評論。這樣一個聚會場所，一個英國式的俱樂部，如同巴黎那著名的「夾層俱樂部」。

共濟會集會所

知識生活另一種場景就是共濟會集會所 (loges)，其角色和重要性並不一樣。1721 年自英國引進到敦克爾克、亞眠和巴黎後，共濟會的徽章、祕密、入會儀式及其吸收會員平等且多樣性❶，毫無困難地適應當地環境。共濟會在思想界的傳播非常成功，因為該組織能接受從神祕主義到理性主義的各種思想潮流。共濟會全無反教士色彩，許多主教和神父自願加入該組織。共濟會會員聚在一起的主要目的，在於討論時尚重要問題，以及評論《文學觀察者》(L'Observateur littéraire) 和《特雷武日報》(Le Journal de Trévoux) 等報刊內容，並藉此傳播哲學思想❷。

❶　例如學術院只准許貴族和資產階級加入。

第二節　文學成就

伏爾泰的文學成就

伏爾泰是啟蒙文學的主將，享有「哲學家之王」的美譽。他的全集包括哲學著作、歷史著作、史詩、抒情詩、諷刺詩、哲理詩、哲學小說、五十多部悲劇和喜劇，以及一萬餘封信件，是一位留下豐富遺產的偉大作家。他是最早將莎士比亞 (William Shakespeare, 1564–1616) 介紹到法國，又成功地將元曲《趙氏孤兒》改編為《中國孤兒》，對世界文化交流相當有貢獻 ❸。

伏爾泰主要的歷史著作有：《路易十四的世紀》、《查理十二史》(L'Histoire de Charles XII)、《彼得大帝時期的俄國歷史》(L'Histoire de la Russie sous Pierre le Grand)、《論各國的風俗與精神》(L'Essai sur les mœurs et l'esprit des nations)、《路易十五的統治》(Le Précis du règne de Louis XV) 和《巴黎大理院史》(L'Histoire du Parlement de Paris)。

《路易十四的世紀》一書從資料蒐集到出版，花了伏爾泰將近二十年時光。他從 1732 年開始閱讀路易十四寵臣和副官等的回憶錄。三年後，伏爾泰花了更多時間，仔細鑽研千百種私人著述和國家檔案。1745 年至 1747 年，他擔任宮廷史官，以職務之便查閱了樞密院和外交部的檔案，以及羅浮宮收藏的國王指令和外交報告。他還重述口述證據，從當事人或目擊者，包括駐外使節、貴婦、巴士底獄吏和醫生、國王寵臣等人口中，獲得很多資料。

《路易十四的世紀》最初於 1751 年在柏林出版，後來又經過多次修改補充，直到 1768 年才終於完成 ❹。此書被視為近代歷史編纂學的開山

---

❷　G. Duby & R. Mandrou, *Histoire de la civilisation française*, t. 2, pp. 120–121.

❸　張澤乾，《法國文明史》（臺北：中央圖書出版社，1999），頁 311–312。

之作。與傳統的歐洲史學相比，本書的內容要廣泛和開闊得多。伏爾泰雖用自己的主觀願望描繪一個理想化的國王形象，但本書無論如何不只是對路易十四個人的讚頌，而是包含著對法國歷史上一個重要時代的詳盡敘述。他詳細記載了這個被稱為法國文化史上「黃金時代」的文學藝術，堪稱為近代文化史的濫觴❶❺。

　　如果說《路易十四的世紀》是第一部文化史著作，那麼《論各國的風俗與精神》則是真正的文明通史著作，是西方史學發展的一個重要里程碑。此書目的是要寫一部各個民族和各個時代的文明發展過程，說明人類經過那些階段，從過去的原始野蠻狀態走向現代文明。他在本書中並未以基督教神學來解釋，而是用一種理智的和非宗教的觀點解釋世界史。在內容方面，他把政治與經濟和社會擺在同等地位，把它視為人類文明發展的因素之一。其次，本書主要敘述歐洲各國的文化，但也涉及東方一些國家的哲學和禮俗，第一次把東方文化和西歐文化擺在同等地位來敘述和評論。在西方史學著作，這也是第一次肯定非基督教文明對人類歷史的貢獻。

　　伏爾泰指出東方各國的文化，尤其是埃及和兩河流域、中國和印度的文化，在起源上比《聖經》所說的希伯來人的文化早很多。由此可知，伏爾泰是西方第一位真正有世界眼光的歷史學家。這也是對歐洲中心論的第一次挑戰。本書可視為世界文化史的鼻祖❶❻。

　　伏爾泰沒有像後代的史學家運用想像力，使過去的歷史栩栩如生地出現在人們面前，但他敏銳地把歷史事件的原因和結果區分開來。他捨棄以前史學家專門強調國王和戰爭的作法，而把重點放在人類文明和人們的習俗及日常生活上。對他來說，歷史應該是文明和友愛不斷戰勝無知、盲目和罪惡的過程。

---

❶❹　楊豫，《西方史學史》（南昌：江西人民出版社，1993），頁 207。

❶❺　張廣智，《西方史學史》（臺北：五南圖書出版公司，2002），頁 220。

❶❻　楊豫，《西方史學史》，頁 208。

　　利用新古典主義重視的史詩創作來宣傳啟蒙思想和為新時代啟蒙文學爭奪陣地，促使伏爾泰很年輕 **❼** 就創作了著名史詩《亨利亞特》(*La Henriade*)，並因此獨步啟蒙時期的法國詩壇，贏得「史詩詩人」的桂冠。

　　《亨利亞特》的題材為法國十六世紀的宗教戰爭 **❽**。伏爾泰以雋永的語言，描繪法國歷史上最悲慘的一頁。十六世紀後半葉，法國經歷法蘭西斯二世（François II, 1559–1560 年在位）、查理九世（Charles IX, 1560–1574 年在位）和亨利三世三位國王的統治。由於他們執行宗教迫害政策引起天主教徒和新教徒 **❾** 的長期內戰。直到波旁王朝的創始者亨利四世即位，頒布〈南特詔書〉，宣布信教自由，才結束宗教戰爭，使國家和人民得到休養生息的機會。然而天主教會無法容忍寬容異教的原則，最後 1610 年亨利四世被一個宗教偏執狂刺殺。

　　伏爾泰師法維吉爾，為法國獻上一首民族史詩。在這部作品中，他把亨利四世理想化，作為實施宗教寬容政策的開明君主加以歌頌。與此相對應，伏爾泰對宗教狂熱和宗教戰爭殘殺無辜大加撻伐 **❿**。

　　伏爾泰的詩作題材廣泛，形式多樣，除了長篇力作之外，他還創作大量諷刺短詩和哲理詩。例如哲理詩《里斯本的災難》(*Poème sur le désastre de Lisbonne*) 就是描繪大自然的災難，就像 1755 年里斯本大地震造成的災難。伏爾泰痛斥和嘲笑當時的樂觀主義將一切事情的發生都視為上帝的意旨，和進入一個更美好世界的先決條件。

　　伏爾泰的散文要比詩更出色，因為他缺乏一位詩人所必備的想像力、朦朧感和神祕的暗示。他的傑出作品是小說，還有那些充滿機智且富有活力的信件。《查狄格》(*Zadig*) 是寓言性質的東方傳說；《米克羅梅加》

---

❼　1723 年年約二十九的伏爾泰創作了《亨利亞特》。

❽　法國宗教戰爭的詳情，參考吳圳義的《法國史》(臺北：三民書局，1995)，頁 151–158。

❾　法國的新教徒為信奉喀爾文教義，又稱休京拉派 (Huguenots)。

❿　李鳳鳴，《伏爾泰》(臺北：東大圖書公司，1995)，頁 178–179。

(*Micromégas*) 是一本斯威夫特 (Jonathan Swift, 1667–1745)❷式的愉快的哲理性幻想小說。

在伏爾泰一生創作的二十六篇中短篇小說比較著名的除了《查狄格》和《米克羅梅加》外，尚有《老實人》(*Candide*) 和《天真漢》(*L'Ingénu*)。這些頗具傳奇色彩的小說，不僅精煉、雋永、幽默、而且情節奇特，立意新穎，富於哲理，是啟蒙文學的傑作。在這些別具一格的小說中，伏爾泰如同透過戲劇和詩來宣傳他的啟蒙思想一樣，用形象的語言闡發他的哲學和政治觀點，抨擊神學迷信，揭發教會罪行，暴露社會黑暗，痛斥專制主義，既在十八世紀發揮很好的啟蒙作用，又在美學和文學史上產生重大影響❷。

《老實人》是伏爾泰哲理小說中成就最高的一篇。《老實人》這本小說諷刺當代已經出版的許多冒險小說，駁斥極端樂觀主義的觀點。這本富有娛樂性，且有時毫無拘束的小說，描寫一位老實輕信的年輕人，在他的情人和老師經歷過悲慘的遭遇後，他逐漸拋棄原先的幻想，最後得到的結論是，把他從前的極端理想主義拋掉，不必尋求模糊不清的玄學，以及希冀那位只幫助自助者的上帝提供令人懷疑的幫助，而最好的方法是他回家種他的菜園。

《老實人》這篇小說是伏爾泰針對日耳曼十七世紀唯心主義哲學家萊布尼茲的哲學而創作的。萊布尼茲曾說，上帝所創造的這個世界是一切可能的世界中最好的，還說在這個可能是最好的世界上，一切都趨於完善。「一切皆善」的說法是維護現有秩序，為統治階級服務的理論。伏爾泰透過《老實人》無情地嘲笑此一為神權和王權辯護的哲學，把他反對專制統治和宗教神學的啟蒙思想利用哲理小說的奇特形式深刻地表達出來。

---

❷　斯威夫特為英國諷刺小說家，其主要作品為《格列佛遊記》(*Gulliver's Travels*)。

❷　李鳳鳴，《伏爾泰》，頁 183。

在這些散文作品中，如一位在臺灣著名大學任教的法國學者黎烈文所說：

> 伏爾泰是古典文學的最高標本。他的筆調即是理智化身；它一方面有著令人佩服的妥適、純淨、明晰、聰穎等長處，一方面又是如此單純，以致小兒都能了解；並且又如此美妙，以致最高雅的人都愛欣賞。沒有人比他更使智慧與趣味達到完美的境界；這是一種偉大的風格，而且它至今還栩栩如生❷❸。

伏爾泰曾有做個不朽的悲劇詩人的野心，在致力哲學和歷史的研究之餘，寫過不少劇本。當時他的地位，可與前世紀的柯奈爾和拉辛媲美。為了利用文學藝術這種大眾化的形式宣傳啟蒙思想，傳播理性和文明精神，反對愚昧、迷信、野蠻和偏執，伏爾泰畢生傾心於悲劇創作。他一再強調悲劇的教化功能，一生共創作上演了《俄狄帕斯》(Œdipe)、《查伊爾》(Zaïre)、《梅洛普》(Mérope) 等十七部悲劇。這些悲劇，形式上大多遵循古典主義的標準和規則，內容上卻與歌頌王權至上的十七世紀作品相反，尖銳揭露專制主義的殘酷野蠻，深刻批判天主教加諸法國社會的精神枷鎖，以及這種普遍存在的宗教迷信所釀成的無數人間悲劇。他的悲劇作品也常常表達了讚美共和，追求更廣泛民主自由的思想。

伏爾泰的悲劇創作有三項特點：

1.帶有明確的政治目的，一切都是為啟蒙宣傳任務的需要，透過藝術手段把觀眾引向政治真理。

2.形式上雖因襲古典主義的某些規則和傳統，但也具有結構嚴謹、情節動人的特色。

3.十分重視悲劇的現實教育作用，因此在塑造人物方面有時顯得比較單薄和簡單化，缺乏莎士比亞筆下那種典型形象和複雜性格。

---

❷❸　何欣，《西洋文學史》（中）（臺北：五南圖書出版公司，1987），頁770。

在喜劇方面，在他同樣賦予作品啟蒙內容的同時，也試圖在形式上衝破新古典主義的規律，開拓新的創作道路。伏爾泰譴責任何毫無意義的消遣作品，主張創作趣味高尚、思想嚴肅、能移風易俗的喜劇❷。

孟德斯鳩的文學成就

孟德斯鳩可以說是法國第一位啟蒙作家。1721 年創作的《波斯人書簡》是他用書信體撰寫的一部作品，開創哲理小說的先河。《波斯人書簡》由一百六十封信組成。作者透過兩位旅居巴黎的波斯青年向本國親友描繪自己所見所聞的形式，對當時法國的政治、時事、法律、宗教等問題進行評述，攻擊路易十四是位暴君，揭露教宗是「精神魔術師」。

此一作品還批判法國上流社會的腐敗生活，嘲笑資產階級豔羨貴族的門閥封號。此外，孟德斯鳩還臆造出「穴居人」的故事，將其美化為一宗法社會，讚頌那裡以人的自然品質所維繫的社會生活，藉以表達個人的社會理想。作為一部諷刺作品，《波斯人書簡》並無完整系統的情節，也鮮見具體的人物性格的描寫，但它明確無誤地闡發了作者的啟蒙思想和見解。這種寫作手法為後來的哲理小說風格奠定基礎。

狄德羅的文學成就

狄德羅對人類文化最大的貢獻之一，就是主編《百科全書》。這項偉大的出版巨構是當時空前的大計畫，它不僅是一部包羅萬象的工具書，還希望，以狄德羅自己的話說，要「改變一般人思考的方式」，並「引發人類心靈的革命」。

《百科全書》全稱是《百科全書，或科學、藝術、技藝詳解辭典》。出版商原來只是想把英國的一部科技大辭典譯成法文，聘請狄德羅和達朗貝爾擔任主編。然而，狄德羅卻把《百科全書》的編纂工作變成一項吸引全體法國人注意和影響整個歐洲的偉大事業，編撰活動本身也成為

---

❷　李鳳鳴，《伏爾泰》，頁 169–177。

一項啟蒙運動。《百科全書》的編撰從 1751 年開始，歷經三十年 ㉕，到 1780 年全部完成，總共出了三十二卷，內容差不多囊括了當時已知的全部知識。除了科技外，還包括哲學、宗教、政治、經濟、文學、藝術、習俗等。法國的啟蒙思想家幾乎人人參加撰寫工作，先後為它撰稿的人多達一百六十餘位。

　　儘管《百科全書》的內容是以詞條形式出現，但每位撰寫人都是在理性的指導下，用人類在自然科學和社會科學方面的成就，對當時社會制度、政治生活、宗教思想、文化、藝術，發動一場全面的進攻，使該書的編撰工作成為一場用科學批判落後、用知識代替盲從、以理性抨擊愚昧的偉大文化運動 ㉖。

　　狄德羅才華橫溢，除以哲學家之名著稱於十八世紀法國啟蒙學者行列之外，他還是著名美學家和文藝評論家，對文學、戲劇、繪畫、雕塑、音樂等多種文藝形式都有深入研究，形成一套完整的啟蒙文藝理論，並有戲劇和小說問世。

　　有關美學方面，狄德羅曾在《百科全書》撰寫一個長篇辭條〈美〉，這是他最著名的美學專論。在〈對自然的解釋〉(De l'interprétation de la nature) 一文中，狄德羅認為藝術並非抽象或純理論性，它還須兼顧實用知識 ㉗。他的美學觀點以啟蒙思想為基礎，反對古典主義原則，主張藝術要模仿自然，提出「美」即是描繪和事物本身的吻合。在造型藝術理論方面，他的主要作品是《沙龍》(Salons) ㉘。

㉕　《大美百科全書》（中文版）第八冊（臺北：光復書局，1995），頁 462；何欣，《西洋文學史》（中），頁 769。皆認為「歷經二十二年」。起訖年，前書為 1751–1772；後者為 1750–1772。其實後來又有「續編補遺」和「索引」（1780 年問世）。

㉖　徐新，《西方文化史》〈從文明初始至啟蒙運動〉（北京：北京大學出版社，2003 年），頁 296–297。

㉗　Daniel Brewer, *Discourse of Enlightenment in Eighteenth Century France* (Cambridge: Cambridge University Press, 1993), p. 58.

　　《沙龍》是狄德羅應格里姆 (Friedrich Melchior, baron de Grimm, 1723–1807) 之邀，為他所主編的刊物《文學通訊》(*La Correspondance littéraire*) 撰寫多篇畫評。法國美術界每兩年在巴黎舉辦一次畫展，稱之為沙龍。狄德羅在此之前毫無藝術評論的經驗，但他還是為 1759 年至 1771 年的七次，以及 1775 年和 1781 年所辦的畫展，共寫了九篇評論，前後跨越二十二年，都刊登在《文學通訊》上。格里姆主編的這個刊物全名為《文學、哲學和批評通訊》，在歐洲，尤其是日耳曼地區、波蘭和俄羅斯的文壇很有影響力。狄德羅的沙龍隨筆所表達的美學理論也隨之廣為人知❷。

　　狄德羅所撰寫的藝術評論，只憑第一印象，很少理會抽象的理論。他以世俗的道德觀念作為判斷的基礎，並未清楚區別倫理學和美學之差異，只著重在社會用途、教育意義和激勵人心❸。

　　有關戲劇理論，狄德羅的《關於喜劇演員的反辯》(*Paradoxe sur le Comédien*)，解釋了他對演員藝術的主張。在《論戲劇詩》(*Discours sur le poème dramatique*) 裡，他主張以散文撰寫劇本，這種介於喜劇與悲劇之間的散文劇要盡量忠實地表現實際生活❸。他還主張戲劇要表現資產階級和平民，而《私生子》(*Le Fils naturel*) 和《家中的父親》(*Le Père de famille*) 這兩部戲劇，就自然地描繪資產階級的日常生活。此種手法對戲劇的發展有很大的影響。

　　許多狄德羅判斷會被檢查單位查禁的著作，都在他去世後出版。小

---

❷　張澤乾，《法國文明史》，頁 312。

❷　Lorenz Eitner, *Neoclassicism and Romanticism, 1750–1850, Sources and Documents*, volume I, *Enlightenment/Revolution* (Englewood Cliffs, New Jersey: Prentice-Hall, Inc., 1970), p. 54；李鳳鳴，《狄德羅》(臺北：東大圖書公司，2000)，頁 141–142。

❸　Lorenz Eitner, *Neoclassicism and Romanticism*, p. 55.

❸　何欣，《西洋文學史》(中)，頁 769。

說《修女》(*La Religieuse*)，描寫一位想要放棄誓言的年輕修女遭受的苦惱經驗。《拉莫的姪兒》則展現狄德羅在對話體運用上的絕佳造詣，巧妙地嘲諷敵人的同時，也討論音樂、創造力、天才和倫理學等主題。

作為一位啟蒙學者，狄德羅十分重視文學藝術的社會作用和教化功能，他和伏爾泰、孟德斯鳩等啟蒙學者一樣，要動用一切文化手段，與封建勢力和宗教迷信鬥爭。狄德羅不僅反對古典主義只反映宮廷趣味和貴族閒適生活的消遣旨趣，而且把文學藝術視為大眾化的宣傳手段，要透過滲透了啟蒙意識的文學作品、戲劇演出、繪畫雕塑等等藝術形式，宣傳自由、平等、博愛精神，反對貴族特權，反對專制主義，反對宗教迷信，反對教會。他的美學的創新意義，不僅體現在哲學的層次，而且貫徹到他的文學藝術的理論和實踐 ❸❷。

盧梭的文學成就

盧梭不但是一位傑出的思想家，也是一位傑出的文學家。除了《社會契約論》外，他還發表書信體小說《新愛洛綺思》、哲理小說《愛彌爾》和膾炙人口的自傳《懺悔錄》(*Les Confessions*)，充分體現他在政治思想上提倡「返回自然」、文學藝術上鼓吹「自然感情」的見解。

《新愛洛綺思》揭露封建階級制度對人的感情的壓抑和摧殘，表達了盧梭要求各方面獲得自由和解放的強烈願望。小說中對於個人感情的描寫與對大自然的描寫緊密結合在一起，為法國文學帶來新的元素 ❸❸。

盧梭對《新愛洛綺思》這部小說傾注了自己的全部熱情。他不僅娓娓動聽地敘述著一個美麗的愛情故事，而且發表他對種種社會問題的見解。從小說的主題、情節、體裁來說，這種愛情故事非常平凡，但盧梭的寫作技巧和手法別具一格，構思有獨到之處，文筆清新脫俗，自然雋永，深受讀者喜愛 ❸❹。

---

❸❷　李鳳鳴，《狄德羅》(臺北：東大圖書公司，2000)，頁 166。

❸❸　張澤乾，《法國文明史》，頁 313。

　　《新愛洛綺思》在內容方面顯然過於冗長，富於感情和不切實際。但是，雖然此一小說具強烈的訓示意義，卻有相當大的吸引力、戲劇張力和微妙之處，尤其針對女主角裘利 (Julie) 的生動分析介紹方面更見其功力。

　　《新愛洛綺思》的偉大乃因下列三個特色：

　　1. 全體性——從小說中可以看出盧梭的思想之綜合，也提出困擾整個世紀的良心的所有問題。

　　2. 期間 (durée)——這是法國文學史上，時間讓書中人物的內心轉變的第一部小說。

　　3. 神祕 (mystère)——沒有任何一位小說中的人物被作者赤裸裸地全部呈現在讀者眼前。對讀者來說，小說中人物的真面目仍莫測高深❸❺。

　　毫無疑問，《新愛洛綺思》是十八世紀法國最重要的小說，其影響很深遠❸❻。

　　《愛彌爾》是一部討論教育的作品。盧梭認為可以透過教育和學習來獲得智力、道德和能力，這就是寫這部教育小說的出發點，也反映他在讀書和擔任家庭教師時的體會和經驗。這部小說的情節是虛構的，共五篇，以假想的富家孤兒愛彌爾為主角。前四篇描寫愛彌爾從出生到成年四個時期的年齡特徵、成長經過和所受的教育；最後一篇敘述愛彌爾未來的妻子蘇菲亞 (Sophie) 所受的教育。

　　盧梭寫《愛彌爾》的目的和意圖很明顯。他把封建社會和封建教育制度視為對人的羈絆或陷阱，因此為愛彌爾安排脫離當時社會影響，給予適合他自然發展的環境，以及充分的行動自由，順應兒童本性，讓其身心自由發展，使他透過自身的經驗，獲得對社會生活的認識，養成獨立和自由的個性❸❼。

---

❸❹　陳振堯，《法國文學史》，頁 267。

❸❺　Jaques Roger, *Histoire de la littérature française*, t. 2, p. 604.

❸❻　Ibid.

　　《懺悔錄》是盧梭追述自己過半個世紀的往事，是用散文寫成的詩篇，是一個出身低微的人反對社會非正義與不平等，為維護人權而奮爭不懈的記錄。這部作品通篇情景交融，富有抒情風味。盧梭透過描寫自身和周圍環境的衝突，表達了對自我所作的熱情讚頌，強調個人在社會中不容忽視的作用，發出推崇個性解放的時代最強聲音❸。

　　《懺悔錄》構思細膩巧妙，文筆輕靈通俗，富有音樂感。盧梭的文學作品，對十九世紀法國與歐洲的浪漫主義產生積極影響。

博馬榭的文學成就

　　博馬榭 (Pierre de Beaumarchais, 1732–1799) 是著名劇作家，是法國大革命之前最後一位偉大的古典喜劇作家和最嚴謹的戲劇批評家。他是巴黎一位鐘錶匠的兒子。二十二歲時發明一種鐘錶擒縱機❸，因專利權問題涉訟，寫了一系列辯駁性文章，名聲鵲起，但在法庭上卻只獲得部分勝訴。

　　他曾先後兩次與富孀結婚，從事投機事業，還曾擔任路易十五女兒的豎琴教師。

　　博馬榭在劇本創作方面深受狄德羅理論的影響，他繼狄德羅之後，提倡戲劇改革。1767 年，他出版第一部劇作《歐仁妮》(Eugénie)，透過女主角的悲慘遭遇，揭露貴族階級的罪惡，強調對善良百姓之不幸遭遇要有同情心。他主張悲劇中的典型人物不應以王子、貴族為主，或敘述恐怖事件，可惜《歐仁妮》並未搬上舞臺。

---

❸　陳振堯，《法國文學史》，頁 270–271；Carol A. Mossman, *Politics and Narratives of Birth, Gynocolonization from Rousseau to Zola* (Cambridge: Cambridge University Press, 1993), p. 151.

❸　張澤乾，《法國文明史》，頁 313。

❸　所謂鐘錶擒縱機，即是機械錶的一個組件，其輪系（動力系）可以接收能量，再週期性地釋出能量。

　　博馬榭初嚐文學盛名是在發表四篇尖銳的文章《回憶錄》(*Mémoires*)之後，文中他為自己在一次複雜的訴訟過程辯護，說明事件是由曾被他救過的夥伴做投機買賣的擔保所引起。雖然輸了這次訴訟，但《回憶錄》充滿智慧、諷刺，且才氣橫溢，因而贏得大眾對他的支持。

　　1775 年，博馬榭的喜劇《塞維爾的理髮師》(*Le Barbier de Séville*) 上演，初演並不成功，經修改後，深受觀眾喜愛，成為受人歡迎的戲劇家。此劇主角費加洛 (Figaro) 代表當時下層社會中的智慧型人物，反抗專制政治和社會不平等。

　　雖然博馬榭作品具政治寓意，但路易十六仍保護他，並任命他擔任密使出使奧地利。另外，博馬榭也影響法王做出支持美國殖民地脫離英國獨立的決定。他個人組織一支船隊，載運武器和設備到美洲殖民地，徵募志願軍，並預墊一大筆金錢。然而，美國政府事後僅於 1835 年部分償還。據說在美國獨立戰爭中，沒有一個歐洲人比博馬榭的貢獻還多。

　　1778 年，博馬榭完成其名作《費加洛婚禮》(*Le Mariage de Figaro*)。此劇是《塞維爾的理髮師》的續篇。1784 年，原被禁止演出的《費加洛婚禮》終於獲得法王首肯搬上舞臺，連續演出六十八場，場場客滿，轟動一時。然而，劇中對特權階級有所不敬，使他再度入獄。此劇採自早期劇作中，有關丈夫被妻子欺瞞的主題，全劇頗富機智的創意。對白及費加洛著名的獨白，更是令人激賞。

　　此後，他又寫了諷刺詩歌劇《搭拉爾》(*Tarare*) 和以費加洛為主角的第三部作品《有罪的母親》(*La Mère Coupable*)，但後者在思想性和藝術性都十分拙劣。

　　博馬榭一生也是一齣充滿訴訟、糾紛、投機、欺詐、冒險和陰謀的戲劇。他為人老於世故，醉心財富，慣於惹事生非，顯得極不安分。作為一個劇作家，他的一些作品往往未經認真推敲，看來比較粗糙。然而，他本人智計百出，慣搞陰謀，所以在劇本中所構思的戲劇情節，手法熟練，臺詞精闢。他經歷複雜，多聞博識，曾與各種人物交往，因此能把

劇中人物描寫得活靈活現，有些角色已成戲劇人物中的典型❹。

馬利佛的文學成就

馬利佛的喜劇聲響僅次於莫里哀，《愛情使哈樂根變成雅人》(*Arlequin poli par l'amour*) 和《愛情與偶遇的遊戲》(*Le Jeu de l'amour et du hasard*) 是他的愛情和風俗喜劇中最出色的作品。

馬利佛一生共創作三十餘部戲劇，除了愛情喜劇外，還有悲劇和諷刺劇。《奴隸之島》(*L'Ile des esclaves*) 和《理性之島》(*L'Ile de la raison*) 即是採用《格列佛遊記》(*The Gulliver's Travels*) 的方式諷刺歐洲社會現實。

他的喜劇對白鮮明生動，詼諧機智，在語言上特別講究。劇中人物的感情和理智未能統一，內心又常有本能和幻想的衝突。他們善於控制感情，卻又掩蓋不住內心的潛意識，這些都在對待愛情的問題上暴露出來。他們在心裡愛著對方，卻又違心地不說真話。語言真真假假，虛虛實實，委婉曲折，深切動人，從而形成一種戲劇風格。這種特別講究語言的裝飾性技巧，在當時就被稱為「馬利佛風格」(marivandage)❹。

馬利佛也是位優秀小說家，作品模仿貴族沙龍小說，保留較多的典雅韻味，但注重情感和直覺，蔑視權威與正統的宗教觀念，讚美純樸的道德和歌頌自然。他的代表作有《瑪麗安娜的人生》(*La Vie de Marianne*) 和《暴發戶農民》(*Le Paysan parvenu*)，皆為十八世紀最好的小說。

謝尼葉的文學成就

謝尼葉 (André Chenier, 1762–1794) 有世紀的「完美句點」(point de perfection) 之稱❹，為十八世紀末葉最傑出的詩人。有人稱他是浪漫主義的祖師。他生前除發表過幾首頌歌和一些政論文章外，沒有出版過什麼

---

❹ 陳振堯，《法國文學史》，頁 286。
❹ 同前書，頁 283。
❹ Jacques Roger, *Histoire de la littérature française*, t. 2, p. 631.

作品。他的大部分詩作，如田園詩、哀歌、牧歌等，都在死後二十五年才成集出版。

　　謝尼葉生於外交官家庭，母親為希臘人。他們一家人在巴黎生活期間也經常和希臘的文人學者交往。他自幼學習希臘語，造詣很深，能順利閱讀希臘古籍。謝尼葉詩作的主題、風格、色彩、節奏和表達方式等都受希臘古典作品的影響。

　　他是一位比較成熟的詩人。謝尼葉寫了一首現代詩，詩中聲稱，藝術只能創作詩句，心靈才是真正的詩人。他在青年時期創作的詩篇中，按照自己的標準塑造英雄形象。他的詩作風格細膩，節奏音響富有希臘情調，但他認為這些早期作品不值得發表。

　　後來在法國駐倫敦大使館任職，他開始寫愛情詩和哀歌，也模仿古代詩人荷馬（Homer，約生於西元前八世紀）和維吉爾的作法，在自己的詩中反映十八世紀的思想，並把當代的新發現寫成詩，如〈發明〉（L'Invention）。他還寫了兩首描述人類歷史的史詩，如〈葉爾梅〉（Hermès）。他在詩中用簡單的筆法，勾勒出從地球起源，直到未來的的全部歷史。謝尼葉在詩中提到，未來的科學家、法學家和其他學者會有重大發現，各國人民將和睦如兄弟，共享和平與幸福的生活。

　　謝尼葉詩的成就在於從希臘抒情詩中獲得情感，使法國的詩歌恢復活力。他在大革命時期所寫的詩熱情地捍衛自由和正義的理想[43]。他的幾首長短句詩是動人心弦的頌歌，讚美面臨迫害的人類的鬥爭精神。他的詩歌不屬於古典主義派，也不屬於浪漫主義派，但他是那個時代的最偉大的詩人之一[44]。謝尼葉的早逝，使法國詩壇少了一位將柔美摻進粗獷再創造新風格的詩人[45]。

---

[43]　謝尼葉於 1794 年 7 月 20 日被送上斷頭臺。

[44]　陳振堯，《法國文明史》，頁 293–295；Jacques Roger, *Histoire de la littérature française*, t. 2, pp. 631–632.

[45]　莫渝，《法國詩人 20 家，中世紀至十九世紀》（臺北：臺灣商務印書館，1996），

第三節　科學成就

　　十八世紀法國的理性主義，推動了法國自然科學的研究，也因而在生物學、化學、物理學和數學等方面產生許多著名的科學家。

生物學的成就

　　啟蒙思想家狄德羅除了出版許多哲學和文學的作品，還有兩本有關生物學的著作。《達朗貝爾的夢》是一部探討有次序的物質和生命的起源，但不預設一個造物主的對話。本書具有在化學和生物學上的預言式洞察力，推動讀者們進入二十世紀的基因和氨基酸的世界。《生理學基本原理》(*Élements de physiologie*) 則顯示出狄德羅對當時醫學和科學研究的熟稔，並特別表現他對神經生理學的洞察力。

　　畢楓是法國博物學家，其巨著《自然史》(*L'Histoire naturelle*) 一書嘗試涵蓋所有自然歷史、地質學、人類學的知識，是十八世紀廣受歡迎的科學名著。

　　畢楓早年對植物學和英文很感興趣，曾將黑爾斯 (Stephen Hales, 1677–1761) 的《植物誌》(*Vegetable Staticks*) 和牛頓討論微積分的《流數論》(*The Method of Fluxion*) 譯成法文。這兩本成功譯著與他早期關於數學、光學和森林學的作品，為他贏得不凡聲譽而被任命為「國王花園」❹❻園長。同時，他策劃出版一套涵蓋當時所有關於自然史知識的著作。他花費約五十年的時間，生前共出版三十六冊，最後八冊在其死後出版。

　　《自然史》的出版，普遍受到好評，畢楓因此聲名大噪。此書敘述清晰詳實，並附有許多野生和家庭飼養的動物的圖片。書中呈現出作者對自然的整體概念與對綜合歸納的偏好。由於畢楓的文體優美，行文出

　　頁 57。

❹❻　「國王花園」(Jardin du Roi) 後來改稱「植物園」(Jardin des Plantes)。

色，因而有自然詩人之稱。

此一著作帶有俗世和實證精神，畢楓提出一項自然的理論，而其自然歷史的理論摧毀了傳統的信念 ❹。他強烈反對生物學的機械論哲學，而極力鼓吹有機體理論。此一理論受重農學派創始人奎內的影響甚深 ❽。

關於地球起源的探討，他最先主張地質史應劃分時期。他認為地球是由一個彗星經過太陽時所切下的一個太陽碎片形成的。畢楓估計地球的形成已超過七萬年，遠比許多神學家根據《聖經》〈創世記〉所估算的六千年老，因而激怒了這些神學家。在這部書的寫作過程中，曾遭到巴黎神學院的干預，並告訴他，《自然史》的某些部分與教義相違背，必須收回。畢楓表面上答應抑制自己的異教傾向，但仍繼續其寫作和研究工作。他十分小心謹慎，但堅定不移地宣傳科學真理 ❾。

畢楓對進化論研究具有非常濃厚的興趣。在他一生中的不同時期，常以各種不同角度從事進化方面的研究。他的思想和論述常有許多矛盾之處，一方面相信物種是發展而來的，另一方面又接受林奈 (Carl von Linnaeus, 1701–1778) 關於物種不變的說法。然而，在 1744 年，當林奈的自然系統受到植物學家幾乎一致接受時，畢楓卻在巴黎科學院 (The Paris Academy of Sciences) 加以抨擊。他不僅批評林奈的系統，而且還包括只依照外在特徵來分類的所有系統。他相信，宇宙是由個別物體構成的，不能以人為的方式加以歸類 ❺。畢楓認為林奈的分類學是無關緊要

---

❹ Jacques Roger, *Histoire de la littérature française*, t. 2, p. 589.

❽ 畢楓因奎內向龐巴度夫人和路易十五推荐而得以出任「國王花園」園長。Colm Kiernan, The Enlightenment and Science in the Eighteenth-Century France, from Theodore Besterman, *Studies on Voltaire and the Eighteenth Century*, vol. LIX (Banbury, Oxfordshire: Thorpe Mandeville House, 1973), pp. 202–203.

❾ 王德勝，《科學史》(瀋陽：瀋陽出版社，1992)，頁 364。

❺ Thomas L. Hankins, *Science and the Enlightenment* (Cambridge: Cambridge University Press, 1988), p. 149.

的小事，自然界應以整體觀念來了解其彼此關係和演化過程。

在晚年，畢楓對後天獲得特徵的遺傳，曾積極研究。他推想下列因子都能影響演化：

1. 受到環境因子的直接影響。

2. 遷移。

3. 地理的隔離。

4. 過度的擁擠和生存競爭。

這些因子將會使新型生命逐漸發展，而非突然間發生改變 **❺**。

拉馬克 (Jean Baptiste de Monet, chevalier de Lamarck, 1744–1829) 是生物學家，「生物學」一詞最早由他提出，也是十八世紀最重要的進化論學者。早年為達成父親的心願而成為一名軍人，後來因病退伍，前後共換了七次工作。其間曾積極研究醫學、化學、植物學和氣象學。

他認為所有生物均由原始的小物體進化而來。經過九年野外考察，拉馬克於 1778 年發表三卷《法國植物志》(*La Flore française*)，其分類不限於林奈的體例。此一著作使他成為法國科學院院士。在他的建議下，法國國家自然博物館 (Muséum d'Histoire naturelle) 於 1793 年成立，他負責無脊椎動物館，並最先將化石與現存生物聯繫起來。

1800 年拉馬克修改了林奈混亂的低等動物分類體系，其分類依據不僅是外部形態，還包括重要器官的功能和複雜的結構。翌年，他發表《無脊椎動物系統》(*Système des animaux sans vertibres*)；1815–1822 年，發表《無脊椎動物自然史》(*Histoire naturelle des animaux sans vertibres*) 共七卷。他設想，各種生物從低級到高級，像階梯一樣排列，其器官愈來愈複雜。

拉馬克在 1809 年發表的《動物哲學》(*La Philosophie zoologique*) 提出器官用進廢退說。根據他的說法，動物軀體中本來就具有可供其發展的力量。動物為了能生存而必須經過一番努力時，這分力量便悉數傾注

---

❺　關崇智，《生物學發展史》(臺北：淑馨出版社，1994)，頁 347。

其中，結果動物就變成了最適於生存的形態。例如長頸鹿之所以有又細又長的頸子，完全是努力想吃到高處樹葉的結果。相反地，一些不常使用的部位卻會愈來愈退化，最後甚至完全消失 ❷。

上述著作使他成為生物進化論的先驅，被譽為生物學歷史上提出比較完整的進化理論的第一人 ❸。

化學的成就

啟蒙時期的法國，產生了一位非常傑出的化學家，那就是有「近現代化學之父」之稱的拉瓦吉。拉瓦吉出身巴黎一個富有律師之家。最初學習法律，後來轉而學習科學，尤其是地質學和化學。1766 年，他參加國家科學院舉辦的改善巴黎路燈方法的徵文比賽，獲得金質獎章。二十五歲被推選為科學院院士。後來擔任包稅官，並從事其他如社會、農業、金融和政治的各種不同活動。1794 年被極端左派分子送上斷頭臺。數學家拉格朗吉 (Joseph Louis Lagrange, 1736–1813) 說，「他們可以一瞬間把他的頭割下，而他那樣的頭腦一百年也許長不出一個來 ❹。」

在拉瓦吉開始研究化學的那個時代，化學幾乎不被稱為科學。在化學中最能被大眾所接受的學說，就是火之所以燃燒，是因為可燃物中有「燃素」。

根據這個理論，凡是可以燃燒的物體，其中都含有大量名叫燃素的物質。雖然燃素觀念廣泛被接受，但是從來沒有人看見過，不知它究竟是什麼。就連發現氧氣的科學家普利斯特里 (Joseph Priestley, 1733–1804) 也不例外，直到他死，仍舊相信「燃素理論」。顯而易見的證明，當物體燃燒時，其本身似是從火燄中消失些什麼。於是科學家們說，所消失的東西就是燃素。

---

❷　吳圳義，《西洋近古史》（臺北：三民書局，2005），頁 287。

❸　張澤乾，《法國文明史》，頁 302。

❹　趙匡華，《化學通史》（上）（新竹：凡異出版社，1992），頁 158。

　　拉瓦吉埋頭於生鏽金屬和燃燒物的試驗研究。他用硫磺和磷作實驗，結果證明物體燃燒後，並沒有消失什麼，其重量實際上超過原物。此一事實，動搖了他一向所確信的燃素消失理論。於是，拉瓦吉設計一項被認為是歷史上最奇妙的化學試驗之一。他把經過仔細秤過的定量水銀，放在蒸餾器中，而蒸餾器則與裝有定量空氣的鐘形瓶相連接，瓶口置於水銀槽中而和大氣融離。他把蒸餾器中的水銀慢慢加熱，部分水銀變成紅色粉狀物。鐘形瓶中的液體水平漸漸升高，表示瓶中的空氣在相對減少。在他開始實驗時，蒸餾器管子和瓶子中，共有氣體五十立方英吋；但當他停止加熱水銀時，發現其中只存有四十立方英吋的空氣。

　　當第一部分試驗完成之後，拉瓦吉仔細地收集紅色粉狀物，加高溫燃燒，然後再收集所放出來的氣體，竟找到所消失的十立方英吋「氣體」。他正確解釋他的試驗結果，那就是空氣中含有五分之一的某種氣體，它能與水銀結合而成紅色粉狀物。這種氣體，普利斯特里已稱之為「純氣」，而拉瓦吉則稱之為「氧」❺❺。

　　由於氧的發現，燃燒——鍛燒作用的難題逐漸獲得解決。1777 年，在《燃燒概論》(*Mémoire sur la Combustion en General*) 這篇論文中他最早提到燃燒作用和其相關過程是氧與其他元素的化合作用。

　　拉瓦吉也在實驗中證明，在動物的呼吸作用中，正如燃燒作用，氧被消耗而釋出二氧化碳。氧在呼吸作用中所產生的熱量大約等於同量的氧用於燒炭時所產生的熱量。

　　他曾公開展示其著名的實驗長達兩天，證明水是由兩種元素：氫和氧製成的❺❻。他也是第一個指出，所有物質都能以固、液、氣三態中的任何一態存在的人。當一個固體被加熱時，它吸收熱質直到某一個點，

❺❺　Philip Cane 著，婁摩天譯，《科學家列傳》（臺北：中央日報社，1966），頁 127–128。

❺❻　Melvyn Bragg 著，周啟文譯，《站在巨人的肩膀上，史上最偉大的 12 位科學家》（臺北：先覺出版公司，1999），頁 102。

即變成液體；再繼續加熱，物體吸收更多的熱質，就能將液體轉變為氣體。此揮發作用的學說提供拉瓦吉解釋燃燒作用時所產生的光和熱。

拉瓦吉對化學的發展還有另一項重大貢獻。他對各類物質制定了科學命名法，為化學帶來前所未有的條理性和系統性。他與當時法國著名化學家貝托雷 (Claude Louis, comte Berthollet, 1748–1822) ❺❼、傅克勞 (Antoine François de Fourcroy, 1755–1809) ❺❽和莫沃 (Guyton de Morveau, 1737–1816) 等合作，組成「巴黎科學院命名委員會」，擬定《化學命名法》一書，於 1787 年出版。它論述的化合物命名原則基本上就是目前仍然採用的，規定每種物質必須有一個固定名稱。元素的名稱必須盡可能反映出它們的特性或特徵 ❺❾。

1789 年，他的《化學概要》(Traité élémentaire de chimie) 出版。該書是拉瓦吉和其學生們共同對化學發現的簡明解釋，也是新化學的導論。《化學概要》在巴黎一經問世，迅速產生廣泛影響，很快被譯成多種文字，並且多次再版，幾乎所有化學家都轉而擁護這種新思想。化學從此進入一個新紀元，所以該書對化學的貢獻，完全可以和牛頓的《自然哲學的數學原理》(Philosophiae Naturalis Principia Mathematica) ❻⓿對物理學的貢獻相媲美 ❻❶。

---

❺❼ 貝托雷曾任奧爾良公爵私人醫生，科學院院士，教授。他的主要著作有《染色藝術要旨》(Élments de l'art de la teinture) 和《化學平衡》(Statique chimique)。

❺❽ 傅克勞曾任國王花園的教授，國民公會的巴黎代表，還協助拿破崙一世創立帝國大學。

❺❾ 趙匡華，《化學通史》，頁 169。

❻⓿ 關於《自然哲學的數學原理》之主要內容，參閱吳圳義的《西洋近古史》，頁 282–283。

❻❶ 趙匡華，《化學通史》，頁 170。

物理學的成就

　　達朗貝爾在科學方面的成就也很非凡。他在二十六歲就進入科學院，二十八歲發表他的經典之作《論動力學》(*Traité de dynamique*)，論述作用於物體的外力和等於該物體的反作用力。此定理即被稱為「達朗貝爾原理」(D'Alembert's principle)。這是機械學發展的一個重要里程碑 ❷。他應用上述原理研究液體的形態和性質，並發表《論流體的平衡和運動》(*Traité de l'équilibre et du mouvement des fluides*)。

　　十八世紀具有開拓意義的另一項科學成果，就是靜電學理論的確立。它為下一世紀電磁理論的建立和第二次動力革命的實現做好準備。在十八世紀上半葉杜菲 (Charles François de Cisternay du Fay, 1698–1739) 便發現了物體具有兩種不同的帶電形式，同種電互相排斥，異種電互相吸引。

　　在早期蓄電池「萊頓瓶」(Leyden Jar) 問世後，修道院院長諾雷 (Abbé Jean-Antoine Nollet) 曾讓七百名修士伴著萊頓瓶發出的電起舞，以博取路易十五的歡心。此一情況顯示，在初期階段，電學實驗並非為了研究新的動力，電學儀器僅被用來作為電擊遊戲。

　　在此一時期，對電學最有貢獻的物理學家是庫侖 (Charles Augustin de Coulomb, 1736–1806)。他是十八世紀在電磁領域有傑出成就的代表人物之一。庫侖因在扭轉力方面的論著而享有盛譽，於 1775 年當科學院院士。此後，他便轉向研究電力和磁力。那一年，庫侖利用扭秤原理製造靜電計。1785 年，他利用萬有引力公式進行類比推理，發現電力增長與距離平方成反比。後來，他又把電荷之間的此一作用規律推廣到磁，得出了磁極間相互作用的規律。此一結論就是人們熟知的庫侖定律 (Coulomb's Law)。它是靜電學的一個基本定律。

---

❷　Abraham Wolf, *A History of Science, Technology, and Philosophy in the 18ᵗʰ Century* (Bristol: Thœmmes Press, 1999), p. 65.

　　庫侖在近代西方科學史上的卓越功績，在於他把力學的方法移植到電磁研究領域，因而打開數學分析通向這個領域的道路。從庫侖開始，靜電研究不再局限於對電磁現象的觀察和定性的描述，而進入了依靠數學手段進行定量計算的階段。從此以後，靜電學方面的進步也偏重在數學的表達方面。在數學的參與下，電學開始成為一門獨立的學科。庫侖定律成為對靜電學進行定量研究的三大基本定律之一❻❸，成為整個電學理論的基礎❻❹。

數學的成就

　　在近代科學技術的發展過程中，數學獲得廣泛應用。科學知識的日趨精密，也促進數學的進一步發展。一如十六、十七世紀，十八世紀的法國在數學研究領域依然保持著巨大優勢和領先地位。在數學王國裡，達朗貝爾和被稱為「三 L」的勒讓德 (Adrien Marie Legendre, 1752–1833)、拉格朗吉和拉普拉斯 (Pierre Simon, marquis de Laplace, 1749–1827) 等人，可稱為法國數學界的泰斗。他們與其他法國數學家，對數學分析的發展貢獻甚大，使西方數學史從「數學復興」時期進入「數學分析」的時代。數學分析在更多的場合，是微積分、級數論、函數論、微分方程、積分方程、變分法、泛函分析等學科的總稱。十八世紀的法國與其他歐美國家在此一領域獲得理論方面的成就，開創數學科學新紀元。

　　達朗貝爾在 1740 年代末期，發展偏微分方程，並將它運用到振盪弦問題上，因成績卓著而當選為柏林科學院院士。微分方程式 $y=xf(ý)+g(ý)$ 也以其名名之。代數的一個基本定理，亦即每個多項數至少有一個根，在法國至今仍被稱為「達朗貝爾定理」(d'Alembert's theorem)。1761 至 1780 年間，陸續出版共八卷的《數學論叢》，為十八世紀分析數學集大成的巨著之一。

---

❻❸　另兩個定律為高斯定律和環流定律。

❻❹　張澤乾，《法國文明史》，頁 299。

「三 L」都是跨世紀的偉大數學家，以拉格朗吉貢獻最大。他在分析數學和數論，以及分析力學和天體力學方面皆有成就。在數學領域，自 1760 年代開始，他便致力於微分方程、素數理論、數論方程，以及概率論的研究。在 1790 年代末，相繼出版《解析函數論》(*Théorie des fonctions analytiques*) 和《函數演算教程》(*Résolution des équations numériques*) 為實解函數的最早教科書。

勒讓德最出色的成就是在橢圓積分方面為數學物理提供基本的分析工具。在 1783 年撰寫的首篇數學論文中，提出著名的勒讓德函數。1794 年，他的名著《幾何基礎》重新組織並簡化歐幾里得（Euclid，約生於西元前三世紀）的《幾何原本》的許多命題，後來被歐美各國競相採用為教學用書。他尚有兩部主要著作：《數論》(*Théorie des nombres*) 和《橢圓函數論》(*Théorie des transcendants elliptiques*) ❻❺。

拉普拉斯為達朗貝爾的學生，是法國著名的數學家和天文學家，因研究太陽系穩定性的動力學問題被譽為「法國的牛頓」。

拉普拉斯的兩本巨著是《機率的分析理論》(*Théorie analytic des probabilités*) 和《天體力學》(*Mécanique céleste*)。在這些書中，他將自己的研究心得和這些主題的所有前人的著作統合起來。這兩本不朽的著作，均各有一篇以非專業的措辭所作的廣泛解釋來當序文，即〈機率的哲學漫談〉(Essai philosophique sur les probabilités) 和〈宇宙系統的解釋〉(Exposition du système du monde) ❻❻。

《天體力學》整理了 1799 和 1825 年間的前輩在動力天文學的著作，集結成五大冊。它首先談到機械學和重力的一般原理，然後再將這些原理應用在相互吸引的橢圓體之動作的調查，天體，星球的不規則、形象和軸性的轉動，海洋的振動和穩定，月球的理論，彗星等等。在第五冊，拉普拉斯敘述其最新的研究成果 ❻❼。他的重大貢獻是在於將數學和力學

---

❻❺　同前書，頁 299–301。

❻❻　Dirk J. Struik 著，吳定遠譯，《數學史》（臺北：水牛出版社，1982），頁 186。

成功地應用於天文學的研究。

出身工人家庭的孟吉 (Gaspard, comte de Péluse Monge, 1741–1818) 創立了畫法幾何技術，並開闢了解析幾何的新園地，使二者開始成為射影幾何的組成部分。他於 1765 年捨棄傳統的算術計算，改用自己研究出來的幾何方式，輕易解決了築城問題。孟吉在 1781 年發表的《關於挖掘和裝填的理論》中，利用微積分確定曲面的曲率，闡述了曲率的常微分方程，並建立了一般理論。他協助創建巴黎綜合工科學校 (École polytechnique)，並為該校教學編寫教科書，推動了十九世紀初期數學的發展。

孟吉在十八世紀末出版的《畫法幾何》(*Géométrie descriptive*) 和《分析在幾何的應用》(*Application de l'analyse à la géométrie*)，建立了三維幾何的代數方法，引起了工程設計領域的徹底革命 ❻❽。

第四節　藝術成就

十八世紀的藝術是各種思想與知識的綜合，或者說是一種風格向另一種風格的滲透與過渡。重視理性與情感的傾向同時貫穿此一世紀的始終，只不過它們在不同階段所處地位各異而已。

在十八世紀的法國和歐洲，藝術是財富、權力及風格堆積而成的「金字塔」。本世紀上半葉，藝術宮殿的營造是在國王與貴族權勢的指揮下展開。從中期開始，社會為心懷奢望的資產階級提供更加有利的機會，藝術也日益著眼於這個地位不斷上升的階級。資產階級的關注，影響著藝術的題材和風格。

十八世紀前半期風行法國的是洛可可藝術。路易十四去世後，整個法國產生一種解脫的情緒，巴黎代替凡爾賽成為全國的文化中心。作為

---

❻❼ Abraham Wolf, *A History of Science, Technology, and Philosophy in the 18th Century*, p. 99.

❻❽ 張澤乾，《法國文明史》，頁 301。

反巴洛克和古典主義的樣式，一種優雅別致的新風格被創造出來，以適應裝飾城市和住宅之所需。這種風格稱為「洛可可」(rococo)。

　　洛可可裝飾創造出一種親切的優美，也就需要一種能與之匹配的可愛的美術。隨後，這種裝飾與繪畫風格又波及其他藝術形式，因而逐漸形成一種以柔和、浪漫、華麗、細膩為特徵的審美趣味和藝術情調。

　　隨著啟蒙運動的興起，民主與進步力量快速增長，狄德羅所提倡的「藝術要為道德服務」，使法國藝術擺脫「洛可可風」，而面向廣大民眾。此外，義大利古城龐貝 (Pompeii) ❻❾的發掘，促進了以羅馬為中心的古典主義運動的新高潮；英國注重舒適而又優美的園林藝術和建築風格，提供一種更富表現力的浪漫主義精神。這些在法國孕育了新古典主義與前浪漫主義 ❼⓿。

波佛朗的建築

　　波佛朗 (Germain Boffrand, 1667–1754) 所設計的蘇比斯府邸 (Hôtel Soubise) ❼❶的房間，為此一時期法國最出色的室內裝飾。該府邸的大廳纖細輕盈的牆體，以及其上盤旋翻騰的飾物，給人一種巧奪天工的感覺。客廳採用橢圓形平面，較以往的矩形和圓形更易產生寬鬆放任的印象。

加布里葉的建築

　　加布里葉 (Jacques-Ange Gabriel, 1698–1782) 出身建築師家庭。擔任路易十五的總建築師和建築學院院長期間，他曾主持建造與擴建多處法國宮殿和離宮，使之適應路易十五風格。最能顯示其城市設計才華的是路易十五廣場，亦即今日的協和廣場 (Place de la Concorde)。此一廣場的

---

❻❾　龐貝為位於義大利西南部維蘇威 (Vesuvius) 火山山麓之一古城，於西元79年因火山爆發而埋入地下。

❼⓿　張澤乾，《法國文明史》，頁 316。

❼❶　蘇比斯 (Soubise) 為路易十五的寵臣。

占地面積和宏偉氣勢居當時歐洲與世界之冠。他的另一舉世聞名的建築藝術傑作為凡爾賽宮苑內的小特里亞農宮 (Le petit Trianon)。這座小巧玲瓏的離宮是洛可可宮殿建築的代表。小特里亞農宮的園林建築後經王室首席建築師米格 (Richard Mique, 1728–1794) 擴建。米格不僅另建一座八角形的觀景樓和名聞遐邇的愛神殿，還修建一處英國式農莊，呈現出一派天然自成的田園風光 **❼❷**。

蘇夫洛的建築

在古典主義建築風格中，蘇夫洛 (Germain Soufflot, 1713–1780) 倡導羅馬風格的復興。1754 年，他受命設計巴黎聖傑內維耶夫 (Sainte Généviève) **❼❸** 教堂，將哥德式的輕巧性與古典式的莊嚴感融為一體，平面為正十字形，立面為巨大的神殿式。此建築也適當吸取洛可可的秀麗性，成為十八世紀法國最精美的紀念性建築物，大革命後改為「先賢祠」(Panthéon)。

畢諾的雕塑

在洛可可的建築中，無疑融合著雕塑師們的貢獻，其傑出的代表人物是畢諾 (Pineau, 1684–1754)。作為一位木雕師傅和室內設計師，他是洛可可式室內裝飾的領導人。畢諾專為私人府邸設計洛可可式廳室，作品特點是圓角淺壁龕，裝飾上喜用貝殼、捲葉，以及環形浮飾中鑲有古典式半身人像。

---

❼❷　Germain Bazin, translated by Jonathan Griffin, *Baroque and Rococo* (London: Thames and Hudson, 1993), p. 192.

❼❸　傑內維耶夫為一年輕牧羊女，在第五世紀鼓舞巴黎居民死守巴黎，以防匈奴人來襲。後來，她成為巴黎的守護神。

克洛迪翁的雕塑

克洛迪翁 (Michel Clodion, 1738–1814) 喜愛的題材為仙女、森林之神及其他古典人物。他從事燭架、燈臺、座鐘和花瓶等物的裝飾工作。

烏東的雕塑

烏東 (Jean-Antoine Houdon, 1741–1828) 是法國和西方歷史上最偉大的肖像雕塑家之一。他把十八世紀的胸像雕塑推向登峰造極的地步。烏東早期以聖布魯諾 (St. Bruno) ❼❹ 大型大理石雕像聞名。他的身著寬大長袍的伏爾泰坐像，表現出一位哲學家的莊重氣質，被認為是那一個世紀人物雕塑的代表作。烏東的人物肖像形象逼真，意境深邃，閃爍著理性的光輝。

他的雕塑也注重裝飾，體現著洛可可神韻。烏東的另外兩個極負盛名的作品——「夏」(L' Été) 和「月神狄安娜」(Diane) 雕塑，同屬形態優美，線條流暢之作。然而，「夏」富洛可可式自然生動的意趣；「月神狄安娜」則具有古典式的嚴肅與冷漠。

在烏東的作品裡，藝術與生活息息相通，它在總體上體現著對理性與情感的兼容並蓄，以及異常明朗的形式與極其靈巧的手法的完滿結合。他是那一時代造型藝術綜合風格的最好見證。

華鐸的繪畫

華鐸 (Jean Antoine Watteau, 1684–1721) 是法國繪畫史上真正傑出的畫家之一，在十八世紀早期的法國藝壇上居領導地位。他的作品顯示出一種偏狹的凡爾賽宮式的完全獨立性，並預示著有閒階層的生活方式。在華鐸充滿親切感的小畫作上，創造了一個自然優雅的世界，所畫的對象都是宮廷中他所喜歡的紳士淑女們，描繪他們在公園或林蔭草地上那

❼❹　聖布魯諾 (1030?–1101) 為 Carthusian 修會的創立者。

種悠遊自在的生活情趣。

　　華鐸的藝術都是以攝政時期極為流行的義大利喜劇中的平凡人物為依據。他曾在盧森堡宮 (Palais de Luxembourg) 的麥迪西畫廊 (Galerie de Médici) 研究魯本斯 (Peter Paul Rubens, 1577–1640) 的畫作，並深受其影響❼⓹。

　　1710–1720 年間，華鐸先後繪製三幅「發舟希德爾島」(Embarquement pour Cythère)，其中以 1717 年完成的第二幅最美。這是他成為美術學院院士的考核作品。希德爾島是愛情與幸福之島。故事取材於一個流傳於法國和義大利的古老神話，作者選取了情侶們登舟啟程的情景。玫瑰色的天空閃著銀色的反光，遠處隱約可見希德爾島的幻影，迷濛中顯得神祕異常。畫中他把那些談情說愛的人物圈定在一種引人入勝的宴遊景象中。這件作品應該歸功於魯本斯的「愛情的花園」(Jardin d'amour)，但這種影響已形成華鐸自己的精巧風格。

　　透過這些畫面，使法國繪畫得以從其自身的禁錮中解放出來，並為洛可可講究色彩及裝飾的生氣勃勃的畫法開創新局。「發舟希德爾島」是宴遊景象畫的最佳代表，那是一個令人信以為真的精緻世界和烏托邦，充滿迷人的綾羅綢緞及無限的文雅。

布雪的繪畫

　　布雪 (François Boucher, 1703–1770) 以色彩柔和、洗練的田園和神話作品，表現出洛可可風格。他是龐巴度夫人最喜愛的畫家，表達了路易十五時代宮廷的玩樂浮華，卻不失知性優雅的景象。她請布雪設計服裝和室內裝飾，並畫了許多幅衣著華麗的肖像畫，極盡美化頌揚，至今成為洛可可風格肖像畫的重要代表作。

　　布雪的繪畫主題多為女性，有宮廷和沙龍的貴婦人、藉神話中的維納斯、戴安娜等人物描繪愛情的寓言與享樂生活，以及女性結合自然美

---

❼⓹　Germain Bazin, *Baroque and Rococo*, p. 196.

景，描繪互相挑逗遊戲的情侶。常用白中泛紅的色調表現裸體，又用珍珠色和藍色的微妙關係，組成富於旋律的畫面。畫中女性的美，在理性中帶著活潑明朗的感性。因此有人說，洛可可的世紀是女性的世紀。

　　布雪具有相當高超的寫實技巧，但他並非描繪自然的真實，而是透過自然訴諸官能的裝飾美。這說明了洛可可的沙龍文化，即為一種帶有法國人獨有氣質的官能文化。他的畫中的洛可可的典麗、豪華而官能美十足的裝飾景象，是波旁王朝舊制度下燦開的最後花朵 ❼❻。

　　布雪的畫風以主題浮華、色彩精細、形式柔美和技巧純熟見長。一生作品約有上千幅油畫和上萬幅素描，代表作有「打獵歸來的戴安娜」(Diane au retour de la Chasse)、「戴安娜浴後小憩」(Repos de Diane sortant du bain)、「龐巴度侯爵夫人肖像畫」(La Marquise de Pompadour) 等。

　　他的一些畫作露骨地描繪縱慾的場面，表現幾乎毫無忌諱的色情與淫蕩，實際上是路易十五時代上層社會腐化墮落的寫照。出浴的月神戴安娜也好，半躺的龐巴度夫人也好，她們的神情都是嬌滴滴的貴婦，矯揉造作的表情所反映的恰恰是畫中人物精神世界的空虛 ❼❼。

　　布雪對藝術的興趣十分廣泛，凡是與「畫」有關的東西他幾乎都有興趣涉獵，範圍之廣也不局限於繪畫、雕版、掛氈畫或門板、天花板的設計，甚至還有舞臺設計、服裝設計或陶瓷繪畫設計。他還曾為路易十五繪製王室用復活節禮物的裝飾彩蛋 ❼❽。

佛拉哥納爾的繪畫

　　佛拉哥納爾 (Jean-Honoré Fragonard, 1732–1806) 先後在夏丹 (Jean-Baptiste Siméon Chardin, 1699–1779) 和布雪的門下習畫。他的繪畫同屬

---

❼❻　何政廣主編，《布欣 (Boucher)》（臺北：藝術家出版社，1999），頁 8；François Ternois, *Boucher* (Paris: Hachette-Fabbri, 1970), pp. 3–4.

❼❼　張澤乾，《法國文明史》，頁 321。

❼❽　何政廣，《布欣 (Boucher)》，頁 93。

洛可可風格，人物與景色也用優美的複雜曲線畫成，在其華美的畫風中
雖然透露出幾許清新氣息，但是仍然給人一種有如空虛的肥皂泡泡一般
稍縱即逝的感覺。

　　他在三十五歲時成為獨立畫家，專為畫商和富有的貴族收藏家作畫。
他們求取溫馨親密和田園風景的作品，以裝飾豪邸的沙龍和臥房。佛拉
哥納爾的藝術生涯非常成功，並因而致富。他的作品中充滿豔麗而輕浮
的愉悅景象，展現出洛可可風格的精髓，頗得世人喜愛。他的繪畫對感
傷的愛情幾乎達到神祕崇拜的程度，其熾熱詩般的作風，預示了一個時
代的結束。然而，法國大革命以及古典主義興起，使他風光不再，其作
品長期無人問津。他死時窮困潦倒，沒沒無聞 **❼⑨**。

　　佛拉哥納爾雖曾赴羅馬的「法國學院」(French Academy) 研究，但
卻受北方畫家，尤其是魯本斯的影響最大。

　　「鞦韆」(The Swing) 是他的傑作之一，主題呈現典型的嬉遊與情色
成分：年輕貌美的女子快樂地踢掉鞋子，她的情人則躲在下方的樹叢中
看著她 **❽⓪**。

夏丹的繪畫

　　在啟蒙運動的直接推動與影響下，十八世紀下半期，法國繪畫界出
現一種寫實主義潮流，其傑出代表首推夏丹。他傳達的是資產階級講求
實際而有所節制的快樂與愉悅。夏丹喜用粗線條和灰色、棕色群，一切
既具有單純性又具有整體性，筆端帶著空氣和光明。他固定在畫布上的
是物體的本身，描繪的是普通的靜物，但所體現的則是和諧與安寧。

　　夏丹所畫的物體都十分客觀。他在畫布上對於水果、花卉，或者茶
壺、茶杯的描繪，都十分鮮活和生動。難怪藝評家狄德羅會說，所有觀

---

❼⑨　Robert Cumming 著，朱紀蓉譯，《西洋畫家名作》（臺北：遠源出版公司，
　　　2000），頁 58。

❽⓪　同前書。

賞夏丹畫作的觀眾，幾乎都會情不自禁地想要拿一個水果來吃，或者取那杯茶來喝 **❽❶**。

他受十七世紀荷蘭風俗畫和靜物畫大師的影響。這些大師的畫作是當時法國收藏家追逐的目標。夏丹的許多風俗畫都是讚美勤奮的溫和訓誡，而且以切身體驗教導年輕人。

「家庭女教師」(The Governess) 這幅畫曾在巴黎沙龍展出，雖然尺寸和主題都很樸素，但受到極高的推崇。夏丹的技巧，尤其是他嚴密精細的技藝，以及對色彩完美的感知，總是能夠和他的主題和諧一致。那是一種整體的協調，每一物體皆各得其所，沒有一樣是誇張的。這種才能，使他成為偉大的畫家。夏丹的靜物畫題材多為極簡單的東西，如畫中的三角帽、工作籃、紙牌、羽球拍、羽球，或者廚房用具、蔬菜、獵物等。他的風俗畫大多是小件作品，畫中產階級家庭小人物的日常生活，既無傷感，也不造作。夏丹提醒我們，觀察人或物（包括畫作）可以是生命中最大的享受 **❽❷**。

夏丹的畫作頗能符合進步的中產階級的理想。他的「品茗的女士」(A Lady Taking Her Tea) 似乎是一個中產階級寧靜家居生活的縮影。此一時期，英國東印度公司 (The English East India Company) 和法國印度公司 (La Compagnie des Indes) 開始經營高利潤的遠東茶葉貿易，並進而影響歐洲人的飲食。十八世紀在歐洲，尤其是在英國，飲茶風氣十分盛行 **❽❸**。

---

❽❶ Thomas M. Kavanagh, *Esthetics of the Moments, Literature and Art in the French Enlightenment* (Philadelphia: University of Pennsylvania Press, 1996), p. 185.

❽❷ Robert Cumming 著，田麗卿譯，《西洋繪畫名品》（臺北：遠流出版公司，2000），頁 64–65。

❽❸ Albert Boime, *Art in an Age of Revolution, 1750–1800* (Chicago and London: The University of Chicago Press, 1987), pp. 22–23.

索　引

四　劃

孔多塞　200–201, 204, 225–226

孔狄亞克　166–168, 179, 181, 214–216

巴貝夫　221–223

巴斯卡　73, 75, 78–79, 122

五　劃

卡隆　147–148, 152

史賓諾莎　124, 163–164, 166, 235

布雪　264–265

白逸夫　35, 48

六　劃

伊利沙白（一世）　2, 8, 11, 27, 32, 57

伊拉斯慕斯　30–31, 75

伏爾泰　50, 75, 97, 112, 131, 144, 161–166, 169, 183–185, 187–188, 197, 204, 217–218, 227, 232, 237–242, 245

吉斯　6, 26–27

七　劃

亨利二世　1, 4–6, 26, 34, 36–37, 49, 57, 110

亨利八世　3, 6, 11, 32

亨利四世　10, 13, 27, 33, 45, 47, 53–59, 61, 65, 67, 74, 79, 98, 110, 129, 239

利希留　57, 60, 63–64, 67, 71–72, 79–80, 83, 94, 97–98, 100, 110–115, 118, 127, 138, 154

杜貝雷　4, 8, 39–40, 48

杜哥　147, 153, 200–201, 204, 211–214, 225

杜維爾　47–48, 51

杜聯　92, 96

狄德羅　169–172, 176, 182, 195–197, 204, 224, 242–245, 247, 251, 261, 266

秀亞舍　144–145

貝茲　45–46

貝爾　75, 79, 124–126, 163, 231–232

里翁　87–88, 92, 95–96

八　劃

佩脫拉克　2, 37, 39, 48

孟德斯鳩　75, 162, 185–190, 195–196, 199, 201, 216–217, 219–220, 232, 242, 245

拉布呂耶爾　132–134

拉瓦吉　254–256

拉伯雷　30–31, 33, 39, 49–50, 131

拉辛　92, 128–130, 241

拉法耶特夫人　132, 134–135

拉美特里　172–174

拉豐田　51, 130–131, 134

拉羅什富鉤　132–135

波須葉　114, 116–121, 133

法蘭西斯一世　2–3, 5–6, 9–11, 13, 15–16, 25, 31, 35–36, 43, 50, 57

九　劃

奎內　204–209, 211, 213–214, 216, 252

柯立尼　26–28

柯奈爾　80, 126–130, 241

柯爾白　57, 74, 86–88, 90–93, 95–105, 118, 120, 137, 140, 152, 154,

160, 203, 235

查理五世　4–6, 16–17

洛克　123, 162–166, 168, 172, 174–175, 179, 181, 190, 195

十　劃

倍律爾　65–68, 71, 74

夏丹　265–267

納瓦爾的瑪格麗特（瑪格麗特）　10, 25, 30–31, 33, 35, 40, 43

茲文格里　28, 32

馬丁路德（路德）　8, 25, 28, 30–32, 42–43

馬利佛　232, 249

馬勒布　36, 51, 79, 81, 131–132

馬勒布朗旭　123–124

馬薩林　83, 84–87, 91, 110, 154

馬羅　31, 36, 39–40, 50–51, 131

十一劃

勒布朗　137–138

勒布雷　110–111

勒泰利耶　86–88, 91–92, 96

勒費富　25, 30–31, 40, 43

勒窩　136

勒諾特　136–137

康地親王　26–27, 93, 96, 133

梅里葉　169, 226–230

梅顯　75–76

畢跌　39, 50

畢楓　171, 251–253

笛卡爾　75–77, 79, 114, 122–125, 162–164, 166–167, 172, 175

莫里哀　128–130, 132, 249

十二劃

傅樂理　141–143

勞約翰　140–141, 155–156, 203

博馬榭　247–248

喀爾文　25–26, 28, 31–32, 40, 42–46, 119–120, 194, 239

握瑪　42, 45

腓力二世　6, 17, 27

華鐸　263–264

費勒隆　120–121

隆沙　8, 15, 31, 35–36, 39–40, 48–49

十三劃

愛爾維修　162, 174–175, 197–200

聖文森　68–71

聖希朗　71–72

葉田　28, 35, 39, 48

詹姆士一世　57

詹森主義　71–72, 78, 119, 121, 142

詹森派　121, 123, 128, 143–144

路易十三　59–60, 62, 65, 67–68, 79, 83–84, 97, 109–110, 112–114, 123, 137

路易十五　139, 141–146, 150–151, 161, 205, 247, 252, 257, 261, 264–265

路易十六　139, 146–149, 151–152, 200, 212, 248

路易十四　37, 45, 74, 83–97, 99, 101, 103–106, 109–110, 113–116, 119–121, 126, 128–130, 132, 136–137, 139–144, 149, 151–152, 154, 159, 203, 231, 237–238, 242, 260

達朗貝爾　170, 178–180, 200, 232, 242, 251, 257–259

十四劃

嘎桑第　121–123

瑪麗亞·德雷莎　96, 142–144

窩班　93–94, 96, 118, 204

蒙田　2, 33, 39–42, 78, 131

十五劃

摩爾　31

歐芒　46–47

十六劃

盧瓦　86–87, 91–93, 96

盧　梭　162, 180–182, 185, 191–
195, 201, 204, 221, 224–225, 232,
235, 245–247

霍爾巴赫　175–178

鮑丹　12, 18, 44–45, 54, 60, 109

十七劃

戴波德　35–36

戴隆姆　36, 38

謝內雷　86, 92

謝尼葉　249–250

謝維內夫人　132, 134–135

十八劃

聶給　147–149

二十劃

蘇利　56–57, 154

法國史　吳圳義／著

　　在西方國家中，法國一直以其悠久歷史及豐富的文化內涵自豪。自凱撒征服高盧之後，法國已有將近二千年之歷史，本書論述自古代高盧及羅馬人的征服至 1995 年總統大選之間的法國歷史發展。內容除政治及軍事史之外，對於社會、經濟、文化、宗教的發展與變遷，都有適當的敘述及分析，期能給予讀者較完整之面貌。

西洋上古史　吳圳義／著

　　西洋上古史，從時間來說，上自尚無文字記載的史前時期，下至西羅馬帝國滅亡的第五世紀；從空間來說，則涵蓋歐、亞、非三大洲。本書在時空界定上大致依循傳統的說法；在內容的探討上，則分別從政治、軍事、經濟、社會、文化、宗教等方面，來了解上古時期各民族在人類歷史舞臺上所扮演的角色，及其對人類文化的貢獻。

西洋近古史　吳圳義／著

　　在西洋歷史中，「近古」是一個很重要的階段。由於人文主義的興起，「人」的價值逐漸受到重視，神權時代開始走入歷史。文藝復興、宗教改革和資本主義均表現出對個人的尊重。政治方面，法國與英國皆受到革命的挑戰，各國也面臨經濟與社會發展所產生的新問題，對於這些歐洲國家在十七世紀所面臨的危機，本書將有一番深入的探討。

俄國史　賀允宜／著

　　俄羅斯以其廣大的國土、豐富的資源與眾多的人口，在世界舞臺上占有舉足輕重的地位；在國際化日益加劇的未來，認識她的歷史可說是件重要的事。本書從文化起源的爭論，到彼得大帝的西化政策、法律與農奴的生活，及二月革命等各層次切入，融合理性報導與百姓生活的感性描繪，除可作為大學及研究所授課之用，也是幫助一般讀者了解俄羅斯不可或缺的參考書籍。

世界通史　王曾才／著

　　本書作者以科際整合的手法及宏觀的史學視野,以流暢的文字敘述並分析自遠古以迄近代的世界歷史發展。內容包括史前文化、埃及和兩河流域的創獲、希臘羅馬的輝煌,以及中古時期後向外擴張並打通東西航路,其後歐洲及西方歷經自我轉型而累積更大的動能,同時亞非和其他地域歷經漸變,到後來在西方衝擊下發生劇變的過程。最後整個地球終於形成「一個世界」。

世界現代史　王曾才／著

　　本書作者王曾才教授以其清晰的歷史視野和國際觀,為讀者提供了一個體察天下之變的指涉架構。本書分上、下兩冊。上冊所涵蓋的範圍起自第一次世界大戰,終至世界經濟大恐慌和極權政治的興起;下冊始於第二次世界大戰而迄於冷戰結束和蘇聯的崩解。舉凡現代政治、社會、經濟和文化的演變,均有詳盡而有深度的敘述與析論。

日本史　林明德／著

　　過去二千年來的中日關係,日本受惠於中國者甚厚,但近百年來,日本報之於中國者極酷。中國飽受日本之害,卻不甚了解日本。本書雖不抹煞日本所受中國文化影響之深,但卻著重日本歷史文化發展的主體性,俾能深入了解日本歷史的獨特發展模式及其文化特徵。

日本通史　林明德／著

　　日本人善於模仿,日本文化可說是以先進文化為典範而形成。日本積極的吸取中國文化,與日本固有文化相融和,產生了「和魂洋才」和「國風文化」。直到明治維新時期,才轉而吸收歐美文化。本書闡析日本歷史的發展過程,並探討日本的民族性、階層制度與群體意識等問題,從各層面了解日本的歷史文化。

日本中世近代史　林明德／著

　　日本獨特的武士道起源於十二世紀武士之崛起。君臣關係重於父子關係，社會義理重於家族關係，男尊女卑則是另一個社會特色。梟雄德川家康於十七世紀初創建了德川幕府，奠定其統治日本二百多年的基礎。德川幕府巧妙的統御術、鎖國政策、宗教統制及元祿文化的展現，形成日本政治文化的特殊性。

日本近代史　林明德／著

　　日本為何能在短短的數十年內，從廢墟中恢復，一躍而為經濟強國？要了解日本近代化成功的因素，勢非對日本近代史有一全盤探討不可。本書起自明治維新，以迄 1970 年代的經濟發展；除了政治、軍事與經濟外，對文化思想和對外關係亦多著墨，並廣泛探討日本近代史的發展規律和民族性，藉此加深認識日本的文化和社會，增進對近代日本的理解。

近代中日關係史　林明德／著

　　日本自明治維新後，即步上歐美帝國主義之後塵，對亞洲大肆侵略，一部近代中日關係史，即在日本大陸政策陰影下發展，飽含中國人辛酸血淚。作者有鑑於此，擬以史家史筆探討近代中日關係之演變發展，激發國人認識日本，重視中日關係之未來發展。

日本現代史　許介鱗／著

　　戰後日本史有很多晦暗不明的問題。天皇制為何能保存下來？日本制定憲法為何要加上「戰爭放棄」條款？韓戰究竟如何幫助日本經濟起飛？自民黨的一黨獨大體制如何產生？日本政治為何金權醜聞不斷？日本的二十一世紀戰略是什麼？要解答這些疑難的問題，本書提供給您有體系有條理的答案，讓您豁然貫通。